2026 김희영 보건행정 핵심노트

보건행정 핵심노트 알zip

김희영 편저

알짜기출 **집**중정리

알짜배기 기출 집중정리!!

- 첨부된 QR코드로 세부 설명이 필요한 핵심 내용에 대하여 실강 청취!
- 단답형 괄호 넣기 식의 **문제 형태**
- 별표 표시로 살펴보는 **기출 내용**
- QR코드로 보는 **핵심 이론**

김희영의**널스토리** Nurs'tory

▶ YouTube

학원강의&동영상강의
NAVER 대방열림고시학원

PREFACE

보건직공무원 시험대비,

"보건행정 알Zip 핵심노트" 3차 개정판을 내면서…

시험을 앞둔 수험생이라면 누구나 잘 요약정리된 서브노트 한 권이 있었으면 하는 절실한 고민을 하게 됩니다. 하지만 막상 서브노트를 작성하자니 시간이 너무 많이 소요될 것 같고, 또 정리하는 동안에도 정확하지 않은 내용을 정리할 까봐 걱정을 많이 하는 수험생을 너무도 많이 목격하게 됩니다. 이에, 저는 이런 고민에 빠진 수험생들에게 주요 내용이 결코 빠져서도 안 되고, 수험생들이 교재 내용을 정확하게 이해하고 자기 것으로 만들 수 있는 요약집을 제가 직접 만들어 선물할 수 있을까 하고 정말 많은 고심을 하여 "알Zip 핵심노트"를 발간하게 되었습니다.

"보건행정 알Zip 핵심노트" 의 특징은

- 첫째, 내용 전체가 단답형 괄호 넣기식 문제 형태로 구성되어 있어 수험생 여러분들에게 반드시 알아두어야 할 핵심 키워드를 정리하도록 요구하고 있습니다.
- 둘째, 세부 설명이 필요한 핵심 내용에 대해서는 실강으로 듣는 QR코드를 첨부하여 유튜브 「김희영의 널스토리」와 연계하여 수험생 여러분들의 이해를 높이도록 보완하였습니다.
- 셋째, 목차 구성은 기본이론서 「김희영의 보건행정」 책자와 동일한 순서대로 구성하여 "알Zip 핵심노트" 만으로 부족한 부분은 기본이론서를 참고하도록 정리하였습니다.
- 넷째, "알Zip 핵심노트"에 수험생 여러분들이 직접 정리한 내용을 추가 정리한다면 혼자 요약집을 정리하는 것보다 보다 더 정확하고 효율적인 자신만의 수험 대비용 핵심노트가 완성될 수 있도록 여백 또한 잘 활용할 수 있도록 구성하였습니다.

"보건행정 알Zip 핵심노트"는 금번 2026년 시행 보건직 공무원 시험에 대비하여 출판사 마지원과 함께 보다 새롭게 수험생들에게 다가서고자 노력하였습니다. 공중보건학을 공부하는 많은 수험생들에게 이 책이 공중보건의 기본을 확고히 하고 공무원 고시 합격의 지름길이 되기를 진심으로 기원하며, 수험생들에게 진정으로 도움이 되는 베스트셀러 수험서가 될 수 있도록 물심양면으로 애써주신 마지원 편집부에게 진심으로 감사를 드립니다.

편저자 김희영

01 보건행정의 이해

Theme 01 공중보건과 건강의 개념 · 12
Theme 02 행정의 개념 · 21
Theme 03 보건행정의 개념 · 22
Theme 04 서양의 보건행정 역사 · 27
Theme 05 우리나라 보건행정 역사 · 31

02 보건행정 조직과 조직이론

Theme 01 조직의 개념 · 36
Theme 02 조직의 원칙(원리) · 38
Theme 03 조직의 유형 · 39
Theme 04 개인의 조직에 대한 적응 모형 · 40
Theme 05 동기부여 이론(조직의 인간관계 전략) · 41
Theme 06 관료제 · 44
Theme 07 계선 조직과 막료 조직 · 46
Theme 08 기계적 구조와 유기적 구조(Robey) · 47
Theme 09 의사전달 · 47
Theme 10 의사결정 · 48
Theme 11 리더십 · 49
Theme 12 갈등관리 · 52
Theme 13 조직 혁신 · 53

김희영의 보건행정 알zip 핵심노트

CONTENTS

03 보건 인사행정

Theme 01 인사행정의 전개과정 ·· 58
Theme 02 직업공무원 제도 ·· 58
Theme 03 개방형과 폐쇄형 ·· 59
Theme 04 계급제와 직위분류제 ·· 59
Theme 05 근무성적 평정 방법 ·· 62
Theme 06 보수 체계 ·· 63

04 공적 보건행정조직과 병원

Theme 01 우리나라의 공적 보건사업 ·································· 66
Theme 02 우리나라 보건행정체계의 특징 ······························ 66
Theme 03 중앙과 지방의 주요 보건조직도 ···························· 66
Theme 04 보건복지부와 질병관리청 ···································· 67
Theme 05 시·군·구 보건행정 ·· 68
Theme 06 세계보건기구(WHO) ·· 75
Theme 08 병원조직의 특성 ·· 77
Theme 09 병원의 유형 ·· 78
Theme 10 병원표준화 사업 ·· 80
Theme 11 TQM(총체적 질 관리) ······································ 81
Theme 12 의료법 ·· 81

05 보건의료체계

Theme 01 Myers가 제시한 적정 보건의료서비스의 요건 ·············· 90
Theme 02 보건의료서비스의 사회경제적 특성 ·············· 90
Theme 03 보건의료체계의 구성 요인(WHO, 1984) ·············· 92
Theme 04 보건의료인력 ·············· 93
Theme 05 보건의료시설 ·············· 95
Theme 06 보건의료장비 ·············· 96
Theme 07 보건의료 지식 및 기술 ·············· 97

06 보건의료전달체계

Theme 01 개념 ·············· 100
Theme 02 우리나라의 의료전달체계의 특성 ·············· 100
Theme 03 정부의 보건의료 통제 정도에 따른 보건의료전달체계 구분 ······ 101
Theme 04 보건의료 재원조달 형태에 따른 보건의료전달체계 구분 ·········· 102
Theme 05 학자별 보건의료전달체계 구분 ·············· 103

07 각국의 보건의료제도

Theme 01 미국의 보건의료제도 ·············· 108
Theme 02 영국의 보건의료제도 ·············· 109
Theme 03 독일의 보건의료제도 ·············· 109

08 사회보장제도

Theme 01 사회보장제도의 정의 ·············· 112
Theme 02 사회보장의 원칙 ·············· 113
Theme 03 서양의 사회보장 역사 ·············· 114

CONTENTS

Theme 04 우리나라 사회보장의 역사 ······ 115
Theme 05 사회보장의 종류 ······ 116
Theme 06 사회보험 ······ 116
Theme 07 공공부조 ······ 123

09 의료보장제도

Theme 01 의료보장의 개념 ······ 126
Theme 02 의료보장제도의 유형(NHS vs NHI) ······ 126
Theme 03 건강보험의 본질적 특징 ······ 127
Theme 04 건강보험제도의 특성 ······ 127
Theme 05 의료제공 형태 ······ 128
Theme 06 본인일부 부담제 ······ 129
Theme 07 진료비 보상제도 ······ 129
Theme 08 건강보험의 조합제와 통합제 ······ 131
Theme 09 우리나라 건강보험제도의 특성 ······ 131
Theme 10 건강보험 관련 조직 ······ 137
Theme 11 우리나라의 의료급여제도 ······ 137
Theme 12 응급의료기관 ······ 139

10 보건기획과 보건의료정책

Theme 01 보건기획의 개념 ······ 142
Theme 02 보건기획의 특성 및 필요성 ······ 142
Theme 03 보건기획의 유형 ······ 143
Theme 04 보건기획의 원칙 ······ 145
Theme 05 보건기획의 과정 ······ 145

Theme 06 보건기획의 방법 ·········· 146
Theme 07 보건기획의 한계(제약 요인) ·········· 150
Theme 08 보건 기획의 성공 요인 ·········· 151
Theme 09 정책의 의의 ·········· 151
Theme 10 일반적인 정책의 유형 ·········· 152
Theme 11 일반적인 정책 과정 ·········· 153
Theme 12 정책 과정의 참여자 ·········· 155
Theme 13 정책 결정의 이론 모형 ·········· 155
Theme 14 보건정책 평가의 유형 ·········· 158
Theme 15 보건정책 평가의 기준 ·········· 160
Theme 16 보건의료정책 과정에서의 형평성 ·········· 162

11 재무행정과 보건경제

Theme 01 일반 재무행정 ·········· 164
Theme 02 예산 ·········· 164
Theme 03 예산의 종류 ·········· 166
Theme 04 보건예산 과정 ·········· 168
Theme 05 예산제도 ·········· 169
Theme 06 재무제표 ·········· 172
Theme 07 보건의료의 수요와 공급의 기본개념 ·········· 173
Theme 08 의료 수요의 결정 요인 ·········· 173
Theme 09 의료수요의 탄력성 ·········· 175
Theme 10 보건의료시장의 특징 ·········· 175
Theme 11 보건의료시장의 실패와 정부 개입 ·········· 176
Theme 12 국민의료비 ·········· 177
Theme 13 병원행태 모형 ·········· 179

CONTENTS

12 보건사업론

Theme 01 지역사회 보건사업의 집근 원칙 ·················· 182
Theme 02 지역 보건사업의 종류 ································· 182
Theme 03 일차 보건의료와 건강증진 ························· 182
Theme 04 국민건강증진법 ··· 187
Theme 05 건강도시의 조건 ··· 194
Theme 06 '건강도시 프로젝트' 용어를 사용하기 위한 6가지 기준(WHO) ·· 194

13 보건사업통계

Theme 01 개념 ··· 198
Theme 02 측정수준 ··· 198
Theme 03 표본조사 ··· 199
Theme 04 비실험 연구 중 서술 연구의 종류 ············· 199
Theme 05 중앙집중화(대푯값) ····································· 200
Theme 06 산포도 ··· 200
Theme 07 타당도 ··· 200
Theme 08 상관관계 분석과 연구자료 분석 방법 ······· 201
Theme 09 병원 통계 ··· 201

PART 01

보건행정의 이해

01 보건행정의 이해

Theme 01 공중보건과 건강의 개념

(1) 공중보건학의 개념

① C. E. A. Winslow 정의(1920, Yale대)★★★

"조직적인 지역사회의 노력을 통하여
㉠ 질병을 예방하고
㉡ 수명을 연장시킴과 더불어
㉢ (①)·(②)인 효율을 증진시키는 기술과 과학"이라고 정의하였다.

CHECK Point ◎ 조직적인 지역사회의 노력

(1) 환경위생 개선
(2) (③)
(3) 개인(④)
(4) 질병의 조기진단 및 치료를 위한 의료 및 (⑤)의 조직화
(5) 모든 사람들이 자신의 건강 유지에 적합한 생활수준을 보장받도록 (⑥)

answer ① 신체적 / ② 정신적 / ③ 전염병 관리 / ④ 위생교육 / ⑤ 간호봉사 / ⑥ 사회제도 개선

② Ashton & Seymour의 공중보건 4단계

①	19세기 중반 산업화, 도시화로 인한 보건문제 대처단계
②	1870년 이후 개인중심의 개인위생, 예방접종 중점시기
③	신의약품 개발로 감염성질환 급격히 감소
④	1970년 이후 개인보건 문제에서 사회적 문제 해결을 위한 보건의료서비스의 제공

answer ① 1차 단계(산업보건 대두 시기) / ② 2차 단계(개인위생중점 시기) / ③ 3차 단계(치료의학 전성기) / ④ 4차 단계(신공중보건 단계)

③ 공중보건과 유사한 용어

위생학	개인위생과 환경위생의 발생원인 강조
예방의학	개인대상으로 질병예방과 악화방지
사회의학	사회적 요인에 의한 인간집단의 건강강조
지역사회의학	사회, 경제, 문화 등 사회과학적 건강증진
①	현재 건강증진으로 적극적인 관리방법이며 최상의 상태유지

answer ① 건설의학

CHECK Point 공중보건학, 예방의학, 치료의학의 비교★

구분	공중보건학	예방의학	치료의학
목적	질병의 예방, 수명의 연장, 육체적 · 정신적 건강과 능률의 향상	질병의 예방, 생명의 연장, 육체적 · 정신적 건강과 능률의 향상	조기 진단, 조기 치료
책임의 소재	국가와 지역사회	각 개인과 가정	
연구 대상	지역사회, 국가, 인류	각 개인과 가정	개인, 환자
연구 방법	적극적인 연구방법	소극적인 연구방법	
기본 사상	지역사회, 국가, 인류를 전제	개인과 가정을 전제	
내용	불건강의 원인이 되는 사회적 요인 제거, 집단건강의 향상	질병 예방, 건강 증진	치료, 재활, 불구예방

④ 공중보건사업의 3대 수단(Anderson)

①	조장 행정(가장 중요한 구성요소)
②	봉사행정
③	통제행정

answer ① 보건 교육 / ② 보건 행정 / ③ 보건 법규

(2) 건강의 정의

① WHO의 정의(1998)

1948년 : 건강이란 "단순히 질병이 없거나 허약하지 않은 상태를 뜻하는 것만이 아니라 (①) · (②) · (③) 안녕이 완전한 상태에 놓여 있는 것이다."라고 정의	
④	신체의 크기와 모양, 감각의 예민성, 질병에 대한 감수성, 신체기능, 회복능력, 특정 업무의 수행능력
⑤	학습능력, 합리적 사고능력과 지적 능력
⑥	사회에서 그 사람 나름대로의 역할을 충분히 수행하는 상태

answer ① 신체적 / ② 정신적 / ③ 사회적 / ④ 신체적 / ⑤ 정신적 / ⑥ 사회적

CHECK Point 국제보건수준 비교지표(WHO)★★

1. 조사망률
2. 평균수명
3. ①

answer ① 비례사망지수

② 학자들의 건강의 정의

①	외부환경의 변동에 대하여 내부환경의 항상성이 유지되는 상태
②★	건강-불건강의 연속선 개념 제시(최고의 건강 ↔ 최저의 건강)
③	유기체가 외부환경조건에 부단히 잘 적응해 나가는 상태
④	자신이 특수한 환경 속에서 효과적으로 자신의 기능을 발휘할 수 있는 능력
⑤	각 개개인이 사회적인 역할과 임무를 효과적으로 수행할 수 있는 최적의 상태
⑥	인간의 반응과 행동을 스트레스로써 설명하는 적응모형 개발
⑦★	건강증진은 건강교육, 질병예방, 건강보호 등을 통하여 좋은 건강습관을 유지 향상시키고 나쁜 건강습관을 예방하기 위한 일련의 노력으로 구성되어 있다.
⑧★	㉠ 생활습관(⑨ %) ㉡ 환경(⑩ %) : 물리적 환경, 가정 환경, 학교 환경, 산업체 환경, 지역사회 환경 ㉢ (⑪)(20%) ㉣ (⑫)(10%)

answer ① Claude Bernard / ② Dunn / ③ Wylie / ④ Wilson / ⑤ Parsons / ⑥ Seyle / ⑦ Downie / ⑧ Lalonde / ⑨ 50 / ⑩ 20 / ⑪ 유전 / ⑫ 보건의료서비스

③ 건강의 개념 정의에 대한 접근

생의학적 모델 ★★	①★★	정신과 육체를 분리. Pasteur와 Koch에 의해 확립
생태학적 모델 ★★	②	개인 또는 집단의 습관, 체질·유전, 방어기전, 심리적 생물학적 특성
	③	병원체의 특성, 민감성에 대한 저항, 전파조건
	④	물리·화학적 환경, 사회적 환경, 경제적 환경, 생물학적 환경
⑤ ★★★	⑥	선천적(유전적) 소인과 후천적(경험적) 소인이 있음
	⑦	생물학적 환경, 사회적 환경, 물리·화학적 환경
	⑧	가장 중요시 됨
총체적 모델 ★★★	⑨	물리적·사회적·심리적 환경
	⑩	여가활동, 소비패턴, 식생활습관 등이 개인의 건강에 지대한 영향
	⑪	질병발생에 영향을 주는 내적요인
	⑫	포괄적 개념으로 예방적 요소, 치료적 요소, 재활적 요소 등을 포함

answer ① 생의학적 모델 / ② 숙주 / ③ 병원체 / ④ 환경 / ⑤ 사회생태학적 모형 / ⑥ 숙주 / ⑦ 환경 / ⑧ 개인행태요인 / ⑨ 환경 / ⑩ 생활습관 / ⑪ 인체생리 / ⑫ 보건의료시스템

CHECK Point 건강 개념의 시대적 변천

19세기 이전 (①)	생의학적 모델로서 인간을 기계로 보았고, 질병은 이러한 기계의 부품이 고장난 것이라 생각
19세기 (②)	건강을 육체적·정신적 측면으로 생각
20세기 (③)	건강을 육체적·정신적·사회적 측면(WHO 정의)으로 생각
(④)★	상대적 건강개념, 동적 건강개념, 연속성 건강개념, 평형적(균형적) 건강개념이 포함되어 있으며, 특히 오타와헌장(1986)에서 제시되어 있는 개념

answer ① 신체개념 / ② 심신개념 / ③ 생활개념 / ④ 생활수단 개념

(3) 건강행위 모형

(①) 모형	②	① 무엇인가 잘못되었다는 인지 ② 약을 먹거나 민속요법 등 시행
	③	① 본인과 주위에서 '아프다'는 것을 인정 ② 가족, 친지, 이웃에 대한 비전문가적 의뢰
	④	① 의료전문가 찾기 : '환자-의사 관계' 구성 ② 치료자 고르기 ③ 비전문가적 의뢰체계는 계속 작용
	⑤	의존적 '환자-의사 관계' 구성
	⑥	정상적인 사회생활로 돌아감
(⑦)의 건강행위 ★★	⑧	스스로 아프다고 생각하는 사람이 의사의 조언을 얻고 관련된 행동을 하는 행위
	⑨	치료를 받는 과정에서 치료지침에 대한 반응
	⑩	스스로 건강하다고 믿고 있는 사람들이 증상이 없을 때 하는 행위 예 체중 조절, 지방섭취 기피, 금연, 예방접종
(⑪) 모형 ★★★	⑫	질병발생 이전에 존재하는 것 • 인구학적 변수(성, 연령, 결혼상태 등) • 사회구조적 변수(직업, 교육정도, 인종 등) • 개인의 건강 믿음(질병과 보건의료에 대한 태도)
	⑬	① 가족자원 : 가구소득, 재산, 의료보험 등 ② 지역사회자원 : 의료자원, 의료기관까지의 교통시간
	⑭	① 환자가 느끼는 필요(Perceived Need = Want) ② 의학적 필요(Evaluated Need = Need)

answer ① Suchman 모형 / ② 증상 경험(Symptom Experience) / ③ 환자 역할의 시작(Assumption of the sick role) / ④ 의료인과의 접촉(Medical Care Contact) / ⑤ 의존적 환자 역할(Dependent-Patient Role) / ⑥ 회복 또는 재활(Recovery or Rehabilitation) / ⑦ 캐슬(Kasal)과 콥(Cob) / ⑧ 아픔의 행태(Illness Behavior) / ⑨ 환자치료 행태(Sick Role Behavior) / ⑩ 예방보건 행태(Preventive Health Behavior) / ⑪ Anderson(1902~1979) / ⑫ 소인성 요인(Predisposing Factor) / ⑬ 가능성 요인(Enabling Factor) / ⑭ 필요요인(Need Factor)

⑤ 개정된 건강신념모형(Backer, 1988)★★

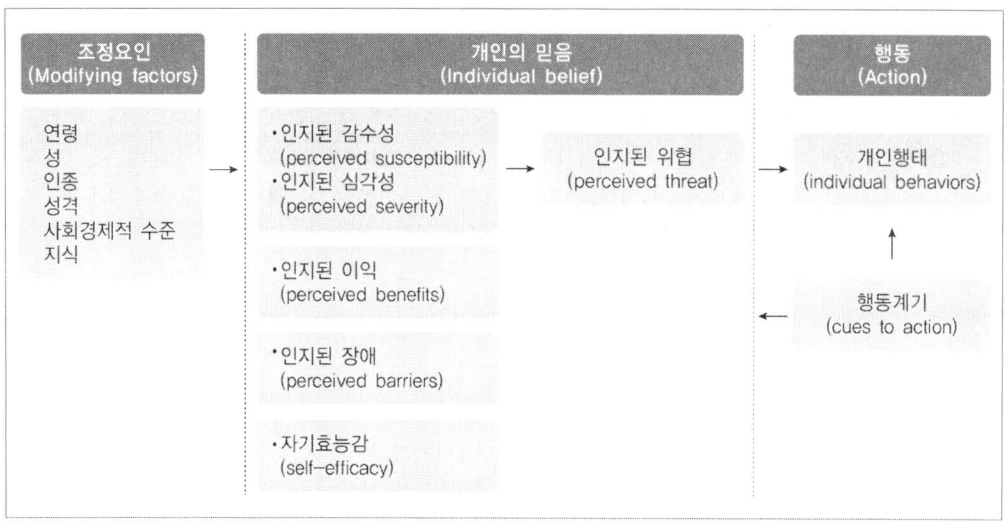

조정요인	연령, 성별, 인종, 교육수준 등 인구학적, 구조적, 사회심리학적 요인들이 개인의 믿음을 유발하거나 건강행태에 간접적으로 영향을 미친다고 가정하며 이들 요소는 건강믿음과 건강행태 사이의 관계를 조정하는 요인이라 언급
①	질병에 걸릴 가능성에 대한 주관적 믿음
②	• 질병에 걸렸거나 치료를 받지 않았을 경우 발생할 수 있는 신체적(사망, 장애 등), 사회적(업무 수행, 사회적 관계 유지 등) 심각성에 대한 주관적인 믿음 • 인지된 위협은 인지된 감수성과 인지된 심각성의 조합으로 두 요소 중 하나라도 없다면 0이 된다.
③	위험을 감소시키기 위해 제안된 행동이 초래할 긍정적 요소 또는 장점에 대한 개인의 믿음
④	위험을 감소시키기 위해 제안된 행동이 초래할 부정적 결과 또는 발생가능한 장애에 대한 개인의 믿음
⑤	건강행태를 유도할 수 있는 내적 또는 외적 요인을 말함. 본인의 증상, 가족이나 친구의 발병 경험, 보건교육, 매스컴의 캠페인 등
자기 효능감	위협을 감소시키기 위해 제안된 행동을 수행할 수 있을 거라는 자신의 능력에 대한 믿음. 이는 1988년 Becker에 의해 추가된 개념이다.

answer ① 지각된 민감성 / ② 지각된 심각성 / ③ 지각된 유익성 / ④ 지각된 장애성 / ⑤ 행동의 계기

⑥ Pender의 건강증진 모형(HPM)

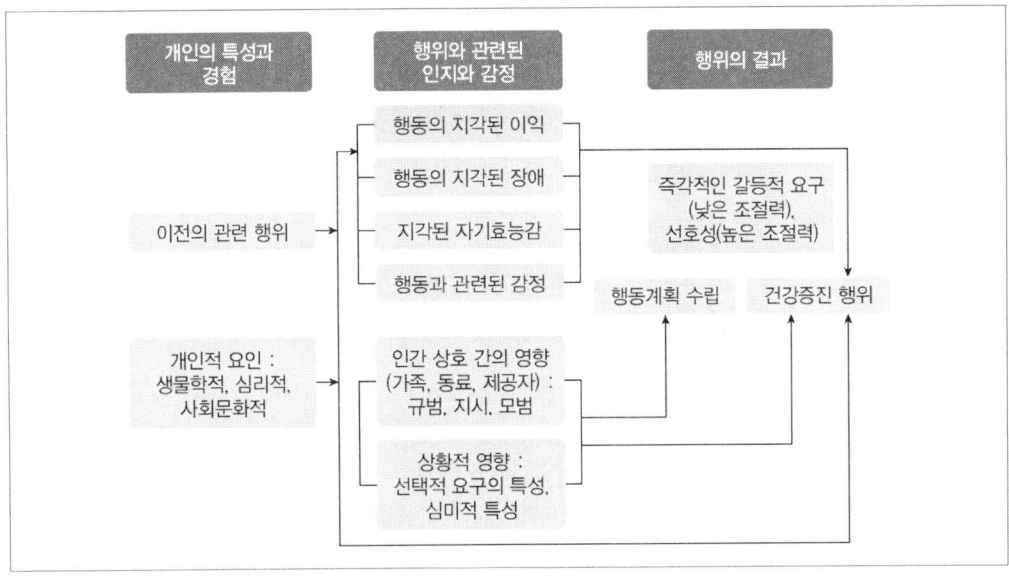

개인의 특성과 경험	이전의 관련 행위	현재의 건강증진 행위에 간접적으로 영향을 미쳐 주의를 기울이지 않고도 자동적으로 특정 행위를 하도록 습관화하게 됨
	개인적 요인	㉠ 생물학적 요인 ㉡ 심리적 요인 ㉢ 사회문화적 요인
행위와 관련된 인지와 감정	①	㉠ 내적인 이익 : 피로감의 감소, 각성수준의 증가 ㉡ 외적인 이익 : 경제적 보상, 사회적 상호작용의 증가 ㉢ 처음에는 외적인 이익이 높은 동기적 의미를 지니지만 건강행위를 지속시키도록 동기화시키는 데는 내적 이익이 더 강력 함
	②	㉠ 이용하기 불가능함, 불편함, 값이 비쌈, 어려움, 시간소요가 많음 ㉡ 만족감의 감소
	③	수행을 확실하게 성취할 수 있는 개인의 능력에 대한 판단
	행동과 관련된 감정	행위를 시작하기 전, 하는 동안, 후에 일어나는 주관적 느낌
	인간 상호 간의 영향	다른 사람의 태도, 신념, 행위를 인지하는 것
	상황적 영향	상황에 대한 개인의 지각과 인지
행위의 결과		행동계획 수립
		④
		건강증진 행위

answer ① 행동의 지각된 이익 / ② 행동의 지각된 장애 / ③ 지각된 자기효능감 / ④ 즉각적 갈등적 요구와 선호

⑧ Green의 PRECEDE-PROCEED 모형★★

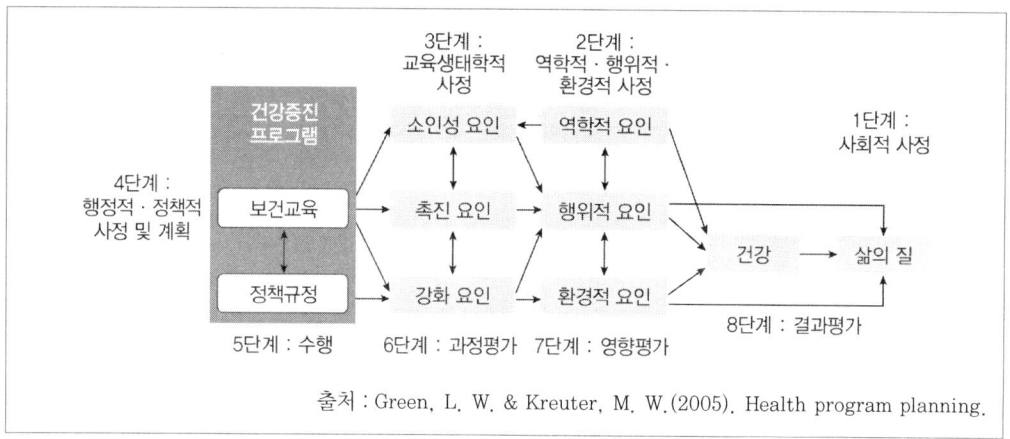

출처 : Green, L. W. & Kreuter, M. W. (2005). Health program planning.

1 단계	①	지역사회 주민을 대상으로 삶의 질에 영향을 미치는 사회적 문제를 사정
2 단계	②	㉠ 1단계에서 규명된 건강문제들에 대하여 순위를 매겨 부족한 자원을 사용할 가치가 가장 큰 건강문제를 규명 ㉡ 건강문제의 원인이 되는 행위, 환경을 규명
3 단계	③	㉠ 성향(소인) 요인 : 행위를 하기에 앞서 내재된 요인 　예 지식, 태도, 신념가치, 자기효능, 의도 등 ㉡ 촉진(가능) 요인 : 건강행위 수행을 가능하게 도와주는 요인 　예 보건의료 및 지역사회자원의 이용가능성, 접근성, 시간적 여유 제공성, 개인의 기술, 개인의 자원, 지역사회 자원 등 ㉢ 강화요인 : 사회적 유익성, 신체적 유익성, 대리보상, 사회적 지지, 친구의 영향, 충고, 보건의료제공자에 의한 긍정적 또는 부적정 반응
4 단계	④	프로그램 및 시행과 관련되는 조직적·행정적 능력과 자원을 검토하고 평가
5 단계	시행	
6 단계	평가	㉠ (⑤) : 프로그램이 계획대로 시행되었는가를 평가 ㉡ (⑥) : 프로그램의 투입으로 인한 결과를 평가 ㉢ (⑦) : 프로그램의 수행결과로 나타난 결과인 삶의 질을 측정

answer ① 사회적 사정 / ② 역학적, 행위적, 환경적 사정 / ③ 교육적, 생태학적 사정 / ④ 행정적, 정책적 사정 / ⑤ 과정평가
⑥ 영향평가 / ⑦ 결과평가

⑨ 기타 이론

PATCH 모형	 1 지역자원의 동원 2 자료수집 및 자료분석 3 우선순위 결정 4 실행사업 개발 5 평가 ㉠ 1단계 : 지역자원의 동원 ㉡ 2단계 : 자료수집 및 자료분석 ㉢ 3단계 : 건강문제의 우선순위 설정 ㉣ 4단계 : 건강증진 사업계획 및 포괄적인 사업수행 전략개발 ㉤ 5단계 : 평가를 강조하고는 있으나 무엇보다 지역사회접근을 포괄적으로 해서 계획하고 사업을 수행했는지에 더 강조점을 두고 있는 것이 특징
MATCH모형	㉠ 1단계 : 목적설정 ㉡ 2단계 : 중재계획 – 중재대상의 수준 | 개인 수준 | 대상 집단이 개인 | |---|---| | 개인간 수준 | 가족 구성원, 동료, 친구, 선생님, 기타 대상 집단의 사람들과 가까운 사람 | | 조직수준 | 조직의 의사결정자, 규칙의 변화를 유도하는 조직의 정책 | | 지역사회 수준 | 지역사회 지도자 | | 정부 수준 | 정부의 의사결정자, 규칙제정자, 집행자 | ㉢ 3단계 : 지역사회보건사업 개발 ㉣ 4단계 : 실행 ㉤ 5단계 : 평가 　• 과정평가 　• 영향평가 : 단기적인 평가 　• 결과평가 : 장기적인 프로그램 평가

MAPP모형	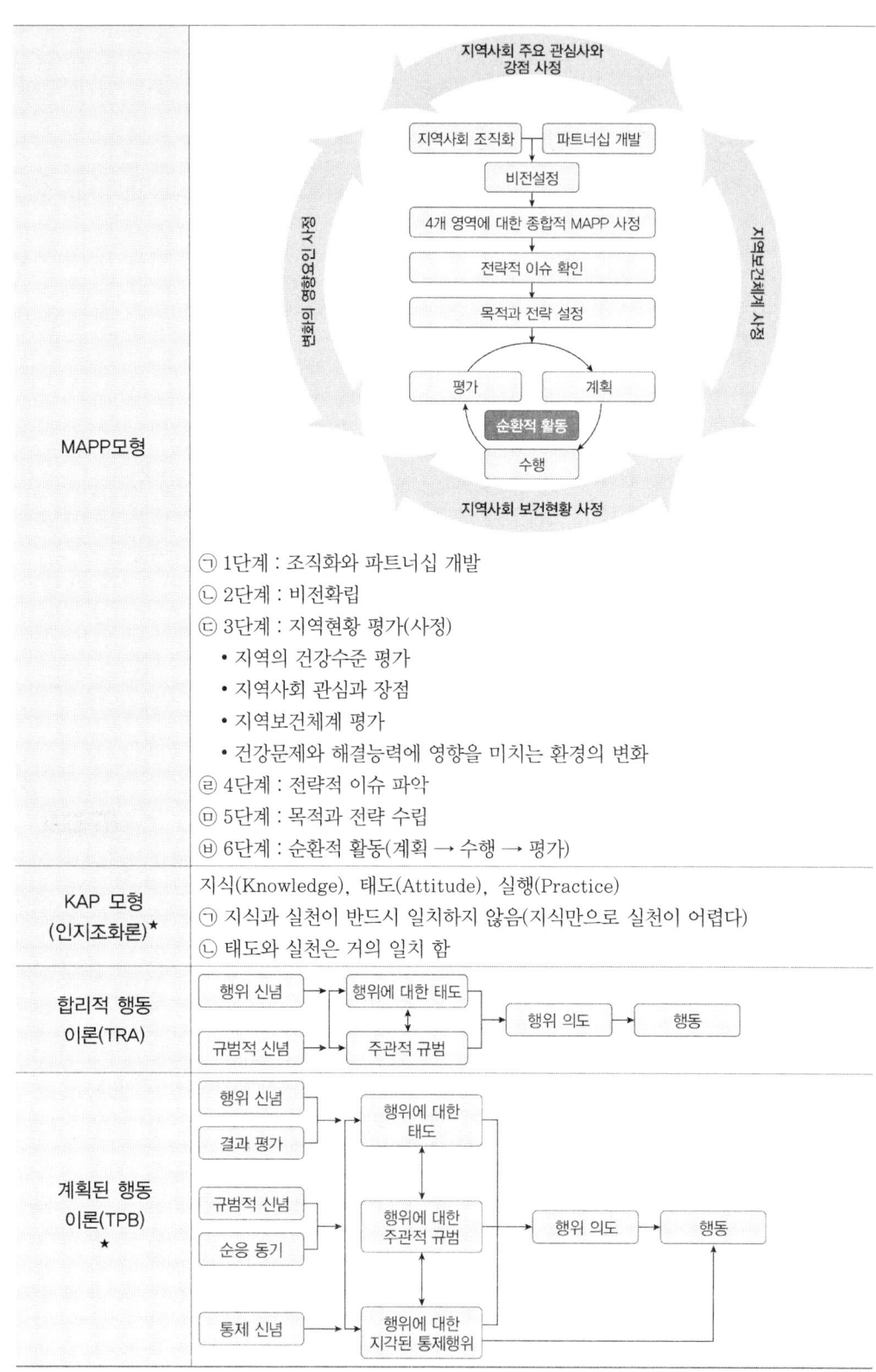 ㉠ 1단계 : 조직화와 파트너십 개발 ㉡ 2단계 : 비전확립 ㉢ 3단계 : 지역현황 평가(사정) 　• 지역의 건강수준 평가 　• 지역사회 관심과 장점 　• 지역보건체계 평가 　• 건강문제와 해결능력에 영향을 미치는 환경의 변화 ㉣ 4단계 : 전략적 이슈 파악 ㉤ 5단계 : 목적과 전략 수립 ㉥ 6단계 : 순환적 활동(계획 → 수행 → 평가)
KAP 모형 (인지조화론)★	지식(Knowledge), 태도(Attitude), 실행(Practice) ㉠ 지식과 실천이 반드시 일치하지 않음(지식만으로 실천이 어렵다) ㉡ 태도와 실천은 거의 일치 함
합리적 행동 이론(TRA)	행위 신념 → 행위에 대한 태도 규범적 신념 → 주관적 규범 → 행위 의도 → 행동
계획된 행동 이론(TPB) ★	행위 신념, 결과 평가 → 행위에 대한 태도 규범적 신념, 순응 동기 → 행위에 대한 주관적 규범 통제 신념 → 행위에 대한 지각된 통제행위 → 행위 의도 → 행동

<개인 수준, 개인 간 수준, 지역사회 수준의 보건교육>

개인 수준 보건교육	개인 간 수준 보건교육	지역사회 수준 보건교육
• 인지조화론 • 지식, 태도, 실천 모형 • 건강신념 모형 • 건강증진 모형 • 합리적 행위이론 • 계획된 행위이론 • 귀인이론 • 범이론적 모형	• 사회학습 이론 • 사회적 관계망과 사회적 지지 이론 • 정보 처리와 설득적 커뮤니케이션	• 프리시드 프로시드 모형 • MATCH 모형

Theme 02 행정의 개념

(1) 행정의 정의

①	이미 수립된 법이나 정책을 구체적으로 집행하고 관리하는 기술적 과정
② ★★	행정이란 공익 목적을 달성하기 위한 공공 문제의 해결 및 공공 서비스의 생산, 분배와 관련된 정부의 제반 활동과 상호 작용

answer ① Government / ② Governance

(2) 공공행정과 민간행정의 차이점

구분	공공행정	민간행정
추구하는 목적	봉사, 공익	경영, 이윤 추구
정치적 성격	정치적 감독, 국민 비판, 감시 대상, 책임성	이윤 추구, 도의적 국민 비판, 무책임성
법적 규제성	①	②
고객에 대한 평등성	강하게 적용	약하게 적용
강제수단의 유무	국가 권력, 강제 수단	기업 내 한정 강제
영향력의 규모	광범위(국가 전체)	행정보다 협소(계약 관계)
독점성의 유무	③	④
신분보장	⑤	⑥
공개성	⑦	⑧
권력수단의 유무	⑨	⑩
획일성과 자율성	⑪	⑫
평가 기준	⑬	⑭

answer ① 강함 / ② 약함 / ③ 독점성 / ④ 경쟁성 / ⑤ 강함(공무원) / ⑥ 약함(회사원) / ⑦ 공개 / ⑧ 비공개 / ⑨ 있음 / ⑩ 없음 / ⑪ 획일성
⑫ 자율성 / ⑬ 다원적 기준(능률성, 합법성, 민주성, 효과성) / ⑭ 단일적 기준(능률성)

(3) 행정 과정

Gulick의 7가지 행정 과정(POSDCoRB)★	
①	행동하기 전에 무엇을 어떻게 해야 하는지를 결정하는 과정
②	2명 이상이 공동의 목표 달성을 위하여 노력하는 협동체를 조직하는 과정
③	조직원의 채용과 훈련, 작업조건, 동기유발 등 제반활동
④	최고관리자의 계속적인 의사결정을 구체적인 형태로 명령, 지시하는 제반과정
⑤	조직의 목표를 달성하는 데 있어서 조화된 기능을 발휘할 수 있도록 같은 성질의 업무를 모으고 동조되도록 하는 의식적인 행위
⑥	업무 수행과정에서 상관에게 업무 보고를 하는 것으로, 보고에 필요한 기록, 조사 등 포함
⑦	재정 계획, 회계, 재정 통제의 형식에 의한 예산 편성에 따르는 모든 것으로서, 최고경영자는 예산을 통해 조직을 통제하고 관리
Fayol의 5가지 행정 과정(POCCC)	
Planning(기획) → Organizing(조직) → Commanding(명령) → Coordinating(조정) → Controlling(통제)	

answer ① P(Planning, 기획) / ② O(Organizing, 조직) / ③ S(Staffing, 인사) / ④ D(Directing, 지휘) / ⑤ Co(Coordination, 조정) ⑥ R(Reporting, 기록) / ⑦ B(Budgeting 예산)

Theme 03 보건행정의 개념★

(1) 보건행정의 정의

①	보건행정이란 공공 기관 또는 사적 기관이 사회보건복지를 위하여 공중보건의 원리와 기법을 응용하는 것이다.
②	지역사회 주민의 건강을 유지·증진시키고 정신적 안녕 및 사회적 효율을 도모할 수 있도록 하기 위해 국가나 지방자치단체가 주도적으로 수행하는 국민의 건강을 위한 제반 활동

answer ① W. G. Smillie / ② 일반적인 정의

(2) 보건행정의 범위★★★

주장자	보건행정의 범위			
WHO	1. (①)	2. (②)	3. (③)	4. (④)
	5. (⑤)	6. 의료 서비스	7. 보건 간호	
미국 공중보건협회	1. (①)	2. (②)	3. 감독과 통제	4. (③)
	5. 개인보건 서비스 실시	6. 보건시설의 운영	7. 사업과 자원 간의 조정	
Emerson	1. (①)	2. (②)	3. (③)	4. (④)
	5. (⑤)	6. 만성병 관리	7. 보건검사실 운영	

answer ① 보건자료 기록과 보존(보건 통계) / ② 보건교육 / ③ 환경위생 / ④ 전염병 관리 / ⑤ 모자보건

(3) 보건행정의 성격(특성)★★★

	①	국민의 건강유지와 증진을 위한 조직적인 행정이므로 당연히 공익을 위한 성격을 지님
	②	넓은 의미에서 국민에게 적극적으로 서비스하는 기능을 가지고 있음
	③★	지역사회 주민의 자발적인 참여 없이는 그 성과를 기대하기 어려우며, 교육을 중요한 수단으로 사용하고 있음
	④	발전된 근대과학과 기술의 확고한 기초 위에 수립된 행정
건강에 관한 개인적 가치와 사회적 가치의 상충		생명의 유일함에 대한 무한대의 서비스 욕구를 추구하는 개인의 가치와 한정된 서비스를 분배하려는 사회적 형평성이 상충하는 경우가 발생
행정 대상의 양면성		소비자 보건을 위한 규제와 보건의료산업 보호를 위한 자율을 함께 고려하여야 하는 양면성이 존재

answer ① 공공성 및 사회성 / ② 봉사성 / ③ 조장성 및 교육성 / ④ 과학성 및 기술성

(4) 보건행정이 추구하는 가치와 기본원리

보건행정이 추구하는 가치★★★	①	같은 상황에 있는 사람에게 유사한 수준의 대우를 하는 것
	②★	투입 대 산출의 비율
	③	의도하거나 기대한 것과 같은 소망스러운 상태가 나타나는 성향
	④	보건행정의 형평성과 효과성을 높일 수 있는 유용한 수단
	⑤★	정책수혜자의 요구와 기대, 그리고 환경변화에 얼마나 융통성 있게 대처해 나가느냐 하는 능력
	⑥	현대 복지국가에서 모든 정책의 가장 기본적인 정책의 성공 여부를 가늠하는 기준이 되며 정책의 정당성 확보의 기초가 됨
	⑦	행정 행위 및 과정이 법률적으로 적합하여야 함
	⑧	행정에 있어서 중첩이나 여과 초과분을 뜻함
	⑨	공공의 이익에 우선순위를 두어야 함
	⑩	모든 과정에서 국가와 국민에 대한 책임을 의미함
	⑪	목적과 수단, 원인과 결과 간의 관계에 대한 정당한 근거를 두고 수행되어야 함
보건행정의 기본원리	⑫	모든 국민에게 생활의 기본적 수요를 충족시켜 줌
	⑬	법률에 의한 행정이 되어야 함
	⑭	모든 국민에게 균형있게 제공되어야 함
	⑮	적절한 범위 내에서 이루어져야 함
	⑯	권리자와 의무자는 상대방의 신뢰를 헛되이 하지 않도록 성실하게 행동해야 함

answer ① 형평성(Equity) / ② 능률성(Efficiency) / ③ 효과성(Effectiveness) / ④ 접근성(Accessibility)
⑤ 대응성(Responsiveness) / ⑥ 민주성 및 참여성(Democracy & Participation) / ⑦ 합법성(Legality)
⑧ 가외성(Redundancy) / ⑨ 공익성(Public) / ⑩ 책임성(Accountability) / ⑪ 합리성(Rationlity) / ⑫ 사회국가의 원리
⑬ 법률 적합성의 원칙 / ⑭ 평등의 원칙 / ⑮ 과잉 급부 금지의 원칙 / ⑯ 신의성실의 원칙

(4) 보건행정의 체계모형

①	인력, 시설, 물자, 자금, 건물 설계, 지식(정보), 시간
②	기획, 조직, 지휘, 조정, 통제
③	① 중간 산출 : 효과성, 효율성, 형평성 ② 최종 산출 : 만족(환자와 직원 만족), 이환율, 사망, 퇴원, 건강 증진, 건강수준 향상
④	통제 및 조정(정부, 공급자 및 소비자단체)
⑤	정부 시책, 보건의료체계, 사회 기대, 경제 동향, 기술 및 생산 요소의 발달

answer ① 투입 요소 / ② 변환 과정 / ③ 산출 요소 / ④ 환류 / ⑤ 환경

CHECK Point ⊕ 보건의료체계의 투입-산출 모형★

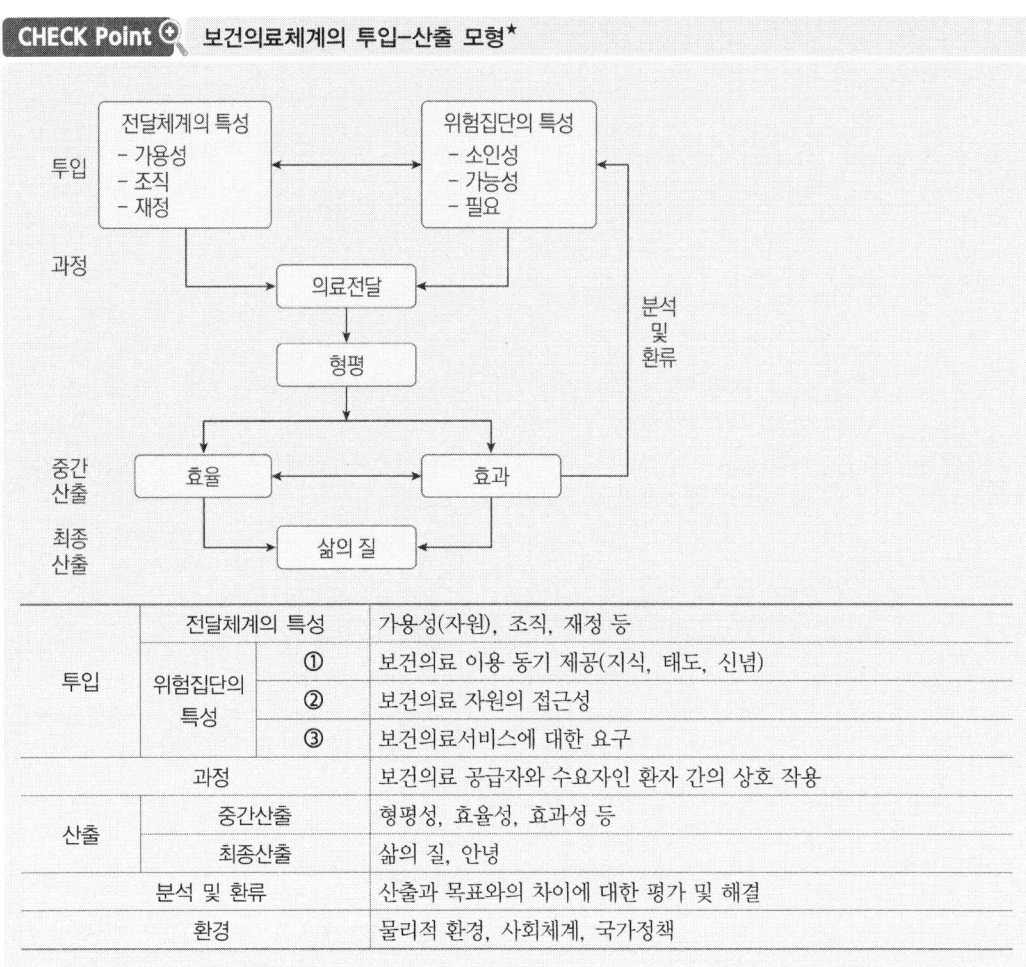

투입	전달체계의 특성		가용성(자원), 조직, 재정 등
	위험집단의 특성	①	보건의료 이용 동기 제공(지식, 태도, 신념)
		②	보건의료 자원의 접근성
		③	보건의료서비스에 대한 요구
과정			보건의료 공급자와 수요자인 환자 간의 상호 작용
산출	중간산출		형평성, 효율성, 효과성 등
	최종산출		삶의 질, 안녕
분석 및 환류			산출과 목표와의 차이에 대한 평가 및 해결
환경			물리적 환경, 사회체계, 국가정책

answer ① 소인요인 / ② 가능요인 / ③ 필요요인

CHECK Point	보건의료체계의 유형
①	① 생산 요소 : 의사, 병상, 의료기술, 보건의료조직 ② 의료서비스의 대상 : 인구집단, 환자
②	① 의료전달 ② 환자와 공급자 간의 상호 작용
③	① 형평성, 효율성, 효과 ② 삶의 질
환류	① 고혈압 사업의 비용 분석 ② 사업의 효과
환경	① 보건의료체계를 둘러싸고 있는 부분 ② 기후, 수질, 문화, 지식, 국가 정책

answer ① 투입 / ② 과정 / ③ 산출

(5) 보건행정의 기술적 원칙

①	보건사업에 있어서 가장 근본이 되는 것으로 인구집단의 성별·연령별 구성 및 사회문화적 특성 등 생태학적 특성을 조사
②	질병의 양상 등을 파악하는 것
③	예방의학적 입장, 종합적 보건 봉사 및 의료 봉사라는 입장
④	발생 요인을 외적 또는 환경요소를 중심으로 연구하는 학문
⑤	국민, 단체, 기관들의 사회적 관계를 통하여 시행
⑥	투입, 전환 과정, 산출(중간 산출, 최종 산출), 환류, 환경을 통한 접근법

answer ① 생태학적 고찰 / ② 역학적 기초 / ③ 의학적 기초 / ④ 환경보건학적 기초 / ⑤ 사회적 기초
⑥ 행정과정론적 접근법(보건관리직 접근법)

(6) 보건행정의 사회과학적 접근방법

①	① 1차적 고려 대상 ② 보건의료에 대한 평등주의적 견해와 자유주의적 견해로 구별
②	현재와 미래의 보건정책과 사업의 방향 수립 및 실시 여부
③	NHS와 NHI 혹은 자유방임형 체계, 의료보험 체계 혹은 국민보건서비스 체계 등
④	보건정책이 미래지향적인가, 현실문제의 해결에 적합한가 여부
⑤	보건의료가 헌법에 명시된 국민의 기본적 권리를 충족하는가 여부
⑥	제한된 보건자원으로 경제적으로 저렴하게 양질의 보건의료를 제공하는가 여부
⑦	① 사회과학적 접근에서 마지막 단계 ② 과정적 기능과 행태적 기능으로 구성하여 실시

answer ① 가치관적 접근 / ② 역사론적 접근 / ③ 비교체계론적 접근 / ④ 정책론적 접근 / ⑤ 법률적 접근
⑥ 경제론적 접근 / ⑦ 관리론적 접근

(7) 보건행정가의 역할

대인관계 역할	정부관리자	① 보건 관련 문제에 사회 전반의 이익과 권한을 대표 ② 각종 의례행사에 해당기관의 장이나 개인자격으로 참여
	섭외자	외부인과의 상호 작용
	지도자	부하직원과의 상호 작용
	행정가	① 개념적 기술 : 최고관리자(개념 > 인간 > 업무) ② 인간적 기술 : 중간관리자 ③ 업무적 기술 : 하위관리자
정보적 역할	모니터 역할	정보, 메일, 관련자 관리
	교육자	대중 보건교육 실행자
	전문가	보건 관련 지식을 숙지하고 활용
의사결정자	관리자	① 전문기술을 활용하여 보건의료 활동을 수행 ② 주위에 있는 전문기술자를 파악하여 활용
	고충문제 처리자	
	자원 분배자	예산 책정, 일에 대한 프로그래밍
	중재자	협상자

(8) 현대 보건행정의 특징

양적인 측면	질적인 측면
• 보건행정 기능의 확대 • 행정기구의 팽창 • 공무원 수의 증가 • 재정 규모의 팽창 • 제3섹터의 증가 • 참모조직(막료조직) 및 위원회의 증가	• 행정의 전문화, 기술화, 과학화 • 행정통계의 증가 • 행정책임의 강조 • 행정의 기획화 : 정책과 예산의 연계 • 행정권의 강화 : 신중앙집권화 • 사전 정책결정 기능 중시 : 정책실명제 • 행정조직의 동태화

CHECK Point 파킨슨법칙(Parkinson's Law)

영국의 행정학자 파킨슨(Cyril Northcote Parkinson)이 1957년에 주장한 법칙

부하 배증의 법칙(제1공리)	업무량이 늘어날 때 같은 동료 공무원을 늘리거나 업무 재분배를 하는 대신 신입 공무원의 보충을 통해서 업무 경감을 꾀하려는 '심리적 특성'이 존재
업무 배증의 법칙(제2공리)	제1공리로 인해서 신입공무원이 늘어나면 조직내부의 업무(부하에게 지시, 통제, 업무보고 등)가 늘어나 업무량이 더 늘어 남

Theme 04 서양의 보건행정 역사★★★

(1) 고대 보건의료(기원전~A.D. 500)

①	① 레위기 : 모세가 언급한 위생 법전 ② 바빌로니아 함무라비 법전(공중보건을 담은 최초의 법전) : 의료행위에 대한 책임으로 수술을 서투르게 하는 외과의사의 손을 절단 함
②	① 청결관념에 따라 빗물을 모아 급수와 하수처리 ② Papyri 42권 : 가장 오래된 의학 사전 ③ Imhotep : 신부 의사(역사상 최초로 병을 고치는 의사)
그리스	(③)(B.C. 460~377) ① Malaria(mal=bad, aria=air)에서 보는 바와 같이 모기가 매개한다는 사실을 증명할 수 없었던 당시에는 나쁜(mal) 공기(aria)가 전파한다고 간주되었다. ② 질병 관리 방법으로 오염된 공기를 정화시키는 데 대포를 발사한다든가 불을 지르는 방법 및 연기소독법(fumigation)이 사용되었다. 병인을 설명하는 데는 미치지 못했지만 환경위생을 향상시키는 데 공헌한 이론 ③ 저서 『Epidemics Ⅰ』: 말라리아 열, 눈의 염증 등의 질환에 대해 기록 저서 『Epidemics Ⅱ』: 중증인후염의 합병증 등에 관하여 기록 ④ (④) : 전염병의 전파는 나쁜 공기에 의해 발생된다고 믿음 ⑤ 4체액설 ⑥ 질병의 치료 방편으로 휴양, 식사, 좋은 공기, 마사지, 목욕 등도 권장되었다.
로마	① (⑤)(A.D. 130~201) • 히포크라테스의 장기설을 계승하여 발전시킴 • '(⑥)(Hygiene)'이라는 용어를 처음으로 사용 • 기관 절개술과 제왕 절개술 등의 외과적 절차를 설명함 • 해부학을 발전시킴 ② 노예등록법에 따라 정기적으로 인구조사를 실시함 ③ 대도시 및 중소도시에는 의사를 배치하여 정부가 보수를 지불하였으며, 극빈자는 무료였다. 이 시기에는 임산부가 사망할 시 개복수술을 하여 생존한 아이를 구하는 오늘날의 제왕절개술이 시술 ④ 로마시대 3대 전염병 : 발진티푸스, 선페스트(흑사병), 천연두

answer ① 메소포타미아 / ② 이집트 / ③ Hippocrates / ④ 장기설 / ⑤ Galen / ⑥ 위생학

(2) 중세기(A.D. 501 ~ 1500) : 암흑기, 종교적 사상 대두시기

6~7세기경	회교도 (①)로 인한 (②) 대유행
13세기경	① 십자군운동으로 인해 (③) 발생 ② 나환자를 쉽게 식별할 수 있도록 특수한 의복을 입히고 방울을 달아 다른 사람과의 접촉을 차단하여 전파를 방지
14세기경 ★★★	(④)의 유럽정벌로 인해 (⑤) 발생 ① (⑤)로 전 유럽인구의 1/4인 2,500만 명이 사망 ② (⑥) 년 프랑스 마르세유에서는 검역법에 의해 최초로 검역소를 설치
15~16세기경	매독과 결핵 유행
⑦	이탈리아 나폴리에서 발간된 것으로 대중적으로 읽혀진 의학 서적으로 일반 대중들이 일상생활에서 쉽게 활용할 수 있는 양생술

answer ① 성지순례 / ② 콜레라 / ③ 한센병 / ④ 칭기즈칸 / ⑤ 페스트 / ⑥ 1383 / ⑦ Salerno의 「양생법」(1260)

(3) 여명기(1500 ~ 1850) : 근세기, 요람기, 공중보건사상

① 중상주의(1500 ~ 1750) : 르네상스 시대

①	"모든 전염병은 전파력과 증식력을 가진 작은 전염성 물질에 기인한다."라는 전염설을 주장하여, 최초로 전염성 질환의 과학적 이론을 제시
②	근대 해부학의 창시자
③	「동물에서의 심장과 혈액의 운동에 관한 해부학적 연구」에서 혈액 순환의 발견을 통해 인체를 하나의 기능적인 단위로 생각
④	최초로 생명표를 작성하고 「사망표에 관한 자연적, 정신적 제 관찰」이라는 사망통계에 관한 책을 저술하였다. 질병을 통계적 방법으로 분석
세계 최초의 국세조사	스웨덴 1749년(정태조사), (⑤)년(동태조사)
⑥★	영국의 의사로 장기설(오염된 공기가 질병의 원인)을 여전히 주장, 말라리아 치료 시 키니네 사용을 대중화함
⑦★	직업병에 관한 저서, 산업보건의 시조
⑧★	현미경 발견
⑨	1747년 괴혈병의 원인과 예방대책을 실험으로 증명함. 영국 해군 보건위생학의 아버지

answer ① Girolamo Fracastoro(1478~1553, 이탈리아) / ② Vesalius(1514~1564) / ③ William Harvey(1578~1657, 영국) / ④ John Graunt(1620~1674, 영국) / ⑤ 1686년 / ⑥ Thomas Sydenham(1624~1689) / ⑦ Ramazzini(1633~1714) / ⑧ Leeuwenhoek(1632~1723) / ⑨ J. Lind(1716~1794)

② 계몽주의(1760 ~ 1820) : 산업혁명시대

①	『생정통계』, 『군대의학』, 『성병 및 질병의 유행과 감염병』, 『완전한 의사경찰체계』
②★	근대 인도주의적 정신의료 창시자
③★★	우두접종법 개발(1798)
④	「매사추세츠 주의 위생업무 보고서」를 제출하여 영국에서 시작된 위생개혁 운동을 계승하여 미국에서 위생개혁 운동을 주도
⑤★	『열병보고서』, 『영국 노동자의 발병상태보고서』에 의해 최초의 공중보건법 탄생 계기
⑥	세계 최초의 공중보건법 제정 공포
⑦	산과 의학자로서, 산욕열이 기체를 만진 의사의 손에 묻은 유기분해물질의 흡수에 의한 일종의 흡수열이라고 단정하고, 예방법으로 조산에 임하는 의료인들의 손을 염화칼슘액으로 씻어야 한다고 주장

answer ① Frank(1745~1821, 독일) / ② Pinel(1745~1826, 프랑스) / ③ Jenner(1749~1823, 영국)
④ L. Shattuck(1783~1859, 미국) / ⑤ E. Chadwick(1800~1890, 영국) / ⑥ 1848년
⑦ Semmelweis(1818~1865, 헝가리)

(4) 확립기(1850 ~ 1900) : 근대기, 예방의학적 사상

①★★	콜레라에 대한 역학 조사
②★★★	세계 최초의 질병보험법(1883), 노동재해보험법(1884), 노령 · 폐질 · 유족연금 보험법(1889)
③★	위생학 교실(1866), 실험위생학의 확립
④★★	• (⑤) 의 창시자(시조) • 장기설의 폐기 처분 • 닭콜레라 백신 · 돼지단독 백신 · 광견병백신 발견 • 저온소독법 개발
⑥	세균학과 면역학의 기초를 확립하여 그동안 지속된 장기설의 자취를 감추게 하였다. 방부법을 창시하고, 석탄산 살균법과 고온 멸균법을 개발 → 무균 수술, 소독제 발달
⑦★★	• (⑧) 의 아버지 • 결핵균, 콜레라균, 파상풍균, 연쇄상구균, 탄저균 발견
⑨★★	1862년 리버풀에서 방문간호를 시작함으로써 오늘날 보건소제도의 효시가 됨
⑩	최초 콜레라 백신 개발

answer ① John Snow(1813~1858, 영국) / ② Bismarck(1815~1898, 독일) / ③ Max von Pettenkofer(1818~1901, 독일)
④ Pasteur(1823~1895) / ⑤ 현대의학 / ⑥ J. Lister(1827~1912, 영국) / ⑦ R. Koch(1843~1910) / ⑧ 근대의학
⑨ W. Rathbone / ⑩ Haffkine(1860~1930, 프랑스)

(6) 발전기(20세기 초 이후) : 현대기, 지역사회보건학 사상, 탈미생물시대

①	영국 세계 최초 보건부를 설치하여 보건행정의 기틀 마련
②★	세계보건기구(WHO) 창립, 세계보건의 날 제정
1972	국제인간환경회의(스웨덴)를 열어 하나뿐인 지구보전을 위한 환경선언
③	카자흐스탄의 Alma-Ata 회의에서 1차 보건의료, 건강권 주창
④	캐나다 오타와 회의 : 건강증진에 새로운 건강개념 태동

answer ① 1919년 / ② 1948년 4월 7일 / ③ 1978년 / ④ 1986년

(7) 국제 회의

년도	협약명	규제대상
①	②	113개국 정상들이 모여 '인간환경에 관한 UN 회의'를 열고 '인간환경선언'을 선포하였다. 이 회의에서 '단 하나뿐인 지구'를 보전하자는 공동인식을 가짐
③	④	폐기물의 해양 투기로 인한 해양 오염을 방지하기 위한 국제협약
⑤	-	'UN환경계획기구(UNEP)'가 창설
⑥	⑦	오존층 보호를 위한 국제협약
⑧	⑨	유해 폐기물의 국가 간 교역통제 협약(바젤 협약)을 채택
⑩	⑪	오존층 파괴 물질인 염화불화탄소(CFCs)의 생산과 사용을 규제하려는 목적에서 제정한 협약
⑫	리우선언	지구환경 질서에 대한 기본 규범
	의제 21	리우 선언의 구체적인 실천계획
	⑬	지구 온난화를 일으키는 온실가스 배출량을 억제하기 위한 협약
	생물다양성 보존협약	지구상의 생물종을 보호하기 위한 협약
⑭	⑮	선진국의 온실 가스 감축이 주 내용으로 감축 대상가스는 이산화탄소(CO_2), 메탄(CH_4), 아산화질소(N_2O), 과불탄소(PFC_S), 수소화불화탄소(HFC), 불화유황(SF_6) 등
⑯	⑰	3기 기후변화방지 협약 로드맵
⑱	⑲	장기 목표 : "기온 상승폭을 2℃보다 훨씬 낮게, 1.5℃까지"

answer ① 1972년 / ② 스웨덴의 스톡홀름 / ③ 1972년 / ④ 런던협약 / ⑤ 1973년 / ⑥ 1985년 / ⑦ 비엔나협약 / ⑧ 1989년
⑨ 바젤 협약 / ⑩ 1989년 / ⑪ 몬트리올 / ⑫ 1992년 / ⑬ 기후변화방지협약 / ⑭ 1997년 / ⑮ 교토 의정서 / ⑯ 2007년
⑰ 발리 기후변화 협약 / ⑱ 2015년 / ⑲ 파리 협약

구분	교토 의정서	파리 협약
기간	2008~2020년	2021년~
주요 목표	온실가스 감축(1기 - 5.2%, 2기 - 18%)	기온 상승폭을 1.5℃까지
대상국	선진국	모든 당사국
수행 방식	하향식	(목표 설정) 상향식

Theme 05 우리나라 보건행정 역사

(1) 삼국시대 이전 : 마늘과 쑥 등 약초이름이 등장

(2) 삼국시대

고구려	백제	신라
① (①) : 어의 ★ ② 고구려노사방	① 약부(일종의 의료 기관) → 약제 조달 ② 의박사(교수) ③ (②) : 약재 채취 전문가 ④ (③) : 기도로써 질병을 치료하던 의원 ⑤ 백제 신집방	① 승의 ② 김무약방

answer ① 시의 / ② 채약사 / ③ 주금사

(3) 통일신라시대

①	의료행정을 담당, 약전에는 공봉의사가 직접 의료에 종사
②	왕실의 질병을 진료하는 시의
③	공봉의사와 마찬가지로 약전에 소속되어 금주로써 질병을 예방하는 무주술사
④	어떤 의료기관에 소속된 직명이 아니고 당시의 명의를 일컫는 용어
의관	약전에 소속된 의사인지 공봉의사 전체를 총칭하는 것인지 불분명

answer ① 약전 / ② 내공봉의사 / ③ 공봉복사 / ④ 국의 및 승의

(4) 고려시대(936~1392)★★★

①	고려의 대표적인 중앙의료기관으로 의약과 치료의 일을 담당한 의약관청
②	빈민구제와 질병치료사업 담당
③	궁내 어약담당, 국왕을 비롯한 궁중의 질병을 치료
④	서민 의료담당
⑤	수도 개성의 동쪽과 서쪽지역에 각각 설치된 국립구료기관

answer ① 태의감 / ② 제위보 / ③ 상약국 / ④ 혜민국 / ⑤ 동서대비원

(5) 조선시대

① 의료제도와 기관 ★★★

①	예조에 속한 의약을 담당하는 기관
②	왕실의료를 담당, 15세기 중엽 이후에는 조선에서 규모가 가장 크고 가장 급이 높은 의료기관이었으며 갑오개혁 이후 유일하게 존속
③	왕실의 의약과 일반 의료행정을 담당하였고, 의원을 선발하는 과거시험인 잡과를 관할
④	혜민국을 1466년 개칭한 것으로, 일반 의약과 서민의 치료를 담당
⑤	일종의 빈민구제기구
⑥	지방에 조직된 의료기관들을 통일적으로 관할할 목적에서 조직된 중앙의료기관으로 향약의 수납과 병자의 구치를 담당

answer ① 전형서 / ② 내의원 / ③ 전의감 / ④ 혜민서 / ⑤ 활인서 / ⑥ 제생원

② 조선 말기 서양의학의 유입

실학파의 활동	이익의 「성호사설」, 박지원의 「열하일기」, 정약용의 「마과회통」
개화파의 활동	지석영의 「우두신설」, 김옥균의 「치도약론」, 유길준의 「서유견문」
선교사 활동	선교활동의 일환으로 1885년에 광혜원이 설립되었으며, 그 해 광혜원이 제중원으로 개칭
갑오개혁	내부에 (①)(최초의 근대보건행정기구)이 설치

answer ① 위생국

(6) 일제 강점시대(1910 ~ 1945) ★

① 중앙 : (①)국 (②)과를 설치

② 강력한 경찰위생제도 실시

answer ① 경찰 / ② 위생

(7) 미군정 및 과도정부시대(1945 ~ 1948)

1945년 (①) → 같은 해 (②)으로 승격 → 1946년 (③)로 승격시키면서 (④)행정 실시

answer ① 위생국 / ② 보건후생국 / ③ 보건후생부 / ④ 광역

(8) 대한민국 정부수립 이후(1948. 8·15 이후)★★★

1948	보건후생부를 폐지하고 (①)로 개편
1949	사회부 보건국을 (②)로 독립, 승격
③	보건부와 사회부를 통합하여 보건사회부로 개칭
1995	보건사회부를 (④)로 개편
2008	보건복지가족부(3실, 4국)
2010	보건복지부 직제 개편
2022	보건복지부 현재 직제(4실 6국)

answer ① 사회부 / ② 보건부 / ③ 1955년 / ④ 보건복지부

PART 02

보건행정 조직과 조직이론

02 보건행정 조직과 조직이론

Theme 01 조직의 개념

(1) 조직의 정의

고전적 의미	조직이란 (①) 환경 속에서 집단 내부의 목표를 달성하기 위해 업무를 분할하고 업무에 상응하는 책임과 의무소관을 명확히 하는 과정
현대적 의미	(②) 환경변화 속에서 목표의 원활하고 신속한 적응을 위하여 인간 행동을 규합하는 과정
Barnard	조직의 3대 요소는 '공동 목표, 2인 이상의 협동체, (③)'

answer ① 완만한 / ② 급속한 / ③ 커뮤니케이션

(2) 조직의 특성

- 목표지향적
- 환경과 상호작용
- 조직 내의 비공식적 관계
- 구조적 활동체계
- 합리성
- 규모성과 복잡성
- 인간으로 구성되는 사회적 실체
- 계획된 조정체계
- 분업적
- 동태성

(3) 조직구조의 변수 : 조직의 효율성에 영향을 주는 요소

구분	변수	특징
기본 변수	①	• 수직적 분화 : 계층화(계층의 수, 계층제의 깊이 등) • 수평적 분화 : 횡적인 분화 및 직무의 전문화 정도 • 장소적 분산 : 공간적 확산 정도
	②	직무의 정형화, 표준화된 정도
	③	의사결정권의 상위 계층으로의 집중 상태
상황 변수	규모	조직의 물적 수용능력, 인력, 투입, 산출의 양 및 자원
	기술	투입을 산출물로 전환시키는 방법
	환경	조직의 외부영역으로 환경의 불확실성이 높을 경우 분권화, 낮을 경우 집권화가 발생
	이외 전략, 권력 작용 등	

answer ① 복잡성 / ② 공식성 / ③ 집권성

(4) 조직이론의 역사적 흐름

구분	고전적 조직이론 (1930년 이전)	신고전적 조직이론 (1930~1950년)	현대 조직이론 (1950년 이후)
기초 이론	①	(②), 행태과학론, 의사결정론	③
인간관	④	⑤	⑥
추구 가치	(⑦) 능률, 구조·기술 행정 개혁, 수단 중시	(⑧) 능률, 실증·인간주의	다원적 가치, 조직발전, 동태적 조직, 상황적응적 요인
주연구 대상	공식적 구조	비공식적 구조	계층적 구조(체제적 구조)
연구방법	원리접근법(형식적 과학성)	경험적 접근법(경험적 과학성)	복합적 접근법(경험적 과학성제고, 관련 과학 활용)
환경	⑨	⑩	⑪
행정변수	⑫	⑬	⑭

answer ① 과학적 관리론, 행정관리론, 관료제 / ② 인간관계론 / ③ 체계이론, 상황이론 / ④ 합리적 경제인관(X이론) / ⑤ 사회인관(Y이론)
⑥ 복잡인관, 자아실현인관 / ⑦ 기계적 / ⑧ 사회적 / ⑨ 폐쇄형 / ⑩ 폐쇄형 / ⑪ 개방형 / ⑫ 구조 / ⑬ 인간 / ⑭ 환경

① 고전적 조직이론(과학적 관리론, 폐쇄-합리적 조직이론)★★★

주요 특징	문제점
㉠ 분업 ㉡ 계층적 과정 ㉢ 공식 구조를 강조 ㉣ 통솔범위 ㉤ 기계적 능률성 중시 ㉥ 환경 변수 무시(폐쇄체제) ㉦ 상의하달형 의사 전달(경직성 초래) ㉧ 시간 × 동작을 통한 1일 과업량을 설정 ㉨ 능률의 법칙(3S) : 단순화(Simplification) 　　　　　　　　표준화(Standardization) 　　　　　　　　전문화(Specialization)	㉠ 인간성 소외현상 초래 ㉡ 비공식 조직의 무시 ㉢ 사회적 능률성의 무시 ㉣ 환경 변수 무시 ㉤ 외부 문제 무시

② 신고전적 조직이론(인간관계론, 폐쇄-자연적 조직이론)★★★

Mayo의 호손(Hawthorne) 실험	특성	문제점
• 첫 번째 연구 : 조명도 실험 • 두 번째 연구 : 계전기실 실험 • 세 번째 연구 : 면접조사 • 마지막 연구 : 비공식 조직이 작업자의 태도를 결정한다는 것을 알게 됨	㉠ 구성원의 능력은 육체적인 면보다 사회적인 면이 중시 ㉡ 비경제적 요인의 우월성을 강조 ㉢ 비공식 집단 중심의 사기 형성이 중요 ㉣ 의사소통, 리더십과 참여의 중요성을 강조	㉠ 기계적 능률성을 무시 ㉡ 합리적 측면의 무시 ㉢ 내부 문제 중시로 인한 외부 문제의 등한시

③ 현대 조직이론

체계이론	상황이론
㉠ 전체성을 강조하는 총체주의적 관점 ㉡ 목표론적 관점 ㉢ 환경의 영향 중시 ㉣ 체제의 기능 : Parsons의 AGIL 기능 • 적응 기능(Adaptation) • 목표달성 기능(Goal Attainment) • 통합 기능(Integration) • 형상유지 기능(Latent Pattern Maintenance)	㉠ 모든 상황에 맞는 보편적이고 최선의 조직관리 전략은 없다는 전제에서 출발 ㉡ 상황에 따라 다양한 이론을 적용시킬 수 있으며, 때로는 고전적 조직이론, 때로는 신고전적 조직이론을 적절히 활용해야 한다는 논리

<조직이론의 분류>

구분		인간에 대한 관점	
		합리적	자연적(사회적)
조직에 대한 관점	폐쇄적	1상한 : 폐쇄-합리적 조직이론 (1900~1930년) 과학적 관리론, 행정관리론, 관료제 이론	2상한 : 폐쇄-자연적 조직이론 (1930~1960년) 인간관계론, 행태과학론
	개방적	3상한 : 개방-합리적 조직이론 (1960~1970년) 체계이론, 상황이론	4상한 : 개방-자연적 조직이론 (1970년~) 팀제 이론, 네트워크 조직이론, 프로세스 조직이론 등

Theme 02 조직의 원칙(원리)***

①**	권한과 책임의 정도에 따라 직무를 등급화시키고, 이에 따라 상하 간의 계층을 설정하여 지휘계통과 명령계통을 확립시킨 피라미드형의 직제
②**	1인의 상관, 감독자가 효과적으로 직접 감독할 수 있는 부하의 수 → 관리한계의 원리, 관리책임의 원리
③**	업무를 성질별, 기능별로 분할하여 계속적인 수행을 거쳐 조직의 능률성을 제고하고자 하는 원리
④***	한 사람의 상관으로부터 명령을 받고 보고하는 원리이며 의사전달의 능률화를 위한 원리
⑤***	조직체의 공동의 목적을 달성하기 위하여 행동의 통일을 이룩하도록 집단의 노력을 질서정연하게 결합하고 배열하는 과정
위임의 원리	업무에 대한 결정권을 타인에게 부여하는 것
목표의 원리	상부 조직이 갖는 장기적인 목표와 하부조직이 갖는 단기적인 목표의 명확성이 유지되어야 한다는 것을 의미
책임과 권한의 일치 원리	어떤 과업에 대한 권한과 책임이 일치해야 한다는 것을 의미
부처 편성의 원리	조직을 편성하는 원리

answer ① 계층제의 원리 / ② 통솔범위의 원리 / ③ 전문화 분업의 원리 / ④ 명령통일의 원리 / ⑤ 조정 통합의 원리

Theme 03 조직의 유형

P. M. Blau & W. G. Scott의 분류

유형	주된 수혜자	예
①	조직의 구성원	• 클럽, 노동조합, 정당, 이익단체
②	소유주	• 이윤을 추구하는 사기업체, 은행, 보험 회사
③	고객 집단	• 병원, 학교, 사회사업 기관, 법률 상담소
④	일반 국민	• 행정 기관, 군대, 경찰서, 소방서

answer ① 호혜적 조직 / ② 사업조직 / ③ 서비스 조직 / ④ 공익조직

T. Parsons & D. Katz & Kahn의 분류

구분	Parsons	Katz & Kahn
적응 기능	(①)(회사, 공기업)	(⑤)(연구소, 대학, 조사 기관)
목표달성 기능	(②)(행정 기관, 정당)	(⑥)(산업 조직)
통합 기능	(③)(경찰, 사법 기관, 정신병원)	(⑦)(행정 기관, 정당, 노동조합, 압력조직)
현상유지 기능	(④)(학교, 교육 단체)	(⑧)(학교, 종교 단체)

answer ① 경제조직 / ② 정치조직 / ③ 통합조직 / ④ 현상유지조직 / ⑤ 적응조직 / ⑥ 경제적, 생산적 조직 / ⑦ 정치적, 관리적 조직 / ⑧ 현상유지조직

A. Etzioni의 분류

구분	권위의 유형	특징	종류
①	강제적 권위	조직구성원이 고도의 소외감을 느끼는 조직, 질서 목표	경찰서, 감금 정신병원
②	보수적 권위	개인의 타산적 이해관계에 따라 관여하는 조직, 경제 목표	회사
③	규범적 권위	개인이 권위나 권력에 대하여 높은 일체감을 갖는 조직, 문화 목표	학교, 교회, 종교단체

answer ① 강제적 조직 / ② 공리적 조직 / ③ 규범적 조직

R. Likert의 분류

구분	권위형 체제		참여형 체제	
분류	제1체제 (착취형)	제2체제 (온정적 권위형)	제3체제 (협의형)	제4체제 (참여집단형)
특징	관리자가 일방적 의사결정	상급자의 동의에 의한 부분적 권한 위임	주요정책 외에는 하급자가 결정	모든 결정과정에 하급자의 광범위한 참여

구분	핵심부문	조정수단	예
①	최고관리자 (전략정점)	직접 감독	엄격한 통제의 신설조직, 독재 조직, 위기에 처한 조직
②	기술 구조	⑥	은행, 우체국, 대량 생산제조 업체
③	운영 핵심	⑦	대학, 종합병원, 컨설팅 회사
④	중간관리층	⑧	대기업의 자회사, 대학 분교
⑤	지원 참모	상호조정	첨단기술 연구소, 우주센터, 광고 회사

H. Mintzberg의 분류*

answer ① 단순구조조직 / ② 기계적 관료제 / ③ 전문적 관료제 / ④ 대형지부조직 / ⑤ 임시특별조직
⑥ 작업의 표준화 / ⑦ 기술의 표준화 / ⑧ 산출의 표준화

Theme 04 개인의 조직에 대한 적응 모형

R. Presthus의 성격 유형	①	조직에 대하여 적극적으로 참여하는 유형
	②	조직에 대하여 소외감을 느끼고 열등감을 가진 유형
	③	비판 능력과 전문 지식을 소유하고 있지만 조직에 대해 적극적인 참여도 못하고, 참여 거절도 못하는 형

answer ① 상승형 / ② 무관심형 / ③ 애매형

C. Cotton의 권력균형화 이론	①	조직에 대한 자기 의존을 최소화시키는 형태
	②	하위자가 자신의 흥미를 외부에서 찾는 형태
	③	열심히 일해 자신의 가치를 높이는 유형
	④	하위자와 상위자의 관계가 지배 복종이 아닌 동료적인 입장으로, 권력의 분포가 가장 이상적인 형태

answer ① 독립인 / ② 외부흥미형 / ③ 조직인 / ④ 동료형

A. Downs의 성격 유형	①	권력, 위신, 수입을 아주 높게 평가하고, 이를 획득하기 위해 적극적으로 노력하는 유형
	②	권력, 위신, 수입을 추구하기보다는 주로 편의와 신분의 유지에 관심을 가지며, 현상 유지에 노력하는 유형
	③	비교적 범위가 한정된 정책이나 조직에 충성을 바치며, 추진하는 사업ㆍ정책에 영향을 미치기 위해 권력을 추구하는 유형
	④	보다 광범위한 정책이나 조직에 충성을 바치며, 추진하는 사업ㆍ정책에 영향을 미치기 위해 권력을 추구하는 유형
	⑤	사회 전체를 위해 충성을 바치며, 공공복지에 관심을 가지고, 국가정책에 영향을 미치는 데 필요한 권력을 추구하는 유형

answer ① 출세형 / ② 현상옹호형 / ③ 열성형 / ④ 창도형 / ⑤ 경세가형

McClelland의 성격 유형	①	이들은 경쟁에서 이기고 싶어하며 남보다 잘하고자 하는 형
	②	다른 사람들에 대해 영향을 미치기를 원하며 타인을 지도하고자 하는 유형
	③	다른 사람들과 연관을 맺으며 감정적인 관계를 설정하고 유지하려는 욕구로 경쟁적인 상황보다는 협조적인 상황을 선호하는 형

answer ① 성취욕구형 / ② 권력욕구형 / ③ 친화욕구형

Theme 05 동기부여 이론(조직의 인간관계 전략)*

H. Koonz는 '조직이 개인으로 하여금 소망스러운 상태로 인도하는 것'을 동기부여라고 하였는데, 내용적 차원과 과정적 차원으로 나눌 수 있다.

(1) 내용적 차원**

내용적 차원의 이론은 인간의 선험적인 욕구를 인정하고 이의 자극을 통한 동기부여를 유발함을 말한다.

① A. H. Maslow의 인간욕구 5단계설***

구분	의미	관리전략
①	인간의 가장 기본적인 욕구로써 목마름, 배고픔, 수면 등이 이에 해당	보수체계의 적정화, 휴양·휴가제도, Flex Time 제도
②	생명에 대한 위기, 즉 사고, 전쟁, 질병, 경제적 불안 등으로부터의 해방의 욕구	고용·신분의 안전성, 연금제도, 작업환경의 안정성
③	애정의 욕구, 친화의 욕구로 불리며, 여러 사람들로부터 사랑을 얻고자 하는 욕구	의사전달의 활성화, 갈등 제거, 비공식 조직의 인정, 인간화 등
④	다른 사람들로부터 존경을 받고 싶어하는 욕구로써 명예욕, 권력욕, 지위욕 등이 이에 해당	제안제도, 참여 촉진, 교육훈련과 평가, 승진, 전직·전보 등
⑤	자신의 가능성, 잠재력을 발휘하여 자신의 이상과 목적을 성취하고자 하는 욕구	조직에 대한 사회적 평가의 제고, 직무 충실·확대, 사명감 고취 등

answer ① 생리적 욕구 / ② 안전의 욕구 / ③ 사회적 욕구 / ④ 존경의 욕구 / ⑤ 자아실현의 욕구

② C. P. Alderfer의 E. R. G 이론★★

Alderfer	존재(Existence) 욕구		인간관계(Relatedness) 욕구	성장(Growth) 욕구	
Maslow	생리적 욕구	안전의 욕구	사회적 욕구	존경의 욕구	자아실현의 욕구

③ D. McGregor의 X-Y이론★★★

구분	X이론	Y이론
인간관	• 성악설 • 철이 안 든 아동형 • 당근과 채찍 이론 • 경제적 합리성을 강조 • 권위적 리더십 • 공식적 조직에서 중시 • 고도의 계층제	• 성선설 • 성인형 • 자아 실현 인간관 • 자기 통제 · 자기 책임 · MBO • 민주적 리더십 • 비공식적 조직의 활용 • 인간적 보상을 강조
관리전략	• 폐쇄적 · 정태적 · 기계적 구조 • 집권 · 권위주의적 리더십 • 강제 · 명령 · 위협 · 벌칙 • 상부 책임제도의 강화 • 경제적 보상체계의 강화	• 개방적 · 동태적 · 유기적 구조 • 분권 · 권한의 위임 • MBO, 의사결정의 민주화 • 자기평가 제도 • 인간적 · 자발적 처리 • 비공식 조직의 활용

④ Z이론 모형★

①	자유방임형 조직	상황적 인간으로서 대학이나 연구실에서 나타나는 유형으로, 타인의 간섭을 싫어하고 자유로운 상태를 추구하는 인간
②	경영 가족주의	미국 경영방식(A형) + 일본 경영방식(J형)
③	복잡한 인간	고정적이고 획일적인 관리전략을 부인하면서 처해 있는 상황에 잘 적응하는 리더십이 필요
④	괄호인	괄호인은 지혜와 슬기를 가진 사람으로 객관적으로 검토할 수 있는 능력의 소지자

answer ① S. Lundstedt의 Z이론 / ② Ouchi의 Z이론 / ③ Lawless의 Z이론 / ④ Ramos의 Z이론

⑤ F. Herzberg의 2요인 이론★★★

①	미충족 시 불만 : 작업자의 환경범주와 관련된 것으로써 정책과 관리, 감독 기술, 근무 조건, 개인상호 간의 관계, 임금, 인간 관계, 안전 문제, 회사정책 등을 들고 있으며, 인간의 본능적 측면과 관련된 아담의 본성과 관련
②	충족 시 생산성 향상 : 직무 자체와 관련된 심리적 욕구로써 성취감, 안정감, 승진, 직무 자체에 대한 만족감, 보람 있는 일, 도전감, 책임감, 능력 신장 등 정신적 측면을 언급하는 아브라함 본성과 관련

answer ① 위생 요인(불만족 요인, X이론) / ② 동기 요인(만족 요인, Y이론)

⑥ Schein의 인간본질의 4가지 관점

①	인간은 자기에게 최대의 경제적 이익이 있는 경우에만 움직인다. 이는 고전적 조직이론(과학적 관리론)에서의 기본적인 인간관
②	인간의 사회심리적 욕구 충족을 중시하는 인간관
③	인간은 자아를 실현하려는 존재
④	상황적응 이론의 인간관이라 할 수 있으며 현대사회에서 가장 적합한 인간관

answer ① 합리적·경제적 인간관 / ② 사회인간관 / ③ 자기실현인간관 / ④ 복잡인관

⑦ C. Argyris의 성숙-미성숙 이론

미성숙 모형	성숙 모형
• 수동적 활동	• 능동적 활동
• 의존적 상태	• 독립적 상태
• 단순한 행위	• 다양한 행위
• 변덕스럽고 얇은 관심	• 깊고 강한 관심
• 단기적 전망	• 장기적 전망
• 종속적 지위에 만족	• 대등 내지 우월한 지위에 만족
• 자기의식의 결여	• 자기 의식 및 자기 규제 가능

(2) 과정적 차원

① ★★★	M = f(V, I, E) : M은 일을 하고자 하는 심리적 힘, 즉 동기의 강도를 의미	
	②	행위의 결과로 얻게 되는 보상에 부여하는 가치
	③	개인이 지각하는 1차적 결과와 2차적 결과와의 상관관계
	④	개인행동이 자기 자신에게 가져올 결과에 대한 기대감
⑤	업적은 만족의 원인이 될 수 있으나 이들의 관계는 내·외적인 보상에 의해 연결된다는 모형	
⑥★	노력과 직무 만족은 업무상황의 지각된 공정성에 의해서 결정된다는 모형	

answer ① Vroom의 기대 이론(VIE 이론) / ② Valence(유의성) / ③ Instrumentality(수단성) / ④ Expectation(Expectancy, 기대감) / ⑤ Porter & Lawler의 업적·만족이론 / ⑥ Adams의 공평(정)성 이론

CHECK Point 동기부여 이론 종합 비교표

McGregor	X이론		Y이론			Z이론
Maslow	생리적 욕구	안전 욕구	애정·사회의 욕구	존경의 욕구	자아실현의 욕구	–
Alderfer	생존의 욕구		관계의 욕구		성장의 욕구	–
Herzberg	위생 요인		동기 요인			–
Ramos	작전인		반응인			괄호인
Schein	경제적·합리적 인간관		사회인간관			복잡인관 자아실현인관
Argyris	미성숙인		성숙인			–
Likert	체제1	체제2	체제3		체제4	–
이론적 배경	인간불신, 과학적 관리		상호의존, 인간관계론의 토대			–
동기 부여	물질적 욕구(저개발형)		정신적 욕구(선진국형)			–
리더십 유형	권위형, 독재형		민주적			자유방임형

Theme 06 관료제

(1) Weber 이론의 지배 유형

①	지배의 정당성의 근거가 과거부터 존속되어 온 전통이나 지배자의 권력의 신성성에 대한 신념에 입각하여 이루어지는 지배 유형
②	일상적인 것을 초월한 지도자의 비범한 자질이나 능력에 대한 외경심이 피지배자의 복종 근거가 되는 지배 유형
③	지배의 정당성이 법규화된 질서 또는 명령권이 합법성의 신념에 입각하고 있는 지배 유형

answer ① 전통적 지배 / ② 카리스마적 지배 / ③ 합법적 지배

(2) 근대적 관료제의 특징

①	조직단위 상호 간 또는 조직내부의 직위 간에는 명확한 명령복종 관계가 확립 됨
②	관료의 권한과 직무 범위는 법규에 의해 규정 됨
③	직무 수행은 몰주관적·비인격적 성격을 띰
④	모든 직무는 전문 지식과 기술을 지닌 관료가 담당하고, 이들은 시험 또는 자격증 등에 의해 공개적으로 채용 됨
⑤	강한 신분보장이 이루어 짐
⑥	직무의 수행은 서류(문서)에 의거하여 이루어지며, 그 결과는 문서로 기록·보존 됨

answer ① 계층적 구조 / ② 권한과 책임의 명료화 / ③ 공·사 엄별주의 / ④ 업무의 전문화와 세분화 / ⑤ 전임직
⑥ 문서 중심의 간접적이고 객관적인 사무 처리

⑦	고용관계는 전통적인 신분관계가 아닌 평등한 관계에서 고용의 자유계약이 허용 됨
⑧	미래 상황을 보다 확실히 예측할 수 있다는 전제
기타	고도의 집권성·상하 간의 수직적 인간관계(명령과 복종 체제)

answer ⑦ 고용관계의 자유계약성 / ⑧ 예측 가능성

(3) 관료제의 역기능(병리 현상)

구분	역기능(병리 현상)
구조적 측면	• (①) : 오랜 근무로 인한 이해 부족, 조직 내 권력관계에 의한 경쟁 때문에 소속 기관과 부서만 생각하고 타부서에 대한 배려를 하지 않음 • 갈등 조정수단 부족 : 집권화에 따른 기능적 부문 사이의 갈등 해소의 제도적 장치가 부족 • (②) : 구조적 분화에 따라 타분야에 대해 문외한이 되는 훈련된 무능현상이 나타남(포괄적인 통제력 부족) • 조직의 활력 상실 : 특정한 동일 업무의 반복으로 권태와 무력감에 빠지게 됨
행태적·인간적 측면	• (③)(변화에 대한 저항) : 문제해결 방식으로 선례를 중시하고, 자신의 신분 보호에 몰두하여 소극적 태도로 업무에 임하며, 상급자의 권위에 의존하려는 경우가 빈번함 • 인간성 상실 • 이기주의(관료제적 이익 추구) • 각자의 능력을 넘는 수준까지 승진한다는 '(④)'가 나타남. • 극단적 비밀주의, 권력에 대한 욕구, 출세주의 • (⑤) : 비공식적 집단에 의한 문제해결
환경적 측면	• (⑥)Red Tape, 서면주의, 형식주의, (⑦), 다인장주의 문서화 • 목표와 수단의 전도 현상, 지나친 규칙 준수로 인한 (⑧) • 환경 적응능력 부족

answer ① 할거주의 / ② 전문가적 무능 / ③ 무사안일주의 / ④ Peter의 원리 / ⑤ 귀속주의 / ⑥ 문서주의 / ⑦ 번문욕례 / ⑧ 동조과잉

CHECK Point ⊕ 권력의 유형(French & Raven)★

①	Weber의 합법적 권위와 유사하며 권력 소지자가 집단구성원의 순종을 요구하고 명령할 수 있는 합법적인 권리를 지니고 있을 때 생기는 권력
②	권력 소지자가 정적 또는 부적 강화물의 통제능력을 지니고 있을 때 생기는 권력
③	요청이나 요구들에 따르지 않는 상대방을 처벌할 수 있을 때 성립하는 권력
④	집단구성원들이 권력 소지자와 일체감으로 그에게 호감을 느끼거나 또는 존경하는 것을 기반으로 하는 권력(개인적인 선호, 존경, 기호, 매력 등에서 발생)
⑤	권력 행사자가 전문가로 인정받을 때 인정되는 권력(보건의료인력의 지시에 환자가 그대로 믿고 따르는 전문적 지식과 경험 등에 의한 권력)

answer ① 정통적 권력 / ② 보상적 권력 / ③ 강요적 권력 / ④ 준거적 권력 / ⑤ 전문가적 권력

CHECK Point 공식 조직과 비공식 조직 특징★★★

구분	공식 조직	비공식 조직
조직의 생성	외면적, 가시적, 인위적, 제도적, 합리적으로 생성된 조직(계층적·고전적·관료제 조직)	내면적, 비가시적, 자연발생적, 비제도적, 감정적으로 생성된 조직
성격	합리적 조직	비합리적 조직
명문화 여부	합법적 절차에 따른 규범의 작성(명문화된 조직)	구성원의 동태적인 인간관계에 의한 규범의 형성(불문화)
분업성	강함	약함
목적	공적 목적 추구	사적 목적 추구
논리	능률과 과학적 합리성의 논리가 지배	인간의 감정의 논리가 지배
질서	전체적 질서를 위해 활동(관료제이론)	부분적 질서를 위해 활동(자생조직)
관리기법	과학적 관리	인간관계론
특징	영속성, 경직성, 명확성	비영속성, 동태성, 불명료성
형태	외면적, 외재적 조직	내면적, 내재적 조직

Theme 07 계선 조직과 막료 조직★★

(1) 특징

구분	계선 조직	막료 조직
개념	행정조직의 목표달성에 직접 권한과 집행을 담당하는 조직	계선을 지원·조언하는 보조적 서비스 조직
형태면	상하명령 복종관계, 계층적·수직적 조직	좌우지원 복종관계, 측면적·수평적 조직
기능면	명령적 집행적 기능(명령·지휘·집행·실시)	자문적 서비스적 기능(권고·조언·보조)
태도면	현실적·실제적·보수적 사고	이상적·이론적·개혁적 사고
결정권	결정권과 책임의 존재	결정권 없음

(2) 막료의 유형

①	계선기관을 유지·관리·보조함으로써 봉사기능을 수행 함
②	계선기관에 대해 조언·권고하며, 최고집행자 직속(심의관, 담당관, 차관보 등)에 있는 막료

answer ① 보조형 막료 / ② 자문형 막료

Theme 08 기계적 구조와 유기적 구조(Robey)*

구분	기계적 구조	유기적 구조
장점	예측 가능성	적응성, 탄력성, 신축성
조직 특성	• 좁은 직무 범위 • 계층제 • 표준 운영절차(SOP) • 공식적이며 몰인간적인 대면 관계 • 분명한 책임 관계	• 넓은 직무 범위 • 적은 규칙 및 절차 • 비공식적이며 인간적인 대면 관계 • 모호한 책임 관계

 Theme 09 의사전달

(1) 의사전달의 제 원칙(C. E. Redfield)***

①	명확한 용어와 평이하고 간결한 문장으로 표현되어야 함
②	전후 내용에 일관성이 있어야 함
③	의사전달의 정보와 내용은 과다·과소하지 않아야 함
④	적절한 시기를 택하여 행하여져야 함
⑤	피전달자가 누군가를 명확히 확정하여 정확히 전달하여야 하며, 의사전달은 한쪽에 치우쳐서는 안 됨
⑥	(⑦)이란 융통성·개별성·현실성·합치성을 의미하며, (⑧)이란 각각의 의사전달이 전체로써 통일된 의사를 표현해야 함
⑨	피전달자가 관심을 갖고 받아들일 수 있도록 전달되어야 함

answer ① 명료성의 원칙 / ② 일관성의 원칙 / ③ 적량성(적당성)의 원칙 / ④ 적기·적시성의 원칙 / ⑤ 분포성(배포성)의 원칙
⑥ 적응성과 통일성의 원칙 / ⑦ 적응성 / ⑧ 통일성 / ⑨ 관심과 수용의 원칙

(2) 의사전달의 유형

① 공식성 유무에 따른 유형

구분	공식적 의사전달	비공식적 의사전달
의의	공식 조직 내에서 계층제적 경로와 과정을 거쳐 공식적으로 행하여지는 의사전달을 의미	계층제나 공식적인 직책을 떠나 조직구성원 간의 친분·상호 신뢰와 현실적인 인간관계 등을 통하여 이루어지는 의사전달을 의미

CHECK Point Grape vine

마치 포도덩굴처럼 복잡하게 얽혀 있기 때문에 생겨난 용어로, 비공식적 의사소통 방식으로 소문, 풍문, 메모 등이 이에 속한다.

② 방향과 흐름을 기준으로 한 유형★

①	㉠ 정보가 위에서 아래로 흐르는 것을 말함 ㉡ 방법 • 명령 : 구두 명령, 문서 명령 • 일반적 정보 : 기관지, 편람, 예규집, 구내 방송, 게시판, 행정 백서, 수첩 등
②	㉠ 정보가 밑에서 위로 올라가는 것을 말함 ㉡ 방법 : 보고, 품의, 의견 조사, 제안, 면접, 고충 심사, 결재 제도 등
③★	㉠ 수평적 의사전달을 말함 ㉡ 방법 : 사전 심사, 사후 통지, 회람 · 공람, 회의(미팅), 레크리에이션, 토의(위원회) 등

answer ① 상의하달(하향적 의사전달) / ② 하의상달(상향적 의사전달) / ③ 횡적 의사전달

Theme 10 의사결정

(1) 의사결정의 과정

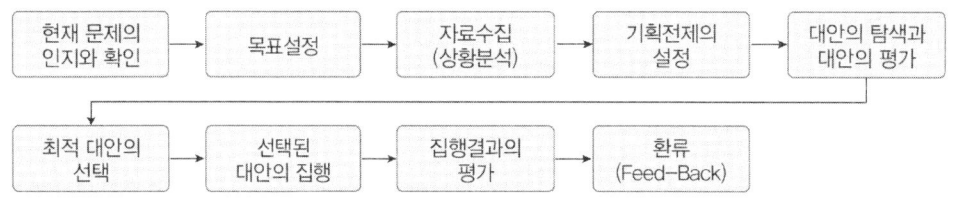

(2) 대안의 탐색 방법

①	• 가장 창의적인 집단 의사결정 기법(자유연상법)
②	• 전문가 합의에 의한 무기명 반복 의사결정 기법 • 특히, 과거를 기초로 계산된 경향에서 예측할 수 없는 새로운 발전들의 예측에 적합하다. → 불확실한 미래의 가능성에 대한 장기적인 예측 • 특징 : 집단 효과, 익명성, 통제된 환류와 다중 반복, 주관성
③★	팀의 구성원들이 모여서 문제나 이슈들을 식별하고 순위를 정하는 가중 서열화법

answer ① Brain Storming(브레인스토밍) / ② Delphi(델파이) 기법 / ③ Nominal Group Technique(NGT, 명목적 그룹 테크닉)

(3) 의사결정의 유형

분류		내용
결정상황에 따른 분류	①	일상적이고 반복적인 일로 기계적인 표준처리절차와 규칙(S.O.P) 또는 관례적인 경우
	②	선례·표준적 절차 등이 없는 결정을 말하며, 관리자는 이러한 상황에 직면하면 자신의 능력, 판단, 상상력 등에 의존할 수밖에 없음
의사결정 수준에 따른 분류	③	최고관리층의 결정으로 조직 목표를 정립하고 조직과 환경과의 상호관계와 관련된 문제
	④	인적·물적 자원의 동원과 훈련, 업무의 흐름과 배분경로의 체계화 등에 관한 결정으로 주로 중간관리층의 결정
	⑤	하위관리자들의 결정으로 조직 내에서 발생하는 일상적인 문제(day-to-day problems)를 취급
경영환경에 따른 분류	⑥	의사결정의 미래에 대한 정확한 결과를 알 수 있을 만큼 충분한 정보를 가지고 있는 상황
	⑦	의사결정 결과가 여러 가지로 산출되는 상황으로 각각의 결과가 어떤 확률로 발생하는가를 알 수 있는 상황에서의 의사결정
	⑧	정보가 없거나 있더라도 부족한 경우로 결과의 확률을 알아내기 어려운 상황으로 관리자가 결과에 대해 자신과 신뢰를 할 수 없는 상황
접근방법에 따른 분류	⑨	합리적인 의사결정을 내릴 수 있다는 경제인의 모형으로 수학, 통계학, 경영과학 등의 지식에 근거한 의사결정 방법
	⑩	직관과 경험에 의존하는 의사결정 방법
주체별 분류	⑪	관리자 개인이 독단적으로 결정하는 방법으로 극히 소규모 조직에서 이루어짐
	⑫	의사결정자들이 모두 참여하여 결정하는 방법

answer ① 정형적 결정 / ② 비정형적 결정 / ③ 전략적 결정 / ④ 관리적 결정 / ⑤ 운영적 결정 / ⑥ 확실한 상황하에서의 결정
⑦ 모험적 상황하에서의 결정 / ⑧ 불확실한 상황에서의 결정 / ⑨ 계량적 접근방법 / ⑩ 정성적 접근방법
⑪ 개인적 결정 / ⑫ 집단적 결정

Theme 11 리더십

(1) 리더십의 의의

Leadership	지도자 자신의 권위를 근거로 하여, 구성원들을 자발적으로 행동하도록 유도하며, 지도자와 구성원 간에 심리적 공감과 일체감이 강하게 작용
Headship	공식적 직위를 근거로 한 제도적 권위의 물리적·강제적·일방적 성격

(2) 리더십에 관한 학설

①	성공적인 리더에게는 다른 사람과 구별되는 비교적 안정적이고 지속적인 특성이 선천적으로 주어진다고 파악하는 학설
②★	리더십의 효과성이 집단의 성격, 직무의 특성, 리더와 부하와의 관계등에 따라서 달라진다는 입장
③	L = f(T · S · F) 개인적 자질(T ; Traits), 지도자가 처해있는 상황(S ; Situations), 추종자(F ; Followers)

answer ① 자질론 / ② 상황론 / ③ 집단관계론(상호작용론)

(3) 리더십의 유형

① 1, 2, 3차원적 리더십의 유형

1차원적 리더십	①	권위형	지도자가 중요한 결정을 홀로 내리고 부하로 하여금 이에 따르게 하는 것
		자유방임형	지도자가 스스로 결정하지 않고 오히려 구성원들의 재량을 최대한 인정하는 것
		민주형	지도자가 부하들의 의견을 반영하여 결정하는 것
2차원적 리더십	②	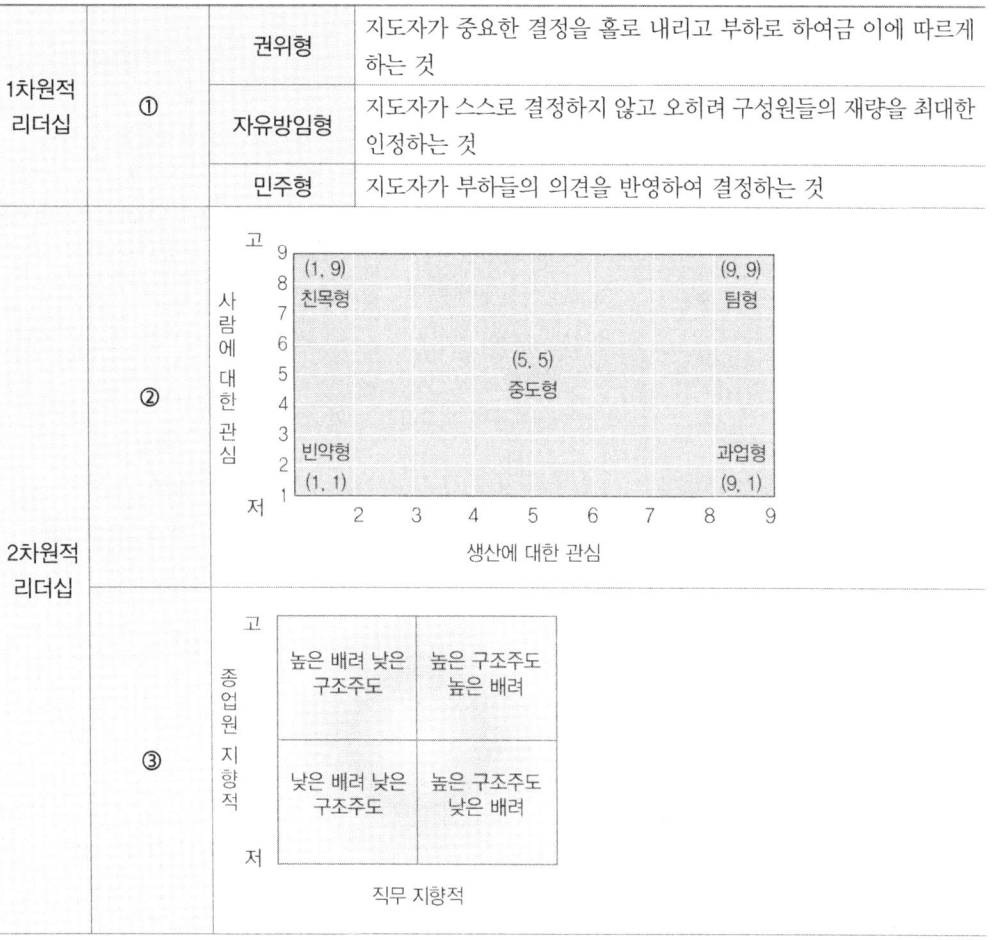	
	③		

answer ① White & Lippit 의 리더십 / ② Black & Mouton의 관리격자 프로그램 / ③ Ohio 대학의 연구

		⊙ 상황 변수	
3차원적 리더십	④*	과업구조	과업의 일상성 또는 복잡성을 의미하며, 과업이 보다 구조화되어 있을수록 그 상황은 리더에게 호의적
		리더와 부하와의 관계	집단의 분위기를 의미하며, 리더와 부하 간에 신뢰감과 친밀감, 존경 관계가 존재할수록 상호 간에 좋은 관계 형성
		리더의 직위권력	리더가 집단구성원에게 명령을 받아들이게끔 구성원 행동에 영향을 줄 수 있는 능력
		ⓒ 효과적 리더십	
		과업지향형 리더	상황이 리더에게 아주 유리하거나 극단적으로 불리한 경우 효과적인 리더 형태
		관계지향형 리더	상황이 리더에게 유리하지도, 불리하지도 않은 경우 효과적인 리더 형태

	구분	M_1	M_2	M_3	M_4
⑤	구성원의 능력	낮음	낮음	높음	높음
	구성원의 의지	낮음	높음	낮음	높음
	M_1	지시적 리더	높은 과업행동 & 낮은 관계행동		
	M_2	설득적 리더	높은 과업행동 & 높은 관계행동		
	M_3	참여적 리더	낮은 과업행동 & 높은 관계행동		
	M_4	위임적 리더	낮은 과업행동 & 낮은 관계행동		

answer ④ Fidler의 상황이론 / ⑤ Hersey & Blanchard의 3차원적 리더십(상황대응 리더십)

② 거래적 리더십과 변혁적 리더십

거래적 리더십*	변혁적 리더십
⊙ 타산적·교환적 관계를 중시하는 전통적 조직이론 ⓒ 구성원의 (①) 욕구를 자극 ⓒ 구성 요인 • 보상 • 예외 관리 • ②	⊙ 조직에서 중요한 변화를 주도하고 관리하는 리더십 행위 ⓒ 구성원의 (③) 욕구를 자극 ⓒ 구성 요인 • 카리스마 • 영감 • ④ • 지적 자극

answer ① 결핍 / ② 자유방임 / ③ 성장 / ④ 개별적 배려

③ Robert House의 경로-목표 이론★

리더십의 유형	①	통제와 조직화, 감독 행위 등과 관련된 리더
	②	친절하고 접근하기 쉽도록 하는 리더
	③	부하의 의견을 의사결정과정에 참가시키는 리더
	④	부하에게 도전적인 목표를 설정하고, 성과의 달성을 강조하며, 높은 탁월성 수준을 설정해 주고, 지속적인 개선을 추구하는 리더
상황적 변수	부하의 특성	• 부하의 욕구 및 능력 • 부하의 상황
	과업환경	• 과업의 특성 • 조직의 상황

answer ① 지시적 리더십 / ② 지원적 리더십 / ③ 참여적 리더십 / ④ 성취지향적 리더십

④ 기타유형

임파워먼트리더십★	조직구성원에게 업무와 관련된 자율권 보장과 구성원의 잠재력을 극대화시키는 리더십으로 관리자들이 지니고 있는 권한을 실무자에게 이양하여 그들의 책임 범위를 확대함으로써 종업원들이 보유하고 있는 잠재 능력 및 창의력을 최대한 발휘하도록 하고 있다. Power(권한과 능력)를 부여하는 것이다.
카리스마적 리더십	Robert House가 제기한 현대적 리더의 자질론으로 구성원들이 리더를 지원하고 수용하도록 만드는 대인적 매력을 소유하고 있는 리더
슈퍼 리더십	부하로 하여금 자발적으로 리더십을 발휘할 수 있도록 부하의 능력 개발 및 이를 발휘할 수 있는 여건을 조성하는 리더의 행위를 강조하는 리더십
이슈리더십	이슈를 성공적으로 실천하기 위한 효과적인 실천 시스템을 구축하는 행위 ㉠ 이슈 리더란 나이에 관계없이 보다 창의적이고 핵심적인 이슈를 창안해내는 사람을 말한다. ㉡ 오디언스란 그 이슈를 밀고 나가는 데 동참하고 몰입하는 사람을 말한다.
섬기는 리더십	리더의 권력은 행사하는 것이 아니라 구성원들을 주인과 같이 섬기는 관계로 확보되어야 한다는 리더십의 형태

Theme 12 갈등관리

(1) 갈등과 조직의 효과성★

갈등 수준	갈등의 유형	조직의 내부적 특성	조직의 효과성
낮거나 전혀 없음	역기능	냉담, 침체, 무변화, 새로운 아이디어의 결여	낮음
적정	순기능	생동적, 혁신적	높음
높음	역기능	파괴적, 혼돈, 비협조	낮음

(2) 개인적 갈등의 해결 방법★★★

협조	양측의 관심사가 너무 중요하며 통합적인 해결안을 발견해야 할 때
수용	논제가 다른 상대방에게 더욱 중요할 때
강요	신속하고 결단성 있는 행동이 요구될 때
회피	논제가 사소하고 다른 논제가 더 긴급할 때
타협	임기응변적 해결이 요구될 때
대인관계능력 개발	구성원들의 대인관계 능력이 향상되면 개인 간의 갈등을 크게 감소시킬 수 있음

(3) M. A. Rahim의 갈등관리 유형★★★

①	자신과 타인의 관심과 이해관계를 정확히 파악하여 문제해결을 위한 통합적 대안을 도출
②	타인의 이해관계나 이익을 충족시켜 주기 위해서 자신에 대한 배려를 낮추는 형
③	자신에 대한 관심이 너무 지나쳐 상대방에게 양보하지 않는 형
④	직면한 문제들을 회피하고자 하는 형
⑤	공통된 분야를 서로의 입장을 양보하고 협상하는 형

answer ① 협력형 / ② 배려형 / ③ 지배형 / ④ 회피형 / ⑤ 타협형

 Theme 13　조직 혁신

(1) 조직혁신 과정

Lewin, Barnes★	①		혁신 발상자가 나타나며, 변화에 대한 압력이 발생
	②		저항과 갈등의 단계
	③		일상화되는 단계
Caiden		인지단계	변화의 필요성에 대한 인지 단계
		입안단계	계획의 수립 단계
		시행단계	개혁안을 실천에 옮기는 단계
		평가단계	문제점을 평가, 환류하는 단계

answer ① 낡은 것의 해빙 / ② 새로운 것으로의 변화 / ③ 새로운 것의 재결빙

(2) 조직의 환경 변화에 대한 전략

①★★★		조직의 환경 분석을 통해 강점(strength)과 약점(weakness), 기회(opportunity)와 위협(threat) 요인을 규정하고, 이를 토대로 마케팅 전략을 수립하는 기법
②		모든 시장(소비자)을 상대로 하기보다는 조직의 장점·핵심 역량과 외부 상황을 판단하여 새로운 방향으로 차별적인 전략을 수립하는 것
	원가우위 전략	설비규모의 유지, 경험에 의한 원가 절감, 비용의 엄격한 통제, 연구개발비의 최소화 등으로 원가를 최소화하는 전략
	차별화 전략	다른 제품 및 서비스와 구별되는 독특한 상품과 서비스를 창출하기 위한 전략
	집중화 전략	산업 전반이 아닌 특정한 환자 분류나 서비스분야의 경쟁력 향상에 집중하는 전략
③★		자신보다 탁월한 상대를 목표로 그 성과를 비교·분석하고, 그러한 성과 차이를 가져오는 운영방식을 채득하여 조직의 혁신을 도모하는 경영혁신 기법
④		기구 및 조직의 통폐합, 불필요한 자산 정리, 업종 전문화를 통한 체질 강화, 해외 진출, 과감한 사업구조 조정, 적극적인 자동화 도입, 조직계층의 단순화 등을 말함
⑤		과거의 관행과 업무처리 방식에서 벗어나 업무수행의 새로운 규칙과 원리를 만드는 것
⑥		생산성 향상보다 품질 개선을 중시하고 품질 개선이 이루어지면 생산성도 따라서 향상된다고 보는 장기적인 개선과정에 중점을 두는 것으로, 특히 환자·고객의 기대에 영합될 수 있는 높은 수준의 행정품질 기준을 확립시키기 위한 포괄적 접근방식
⑦		조직 스스로가 자기 확인, 자기 확신을 바탕으로 조직의 가치와 개성을 창출하고 그것을 내·외부에 알림으로써 외부에서 바라보는 자기 조직의 이미지를 향상시켜 외부의 호감과 공감대를 형성시키는 조직의 전략기법
⑧		급변하는 환경변화에 대처하기 위하여 의사결정 방식과 의사결정 주체를 팀 경영에 의한 실무자 위주로 전환하는 전략
⑨		조직활동에 위해 쓰여지고 있는 조직 내의 모든 인적·물적 자원을 효율적으로 관리하여 궁극적으로 생산성을 극대화하는 대표적인 기업 리엔지니어링 운동으로 관료제의 단점인 '할거주의'를 방지
⑩		외부 조직이나 인력을 활용하여 공공서비스를 공급하는 것으로, 즉 계약에 의한 민간 위탁을 의미
⑪		정부 규모를 줄이는 것, 즉 조직 다이어트를 의미

answer ① SWOT / ② 틈새전략 / ③ 벤치마킹 / ④ 리스트럭처링 / ⑤ 리엔지니어링 / ⑥ TQM / ⑦ CI / ⑧ 팀제조직
⑨ 전사적 자원관리 / ⑩ 아웃소싱 / ⑪ Down-sizing

(3) Project Team과 Task Force★★★

구분	법적 근거	조직규모	조직구조	조직구성의 범위	근무방식
Project Team	×	작다	수평적 구조	조직부문 내	Part-Time
Task Force	○	크다	2~3계층 존재	조직 간	Full-Time

(4) 행렬 조직(복합 조직, 매트릭스 조직)★★★

개념	조직의 신축성을 확보하기 위하여 전통적인 계선적 특성을 갖는 기능 구조에 수평적 특성을 갖는 사업구조(Project Structure)를 결합시킨 일종의 혼합적 구조의 상설 조직
장점	① 한시적 사업에 신속하게 대처 ② 각 기능별 전문 안목을 넓히고 쇄신을 촉진 ③ 조직구성원들 간의 협동적 작업을 통해 조정과 통합의 문제를 해결 ④ 자발적 협력관계와 비공식적 의사전달체계의 결합으로 융통성과 창의성을 발휘 ⑤ 인적 자원의 경제적 활용을 도모하고, 조직단위 간 정보 흐름의 활성화를 기함
단점	① 이중 구조 속에 발생하는 책임과 권한 한계의 불명확성 문제가 제기 ② 권력 투쟁과 갈등이 발생 ③ 조정이 어렵고 결정이 지연 ④ 객관성 및 예측 가능성의 확보가 곤란

(5) 네트워크 조직

개념		각기 독자성을 지닌 조직 간의 협력적 연계장치로 구성된 조직
특징	통합 지향성	수직적, 수평적 통합을 추구하는 통합지향적 조직
	유기적 구조	수평적, 공개적 의사전달 강조, 필요한 정보의 광범위한 공유
	의사결정의 집권성 및 분권성	위임수준이 높기 때문에 분권적이면서, 공동목표를 위한 의사전달과 정보의 통합관리를 추구하므로 집권적
	자율적 업무수행	과정적 자율성이 높음
	교호작용의 다원성	느슨하게 연계된 구성단위, 조직의 경계는 유동적이며 모호
	정보기술의 활용	전자매체를 통한 가상공간에서의 교호작용이 지배적 위치를 차지
	물적자원의 축소	조직의 규모는 인원수나 물석요소가 아닌 네트워크 크기로 파악
한계점		㉠ 외부기관의 느슨한 연계로 구성단위 간 신뢰관계를 기대할 수 없을 경우 효용을 기대하기 어려움 ㉡ 중심조직의 공동화로 인한 조직정체성의 혼란 초래 가능 ㉢ 고용의 잠정화로 인한 고용불안 발생 가능 ㉣ 네트워크 체제 내 권한 책임의 소재와 계통이 모호하여 지연, 낭비 초래 가능

PART 03

보건 인사행정

03 보건 인사행정

Theme 01 인사행정의 전개과정

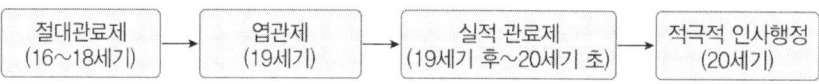

절대관료제(16~18세기) → 엽관제(19세기) → 실적 관료제(19세기 후~20세기 초) → 적극적 인사행정(20세기)

	①★★	②★★	③
의의	공무원의 인사 관리나 공직 임용에 있어 그 기준을 당파성이나 개인적 충성에 두는 제도	개인의 객관적인 능력, 실적, 자격, 업적, 성적에 의하여 공직에 임용	엽관제의 장점과 실적제의 장점을 상호 조화시키는 인사행정
특징	① 공무원을 정당 관계, 개인적인 충성심, 혈연, 지연 등으로 임명 ② 무임기이며, 직업 보장이 없음 ③ 비전문가 중심의 충원이 특징	① 공직취임의 기회 균등 ② 능력·자격·실적 중심의 공직 임용 ③ 불편부당한 정치적 중립성 요구 ④ 정치적 해고로부터 공무원의 신분 보장 ⑤ 중앙 인사기관의 권한 강화	① 적극적인 모집 ② 능력 발전 ③ 인간관계의 개선 및 사기 앙양 ④ 인사권의 분권화 ⑤ 고위직에의 정실주의 요소의 가미 ⑥ 개방형 임용제 실시

answer ① 엽관주의 / ② 실적주의 / ③ 적극적 인사행정

Theme 02 직업공무원 제도

개념	• 공직이 유능하고 인품 있는 젊은 남녀에게 개방되고(학력·연령제한 가능성, 기회 불균등) • 공개 경쟁시험을 거치고(신분 보장, 정치적 중립성 보장) • 업적과 능력에 따라 승진할 기회를 제공하고(폐쇄형 승진) • 공직이 전 생애를 바칠 만한 보람있는 일로 생각될 만한 조치가 마련되어 있는 제도
특성	• 행정의 안정성·정치적 중립성 강화 • 계급제·폐쇄형 및 신분보장 강화 • 일반 행정가 양성, 최저 생계비를 보장하는 생활급 체계
장점	• 정치적 중립성 확보 • 신분 보장으로 행정의 안정성 확보 • 정부와 관료 간의 원만성 　- 공직에 대한 충성심 제고　- 인사배치의 신축성　- 재직자의 사기 앙양 촉진
단점	• 폐쇄적 인사행정　　　　　　　　• 민주적 통제의 곤란 • 학력·연령의 제한으로 기회균등 위배　• 공직의 특권화와 관료주의화 초래 • 유능한 외부전문가의 유입 곤란

Theme 03 개방형과 폐쇄형

	개방형	폐쇄형
개념	공직의 모든 계층에 대한 신규 채용을 허용하는 것	신규 채용자는 누구나 원칙적으로 당해 직군의 최하위로부터 승진하여 올라가야 하며, 따라서 동일 직군 내의 중간 위치에 외부 인사의 임용이 금지되어 있는 제도
장점	• 공직에 유능한 전문가 도입이 용이 • 행정의 전문성 확보 • 공직의 신진대사 촉진 • 인사행정의 질적 수준 향상 • 공직에 경쟁원리 도입 • 재직자의 능력발전 기회 • 관료체제화의 극복 • 급변하는 정세에 대처 • 민·관 교류로 인한 노동시장의 유연성 확보 • 외부통제가 가능	• 재직자의 사기 앙양(승진의 기회 확대) • 직업공무원제도 확립 • 행정능률 향상(공무원의 충성심 발휘) • 행정의 안정성 유지(공무원의 신분보장 강함) • 인사행정에 있어서 객관성 확보(경력위주로 승진제도 운영)
단점	• 신분보장의 약화로 인한 재직자의 사기 저하 • 이직률의 증가 • 직업공무원제 확립 곤란 • 행정의 불안정성 • 인사행정의 객관성 확보 곤란(정실 개입)	• 우수한 인재의 등용 곤란 • 행정의 질적 수준 향상 곤란 • 행정조직의 침체와 관료주의화 우려 • 관료에 대한 민중통제 불가 • 기관장의 영향력과 리더십 발휘가 곤란

 Theme 04 계급제와 직위분류제

(1) 계급제와 직위분류제의 비교*

구분	계급제	직위분류제
분류 기준	개인의 자격·능력	직무의 종류, 책임도
발달 배경	농업사회	산업사회
채택 국가	영국, 서독, 일본	미국, 캐나다, 필리핀
인간과 직무	①	②
시험·채용	비합리성	합리성
일반행정가·전문행정가	③	④
보수 책정	⑤	⑥
인사 배치	⑦	⑧

answer ① 인간 중심 / ② 직무 중심 / ③ 일반 행정가 / ④ 전문 행정가 / ⑤ 생활급 / ⑥ 직무급 / ⑦ 신축성 / ⑧ 비신축성

행정 계획	장기 계획	단기 계획
교육 훈련	일반 지식	전문지식
조정 · 협력	원활	곤란
개방형 · 폐쇄형	⑨	⑩
신분 보장	강함	약함

answer ⑨ 폐쇄형 / ⑩ 개방형

(2) 직위분류제 구조

①	공무원 각 개인에게 부여하는 직무와 책임
②	직무의 종류 · 성질이 유사하고, 곤란도 · 책임도가 유사한 직위의 집합
③	직무의 성질이 유사한 직렬의 집합이며 최대 단위
④	직무의 종류가 유사하고 그 곤란성과 책임의 정도가 다른 직급의 집합
⑤	동일 직렬 내에서 담당 분야가 동일한 직무의 집합
⑥	직무의 종류는 상이하지만, 직무의 곤란도 · 책임도 · 자격 요건이 유사하므로 동일한 보수를 줄 수 있는 모든 직위 또는 직무

answer ① 직위 / ② 직급 / ③ 직군 / ④ 직렬 / ⑤ 직류 / ⑥ 등급

(2) 직위분류제의 수립 절차

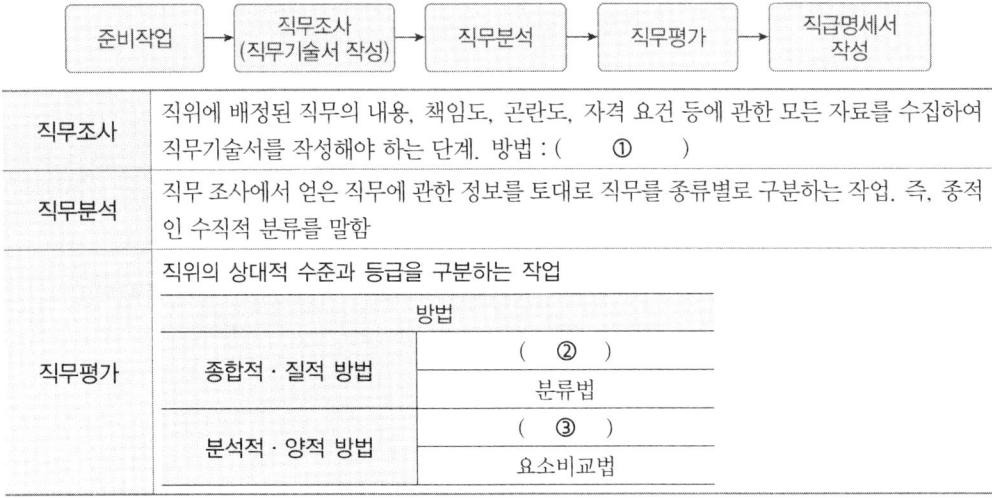

직무조사	직위에 배정된 직무의 내용, 책임도, 곤란도, 자격 요건 등에 관한 모든 자료를 수집하여 직무기술서를 작성해야 하는 단계. 방법 : (①)		
직무분석	직무 조사에서 얻은 직무에 관한 정보를 토대로 직무를 종류별로 구분하는 작업. 즉, 종적인 수직적 분류를 말함		
직무평가	직위의 상대적 수준과 등급을 구분하는 작업		
		방법	
	종합적 · 질적 방법	(②)	
		분류법	
	분석적 · 양적 방법	(③)	
		요소비교법	

answer ① 설문지법, 면접법, 관찰법 / ② 서열법 / ③ 점수법

CHECK Point 직무 분석과 직무 평가의 비교*

직무 분석	직무 평가
• 종적인 분류	• 횡적인 분류
• 직군, 직렬을 결정	• 등급, 직급을 결정
• 직무기술서의 자료를 근거로 함	• 직무 분석의 자료를 근거로 함
• 직무 분류의 객관화, 과학화, 합리화와 관련	• 보수의 합리화와 관련

CHECK Point 직무기술서와 직무명세서

직무기술서*	직무명세서*
① 정의 : 직무 수행과 관련된 과업 및 직무 행동, 즉 (①) 요건에 초점을 두어 기술한 문서	① 정의 : 직무 수행에 필요한 종업원의 행동·기능·능력·지식 등, 즉 (②) 요건에 초점을 두어 기술한 문서
② 내용 ㉠ 직무 명칭 ㉡ 직무 활동과 절차, 수행되는 과업 ㉢ 작업 조건, 사회적 환경 ㉣ 고용 조건, 작업 시간, 임금 구조	② 내용 ㉠ 직무 명칭 ㉡ 육체적 특성과 교육 ㉢ 지적 능력 ㉣ 특수한 지식과 기능 ㉤ 과거의 직업 경험

answer ① 과업 / ② 인적

(3) 보건인력의 수요 분석

①	국민들의 사망과 질병이환 수준, 그리고 이에 필요한 보건서비스의 총 수요를 추정하고, 서비스당 소요 시간과 서비스 건수를 감안하여 총 소요 인력을 계산
②	의사 대 인구비라든기, 보건인력 대 인구비로 소요 인력을 산출
③	다른 나라 수치와 비교해 결정하는 것
④	보건인력의 근무시간과 서비스당 평균 소요시간 등을 감안하여 할당하는 방법

answer ① 생물학적인 수요에 기초를 두는 방법 / ② 규범적인 접근 방법(전통적 표준법) / ③ 비교 연구에 의한 방법 / ④ 구소련형 분석법

(4) 교육훈련 방법

①**	훈련을 받은 자가 실제 직위에 앉아 일을 하면서 상관으로부터 지도 훈련을 받는 것
②	직무 현장을 떠나 별도 훈련 장소에 모여서 훈련을 받는 형태
③***	태도 변화의 훈련방법으로써, 피훈련자들을 10명 내외의 이질적 소집단으로 구성하여, 외부와 격리된 장소에서 모든 집단의 귀속관계를 차단하고, 인간관계를 매개로 하여 자유로운 토론을 함으로써 자기와 다른 사람의 태도에 대한 자각과 감수성을 기르는 훈련방법
신디케이트 (분임연구)	피훈련자들을 분반으로 나누어 분반별로 동일한 문제를 토의하여 문제해결 방안을 작성한 후, 다시 전원이 한 장소에 모여 이를 발표하고 토론을 벌여 하나의 합리적인 안을 최종적으로 작성하는 형태의 훈련방법

answer ① 현장훈련(OJT) / ② Off-JT / ③ 감수성훈련

Theme 05 근무성적 평정 방법*

①*	가장 많이 이용되고 있는 방법으로, 한편으로는 평정하고자 하는 평정 요소를 나열하고, 다른 편에 평정 요소별로 평정하기 위한 등급을 숫자나 언어로 표시해 놓은 도표를 작성해 놓고 평정 요소별로 점수를 낸 후 전체 합계로 평정 점수를 계산하는 방법
②*	근무성적을 평정한 결과 피평정자들의 성적 분포가 과도하게 집중되거나 관대화되는 것을 막기 위해, 즉 평정상의 오류를 방지하기 위해 평정 점수의 분포 비율을 획일적으로 미리 정해 놓는 방법
③*	2개 또는 4~5개 항목으로 구성된 각 기술 항목의 조 가운데서 피평정자의 특성에 가까운 것을 강제적으로 골라 표시하도록 하는 방법
④	공무원의 근무 성적을 객관적인 사실에 기초를 두고 평가하는 방법
⑤*	피평정자 간의 근무성적을 서로 비교해서 서열을 정하는 방법
⑥*	공무원을 평가하는 데 적절하다고 판단되는 표준행동 목록을 미리 작성해 두고 이 목록에 단순히 가부를 표시하게 하는 방법을 통해 공무원을 평가하는 방법
⑦	피평정자의 근무 실적에 큰 영향을 주는 중요 사건들을 평정자로 하여금 기술하게 하거나 또는 중요 사건들에 대한 설명구를 미리 만들어 평정자로 하여금 해당되는 사건에 표시하게 하는 방법
⑧*	① 중요사건 평정법(객관성) + 도표식 평정척도법(주관성) ② 평정요소를 행태에 관해 다양하고 구체적인 사건, 사례로 제시 ③ 그러한 행태를 얼마나 자주 하는가에 대한 빈도를 표시하는 척도를 만들어 평가
⑨	업무 담당자가 조직의 상위자와 협의하여 목표를 설정하고 정해진 기준에 따라 조직 단위들의 활동과 구성원의 기여도를 측정, 평가하는 방법
⑩*	평정에 감독자, 동료, 부하 등 다양한 사람들이 참여하게 되는 제도
⑪	피고과자를 한 쌍씩 비교하여 그 결과를 종합하여 순위와 득점을 평정하는 방법
⑫	어떤 표준적 인물을 판단 기준으로 하여 피고과자를 표준적 인물과 비교하는 방법

answer ① 도표식 평정척도법 / ② 강제배분법 / ③ 강제선택법 / ④ 사실기록법 / ⑤ 서열법 / ⑥ 체크리스트법 / ⑦ 중요사건 기록법
⑧ BARS(행태기준 평정 척도법) / ⑨ 목표관리법 / ⑩ 집단평정법(다면 평정법, 360도 평정법) / ⑪ 쌍대비교법
⑫ 인물비교법(대인 비교법)

(3) 근무성적 평정상의 오류★★

①	미리 등급이나 총점을 정해두고 각 평정 요소의 점수에 적당히 배분하는 현상
②★	공정하게 평정하지 않고 무난 제일주의로 실제보다 높게 평정하는 경향
③	대부분 중간 수준의 점수나 가치를 주는 심리적 경향
④★★	평정표상의 특정 요소인 선입견, 인상이 모든 평정 요소에 연쇄적으로 적용되는 경향
⑤	평정 요소 간의 논리적 상관 관계가 있다는 관념에 의한 오차
⑥★	특정 지역의 출신이나 특정 학교 출신이기 때문에 당연히 어떠할 것이라고 범주화하여 판단하는 경우
⑦	어떤 평정자의 가치관 및 평정 기준의 차이 때문에 다른 평정자들보다 언제나 후하거나 나쁜 점수를 주는 것
⑧	평정자의 평정 기준이 일정하지 않아 관대화·엄격화 경향이 불규칙하게 나타나는 것
⑨★	공간적·시간적으로 근접하여 평정한 경우, 공간적·시간적으로 멀리 떨어져서 평정한 경우보다 평정이 일치하는 경향
⑩	한 피평정자의 능력이 특히 탁월한 경우에 다른 피평정자의 능력이 업무 수행을 위한 요구 조건을 충족시킴에도 불구하고 낮은 평정 점수를 받게 될 가능성
⑪	정보를 객관적으로 받아들이지 않고 자신의 인지 체계, 지식, 가치관과 일치하는 것만을 받아들이는 것

answer ① 역산제 / ② 관대화 경향 / ③ 중심화 경향(집중화 경향) / ④ 연쇄(헤일로) 효과 / ⑤ 논리적 착오
⑥ 상동적 경향(고정 관념, 선입견에 의한 오류) / ⑦ 규칙적 오류 / ⑧ 총체적 오류 / ⑨ 근접 오차(시간적 오차)
⑩ 대비 오차 / ⑪ 선택적 지각

Theme 06 보수 체계★

①★	근로자의 입장을 반영한 체계로 근로자의 학력·연령·성별 등의 개인적 요소를 고려하여 근속 연수를 중심으로 보수 수준을 결정
②	동일한 직무에는 동일한 보수를 지불하는 원칙
③★	능력에 따라 승진하며, 연공에 따라 호봉이 상승하는 체계
④	1년을 단위로 매년 개인의 업무 성과에 따라 임금을 차별화하여 계약하는 능력주의형 임금 제도
⑤	근로자의 작업에 대한 노력 및 능률의 정도를 고려하여 높은 능률의 근로자에게는 높은 임금을 지급함으로써 그들의 생활을 보장하는 동시에 노동 생산성을 향상시키고자 하는 임금 형태

answer ① 연공급 / ② 직무급 / ③ 직능급 / ④ 연봉제 / ⑤ 성과급

PART 04

공적 보건행정조직과 병원

04 공적 보건행정조직과 병원

Theme 01 우리나라의 공적 보건사업

중앙정부의 책임 하에 수행하는 이유	지방정부의 책임 하에 수행하는 이유
(1) 감염병 관리와 같이 지역 단위로만 목적 달성을 할 수 없거나, 효율성이 없는 사업 존재 (2) 타 부처(행정안전부, 고용노동부, 교육부 등)와의 조직, 기술, 인력 간 협조가 필요한 경우 (3) 보건사업의 일관성 유지 및 지방자치단체와의 업무중복 방지, 정부의 예산 지원이 필요한 경우	(1) 지역사회 주민의 수요 반영 (2) 지역사회의 특성 고려 (3) 지역사회 개발사업과 연계 (4) 비교적 장기적이고 상향적인 의사결정 사업

Theme 02 우리나라 보건행정체계의 특징

(1) 민간의료 부문의 비대화와 보건의료의 다중성
(2) 공공 보건의료의 취약성
(3) 보건행정 관리의 이원적 구조로 권한 및 책임의 불일치
(4) 의료기관 상호 간 및 보건의료체계 간의 기능적 단절성
(5) 보건의료 공급체계의 다원성(서양 의학체계, 전통 한방체계)
(6) 경쟁적 민간 보건의료 공급체계로 의료 수가 왜곡, 저효율성, 지역 간 대립과 갈등
(7) 의료인력 공급의 이원화
(8) 보건의료부문과 사회부문의 혼합

Theme 03 중앙과 지방의 주요 보건조직도★★★

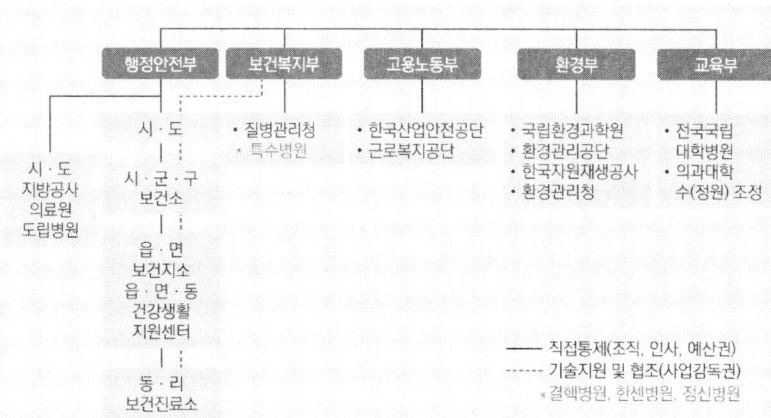

Theme 04   보건복지부와 질병관리청

	기존	개편
감염병	• 보건복지부 : 정책 법령 기능 • 질병관리본부 : 집행(관리) 기능	감염병에 관한 사무는 질병관리청 전담 (정책 + 집행 기능)
감염병 외 질병관리	보건복지부 소관(정책 + 집행) 조사, 연구, 사업 기능을 질병관리본부에 위임	• 보건복지부 : 정책 기능 • 질병관리청 : 집행 기능
건강증진기능	보건복지부 소관(정책 + 집행) 조사, 연구, 사업 기능을 질병관리본부에 위임	• 보건복지부 : 정책 기능 • 질병관리청 : 집행 기능
장기, 조직, 혈액관리	질병관리본부 소관	보건복지부 이관

CHECK Point   보건복지부 소속기관·산하 공공기관★★

외청 및 소속기관	관련기관	
• 질병관리청 • 국립정신건강센터 • 국립나주병원 • 국립부곡병원 • 국립춘천병원 • 국립공주병원 • 국립소록도병원 • 국립재활원 • 오송생명과학단지지원센터 • 국립망향의동산관리원 • 건강보험분쟁조정위원회사무국 • 국립장기조직혈액원 • 첨단재생의료 및 첨단바이오의약품 심의위원회사무국	• 국민건강보험공단 • 국민연금공단 • 건강보험심사평가원 • 한국보건산업진흥원 • 한국노인인력개발원 • 한국사회보장정보원 • 한국보건복지인력개발원 • 국립암센터 • 대한적십자사 • 한국보건의료인국가시험원 • 한국장애인개발원 • 한국국제보건의료재단 • 한국사회복지협의회 • 국립중앙의료원 • 한국보육진흥원	• 한국건강증진개발원 • 한국의료분쟁조정중재원 • 한국보건의료연구원 • 한국장기조직기증원 • 한국한의약진흥원 • 의료기관평가인증원 • 오송첨단의료산업진흥재단 • 대구경북첨단의료산업진흥재단 • 국가생명윤리정책원 • 한국공공조직은행 • 아동권리보장원 • 한국자활복지개발원 • (재)한국보건의료정보원

Theme 05 시·군·구 보건행정

(1) 지역보건법

제2조	(용어의 정의) "지역보건의료기관"이란 지역주민의 건강을 증진하고 질병을 예방·관리하기 위해 이 법에 따라 설치·운영하는 보건소, 보건의료원, 보건지소 및 건강생활지원센터를 말한다.
제4조	(건강실태조사) 질병관리청장과 특별자치시장·특별자치도지사·시장·군수·구청장(구청장은 자치구의 구청장을 말하며, 이하 "시장·군수·구청장"이라 한다)은 지역주민의 건강 상태 및 건강 문제의 원인 등을 파악하기 위하여 매년 지역사회 건강실태조사를 실시하여야 한다.

제7조	(지역보건의료계획의 수립 등)
	① 시·도지사 또는 시장·군수·구청장은 지역주민의 건강 증진을 위하여 다음 각 호의 사항이 포함된 지역보건의료계획을 4년마다 제3항 및 제4항에 따라 수립해야 한다.
	  1. 보건의료 수요의 측정
	  2. 지역보건의료서비스에 관한 장기·단기 공급대책
	  3. 인력·조직·재정 등 보건의료자원의 조달 및 관리
	  4. 지역보건의료서비스의 제공을 위한 전달체계 구성 방안
	  5. 지역보건의료에 관련된 통계의 수집 및 정리
	
	시행령 제4조(지역보건의료계획의 세부 내용)
	① 특별시장·광역시장·도지사(이하 "시·도지사") 및 특별자치시장·특별자치도지사는 법 제7조 제1항에 따라 수립하는 지역보건의료계획에 다음 각 호의 내용을 포함시켜야 한다.
	  1. 지역보건의료계획의 달성 목표
	  2. 지역현황과 전망
	  3. 지역보건의료기관과 보건의료 관련기관·단체 간의 기능 분담 및 발전 방향
	  4. 법 제11조에 따른 보건소의 기능 및 업무의 추진계획과 추진현황
	  5. 지역보건의료기관의 인력·시설 등 자원 확충 및 정비 계획
	  6. 취약계층의 건강관리 및 지역주민의 건강 상태 격차 해소를 위한 추진계획
	  7. 지역보건의료와 사회복지사업 사이의 연계성 확보 계획
	  8. 의료기관의 병상의 수요·공급
	  9. 정신질환 등의 치료를 위한 전문치료시설의 수요·공급
	  10. 특별자치시·특별자치도·시·군·구(구는 자치구, 이하 "시·군·구") 지역보건의료기관의 설치·운영 지원
	  11. 시·군·구 지역보건의료기관 인력의 교육훈련
	  12. 지역보건의료기관과 보건의료 관련기관·단체 간의 협력·연계
	  13. 그 밖에 시·도지사 및 특별자치시장·특별자치도지사가 지역보건의료계획을 수립함에 있어서 필요하다고 인정하는 사항
	② 시장·군수·구청장(구청장은 자치구의 구청장)은 지역보건의료계획에 다음 각호 내용을 포함시켜야 한다.
	  1. 제1항 제1호부터 제7호까지의 내용
	  2. 그 밖에 시장·군수·구청장이 지역보건의료계획을 수립함에 있어서 필요하다고 인정하는 사항
	② 시·도지사 또는 시장·군수·구청장은 매년 제1항에 따른 지역보건의료계획에 따라 연차별 시행계획을 수립하여야 한다.

	③ 시장·군수·구청장(특별자치시장·특별자치도지사는 제외)은 해당 시·군·구(특별자치시·특별자치도는 제외) 위원회의 심의를 거쳐 지역보건의료계획(연차별 시행계획을 포함)을 수립한 후 해당 시·군·구의회에 보고하고 시·도지사에게 제출하여야 한다. ④ 특별자치시장·특별자치도지사 및 제3항에 따라 관할 시·군·구의 지역보건의료계획을 받은 시·도지사는 해당 위원회의 심의를 거쳐 시·도(특별자치시·특별자치도를 포함)의 지역보건의료계획을 수립한 후 해당 시·도의회에 보고하고 보건복지부장관에게 제출하여야 한다. ⑦ 지역보건의료계획의 내용에 관하여 필요하다고 인정하는 경우 보건복지부장관은 특별자치시장·특별자치도지사 또는 시·도지사에게, 시·도지사는 시장·군수·구청장에게 각각 보건복지부령으로 정하는 바에 따라 그 조정을 권고할 수 있다.
제8조	(지역보건의료계획의 시행) 시·도지사 또는 시장·군수·구청장은 지역보건의료계획을 시행할 때에는 제7조 제2항에 따라 수립된 연차별 시행계획에 따라 시행하여야 한다.
제9조	(지역보건의료계획 시행 결과의 평가) ① 제8조 제1항에 따라 지역보건의료계획을 시행한 때에는 보건복지부장관은 특별자치시·특별자치도 또는 시·도의 지역보건의료계획의 시행결과를, 시·도지사는 시·군·구(특별자치시·특별자치도는 제외)의 지역보건의료계획의 시행결과를 대통령령으로 정하는 바에 따라 각각 평가할 수 있다.

제10조	(보건소의 설치)★★★
	① 지역주민의 건강을 증진하고 질병을 예방·관리하기 위하여 시·군·구에 1개소의 보건소(보건의료원을 포함한다. 이하 같다)를 설치한다. 다만, 시·군·구의 인구가 30만 명을 초과하는 등 지역주민의 보건의료를 위하여 특별히 필요하다고 인정되는 경우에는 대통령령으로 정하는 기준에 따라 해당 지방자치단체의 조례로 보건소를 추가로 설치할 수 있다.
	
	시행령 제8조(보건소의 설치)
	① 법 제10조 제1항 단서에 따라 보건소를 추가로 설치할 수 있는 경우는 다음 각 호의 어느 하나에 해당하는 경우로 한다. 〈개정 2022. 8. 9.〉
	  1. 해당 시·군·구의 인구가 30만 명을 초과하는 경우
	  2. 해당 시·군·구의 「보건의료기본법」에 따른 보건의료기관 현황 등 보건의료 여건과 아동·여성·노인·장애인 등 보건의료 취약계층의 보건의료 수요 등을 고려하여 보건소를 추가로 설치할 필요가 있다고 인정되는 경우
	② 법 제10조 제1항 단서 및 이 조 제1항에 따라 보건소를 추가로 설치하려는 경우에는 「지방자치법 시행령」 제73조에 따른다. 이 경우 해당 지방자치단체의 장은 보건복지부장관과 미리 협의해야 한다.

제11조	제11조(보건소의 기능 및 업무)★★★
	① 보건소는 해당 지방자치단체의 관할 구역에서 다음 각 호의 기능 및 업무를 수행한다
	  1. 건강 친화적인 지역사회 여건의 조성
	  2. 지역보건의료정책의 기획, 조사·연구 및 평가
	  3. 보건의료인 및 「보건의료기본법」 제3조 제4호에 따른 보건의료기관 등에 대한 지도·관리·육성과 국민보건 향상을 위한 지도·관리
	  4. 보건의료 관련기관·단체, 학교, 직장 등과의 협력체계 구축
	  5. 지역주민의 건강증진 및 질병예방·관리를 위한 다음 각 목의 지역보건의료서비스의 제공
	    가. 국민건강증진·구강건강·영양관리사업 및 보건교육
	    나. 감염병의 예방 및 관리
	    다. 모성과 영유아의 건강유지·증진
	    라. 여성·노인·장애인 등 보건의료 취약계층의 건강유지·증진

마. 정신건강증진 및 생명존중에 관한 사항
　　바. 지역주민에 대한 진료, 건강검진 및 만성질환 등의 질병관리에 관한 사항
　　사. 가정 및 사회복지시설 등을 방문하여 행하는 보건의료 및 건강관리사업
　　아. 난임의 예방 및 관리

시행령 제9조(보건소의 기능 및 업무의 세부 사항)
① 법 제11조 제1항 제2호에 따른 지역보건의료정책의 기획, 조사·연구 및 평가의 세부 사항은 다음 각 호와 같다.
　1. 지역보건의료계획 등 보건의료 및 건강증진에 관한 중장기 계획 및 실행계획의 수립·시행 및 평가에 관한 사항
　2. 지역사회 건강실태조사 등 보건의료 및 건강증진에 관한 조사·연구에 관한 사항
　3. 보건에 관한 실험 또는 검사에 관한 사항
② 법 제11조 제1항 제3호에 따른 보건의료인 및 「보건의료기본법」 제3조 제4호에 따른 보건의료기관 등에 대한 지도·관리·육성과 국민보건 향상을 위한 지도·관리의 세부 사항은 다음 각 호와 같다.
　1. 의료인 및 의료기관에 대한 지도 등에 관한 사항
　2. 의료기사·보건의료정보관리사 및 안경사에 대한 지도 등에 관한 사항
　3. 응급의료에 관한 사항
　4. 「농어촌 등 보건의료를 위한 특별조치법」에 따른 공중보건의사, 보건진료 전담공무원 및 보건진료소에 대한 지도 등에 관한 사항
　5. 약사에 관한 사항과 마약·향정신성의약품의 관리에 관한 사항
　6. 공중위생 및 식품위생에 관한 사항
③ 법 제11조 제2항에서 "대통령령으로 정하는 업무"란 난임시술 주사제 투약에 관한 지원 및 정보제공을 말한다."

시행령 제10조(보건지소의 설치) ★★
법 제13조에 따른 보건지소는 읍·면(보건소가 설치된 읍·면은 제외)마다 1개씩 설치할 수 있다. 다만, 지역주민의 보건의료를 위하여 특별히 필요하다고 인정되는 경우에는 필요한 지역에 보건지소를 설치·운영하거나 여러 개의 보건지소를 통합하여 설치·운영할 수 있다.

시행령 제11조(건강생활지원센터의 설치)
법 제14조에 따른 건강생활지원센터는 읍·면·동(보건소가 설치된 읍·면·동은 제외)마다 1개씩 설치할 수 있다.

시행령 제12조(지역보건의료기관의 조직 기준)
① 행정안전부장관은 법 제15조에 따라 지역보건의료기관의 조직 기준을 정하는 경우에 미리 보건복지부장관과 협의하여야 한다.

시행령 제13조(보건소장) ★★★
① 보건소에 보건소장(보건의료원의 경우에는 원장) 1명을 두되, 의사 면허가 있는 사람 중에서 보건소장을 임용한다. 다만, 의사 면허가 있는 사람 중에서 임용하기 어려운 경우에는 「지방공무원 임용령」 별표 1에 따른 보건·식품위생·의료기술·의무·약무·간호·보건진료(이하 "보건 등") 직렬의 공무원을 보건소장으로 임용할 수 있다.
② 제1항 단서에 따라 보건 등 직렬의 공무원을 보건소장으로 임용하려는 경우에 해당 보건소에서 실제로 보건 등과 관련된 업무를 하는 보건 등 직렬의 공무원으로서 보건소장으로 임용되기 이전 최근 5년 이상 보건 등의 업무와 관련하여 근무한 경험이 있는 사람 중에서 임용하여야 한다.
③ 보건소장은 시장·군수·구청장의 지휘·감독을 받아 보건소의 업무를 관장하고 소속 공무원을 지휘·감독하며, 관할 보건지소, 건강생활지원센터 및 「농어촌 등 보건의료를 위한 특별조치법」 제2조 제4호에 따른 보건진료소의 직원 및 업무에 대하여 지도·감독한다.

시행령 제14조(보건지소장)★★
① 보건지소에 보건지소장 1명을 두되, 지방의무직공무원 또는 임기제공무원을 보건지소장으로 임용한다.
② 보건지소장은 보건소장의 지휘·감독을 받아 보건지소의 업무를 관장하고 소속 직원을 지휘·감독하며, 보건진료소의 직원 및 업무에 대하여 지도·감독한다.

시행령 제15조(건강생활지원센터장)
① 건강생활지원센터에 건강생활지원센터장 1명을 두되, 보건 등 직렬의 공무원 또는 「보건의료기본법」 제3조 제3호에 따른 보건의료인을 건강생활지원센터장으로 임용한다.
② 건강생활지원센터장은 보건소장의 지휘·감독을 받아 건강생활지원센터의 업무를 관장하고 소속 직원을 지휘·감독한다.

시행령 제19조(교육훈련의 대상 및 기간)
1. 기본교육훈련 : 해당 직급의 공무원으로서 필요한 능력과 자질을 배양할 수 있도록 신규로 임용되는 전문인력을 대상으로 하는 3주 이상의 교육훈련
2. 직무 분야별 전문교육훈련 : 보건소에서 현재 담당하고 있거나 담당할 직무 분야에 필요한 전문적인 지식과 기술을 습득할 수 있도록 재직 중인 전문인력을 대상으로 하는 1주 이상의 교육훈련

시행령 제20조(전문인력 배치 및 운영 실태 조사)
① 보건복지부장관은 법 제16조 제4항에 따라 지역보건의료기관의 전문인력 배치 및 운영 실태를 2년마다 조사하여야 하며, 필요한 경우에는 시·도 또는 시·군·구에 대하여 수시로 조사할 수 있다.
② 보건복지부장관은 제1항에 따른 실태 조사 결과 전문인력의 적절한 배치 및 운영에 필요하다고 판단하는 경우에는 시·도지사(특별자치시장·특별자치도지사를 포함)에게 전문인력의 교류를 권고할 수 있다.

제12조	(보건의료원) 보건소 중 「의료법」 제3조 제2항 제3호 가목에 따른 병원의 요건을 갖춘 보건소는 보건의료원이라는 명칭을 사용할 수 있다.
제13조	(보건지소의 설치)★★ 지방자치단체는 보건소의 업무수행을 위하여 필요하다고 인정하는 경우에는 대통령령으로 정하는 기준에 따라 해당 지방자치단체의 조례로 보건소의 지소인 "보건지소"를 설치할 수 있다.
제14조	(건강생활지원센터의 설치) 지방자치단체는 보건소의 업무 중에서 특별히 지역주민의 만성질환 예방 및 건강한 생활습관 형성을 지원하는 건강생활지원센터를 대통령령으로 정하는 기준에 따라 해당 지방자치단체의 조례로 설치할 수 있다.
제16조	(전문인력의 적정 배치 등) ① 지역보건의료기관에는 기관의 장과 해당 기관의 기능을 수행하는 데 필요한 면허·자격 또는 전문지식을 가진 "전문인력"을 두어야 한다. ② 시·도지사(특별자치시장·특별자치도지사를 포함)는 지역보건의료기관의 전문인력을 적정하게 배치하기 위하여 필요한 경우 「지방공무원법」 제30조의2 제2항에 따라 지역보건의료기관 간에 전문인력의 교류를 할 수 있다. ③ 보건복지부장관과 시·도지사(특별자치시장·특별자치도지사를 포함)는 지역보건의료기관의 전문인력의 자질 향상을 위하여 필요한 교육훈련을 시행하여야 한다. ④ 보건복지부장관은 지역보건의료기관의 전문인력의 배치 및 운영 실태를 조사할 수 있으며, 그 배치 및 운영이 부적절하다고 판단될 때에는 그 시정을 위하여 시·도지사 또는 시장·군수·구청장에게 권고할 수 있다.

제19조	(지역보건의료서비스의 신청) ① 지역보건의료서비스 중 보건복지부령으로 정하는 서비스를 필요로 하는 사람(이하 "서비스대상자"라 한다)과 그 친족, 그 밖의 관계인은 관할 시장·군수·구청장에게 지역보건의료서비스의 제공(이하 "서비스 제공"이라 한다)을 신청할 수 있다. ② 시장·군수·구청장이 제1항에 따른 서비스 제공 신청을 받는 경우 제20조에 따라 조사하려 하거나 제출받으려는 자료 또는 정보에 관하여 서비스대상자와 그 서비스대상자의 1촌 직계혈족 및 그 배우자(이하 "부양의무자"라 한다)에게 다음 각 호의 사항을 알리고, 해당 자료 또는 정보의 수집에 관한 동의를 받아야 한다. 1. 법적 근거, 이용 목적 및 범위 2. 이용 방법 3. 보유기간 및 파기방법
제20조	(신청에 따른 조사)★ ① 시장·군수·구청장은 제19조제1항에 따라 서비스 제공 신청을 받으면 서비스대상자와 부양의무자의 소득·재산 등에 관하여 조사하여야 한다.
제21조	(서비스 제공의 결정 및 실시) ① 시장·군수·구청장은 제20조에 따른 조사를 하였을 때에는 예산 상황 등을 고려하여 서비스 제공의 실시 여부를 결정한 후 이를 서면이나 전자문서로 신청인에게 통보하여야 한다.
제22조	(정보의 파기) ① 시장·군수·구청장은 제20조에 따라 조사하거나 제출받은 정보 중 서비스대상자가 아닌 사람의 정보는 5년을 초과하여 보유할 수 없다. 이 경우 시장·군수·구청장은 정보의 보유기한이 지나면 지체 없이 이를 파기하여야 한다.
제31조	(「의료법」에 대한 특례) 보건의료원은 「의료법」에 따른 병원 또는 치과의원 또는 한의원으로 보고, 보건소·보건지소 및 건강생활지원센터는 의원·치과의원 또는 한의원으로 본다.

(2) 보건소 역사

연도	중요사항
①	모범보건소(서울) 설치
②	보건소법 제정 – 시·도립 보건소 직제 완성
③	• 구 보건소법 전면 개정 – 시·군 보건소로 이관과 보건소 업무 13가지 규정 • 실질적인 의미의 보건소 설치라 할 수 있으며, 이때부터 시·군에 보건소를 두도록 하였다.
1976.	보건소법 시행령 공포 – 보건소 설치기준 마련(시·군·구)
④	농어촌 보건의료를 위한 특별조치법
1988.~1989.	의료취약지역 군 보건소의 병원화 사업 추진(15개 보건의료원 설립)
⑤	보건소의 지역보건법으로 전환
2015.	「지역보건법」 전부 개정

answer ① 1946.10. / ② 1956.12. / ③ 1962.9. / ④ 1980.12. / ⑤ 1995.

(3) 농어촌 등 보건의료를 위한 특별조치법

제5조의 2	(공중보건의사의 배치기관 및 배치시설)★★
	① 제5조제1항 및 제2항에 따라 보건복지부장관 또는 시·도지사가 공중보건의사를 배치할 수 있는 기관 또는 시설은 다음 각 호와 같다.
	  1. 보건소 또는 보건지소
	  2. 국가·지방자치단체 또는 공공단체가 설립·운영하는 병원으로서 보건복지부장관이 정하는 병원(이하 이 조에서 "공공병원"이라 한다)
	  3. 공공보건의료연구기관
	  4. 공중보건사업의 위탁사업을 수행하는 기관 또는 단체
	  5. 보건의료정책을 수행할 때에 공중보건의사의 배치가 필요한 기관 또는 시설로 대통령령으로 정하는 기관 또는 시설
	
	시행령 제6조의2(공중보건의사의 배치기관 또는 시설)
	법 제5조의2제1항제5호에서 "대통령령으로 정하는 기관 또는 시설"이란 다음 각 호의 기관 또는 시설을 말한다.
	1. 병원선 및 이동진료반
	2. 군지역 및 의사확보가 어려운 중소도시의 민간병원 중 정부의 지원을 받는 병원으로서 보건복지부장관이 정하는 병원
	3. 그 밖에 「사회복지사업법」에 따른 사회복지시설, 「형의 집행 및 수용자의 처우에 관한 법률」에 따른 교정시설 내의 의료시설, 「응급의료에 관한 법률」에 따른 응급의료에 관련된 기관 또는 단체 등 보건복지부장관이 국민보건의료를 위하여 공중보건의사의 배치가 특히 필요하다고 인정하는 기관 또는 시설
	
	② 제1항에 따른 보건소 및 공공병원은 특별시·광역시(광역시의 관할구역에 있는 군 지역은 제외한다) 외의 지역에 있는 기관 및 시설로 한정한다.

제 7조	(의무복무기간) ① 공중보건의사의 의무복무기간은 「병역법」 제55조에 따라 받는 군사교육소집기간 외에 3년으로 한다. 〈개정 2016. 5. 29.〉 ② 제1항에 따른 의무복무기간을 마친 공중보건의사에 대하여는 「병역법」 제34조제2항에 따라 사회복무요원 복무를 마친 것으로 본다. 〈개정 2013. 6. 4.〉 ③ 보건복지부장관은 제1항에 따른 의무복무기간을 마친 공중보건의사의 명단을 병무청장에게 통보하여야 한다.
제15조	(보건진료소의 설치·운영)★★ ① 시장[도농복합형태의 시의 시장을 말하며, 읍·면 지역에서 보건진료소를 설치·운영하는 경우만 해당] 또는 군수는 보건의료 취약지역의 주민에게 보건의료를 제공하기 위하여 보건진료소를 설치·운영한다. ② 보건진료소에 보건진료소장 1명과 필요한 직원을 두되, 보건진료소장은 보건진료 전담공무원으로 보한다. ③ 보건진료소의 설치기준은 보건복지부령으로 정한다.

	시행규칙 제17조(보건진료소의 설치)★★★ ① 법 제15조에 따른 보건진료소는 의료 취약지역을 5천명 미만을 기준으로 구분한 하나 또는 여러 개의 리·동을 관할구역으로 하여 주민이 편리하게 이용할 수 있는 장소에 설치한다. ② 보건진료소의 시설 및 의료장비기준은 별표와 같다. ③ 군수는 보건진료소를 설치한 때에는 지체 없이 별지 제15호서식에 따라 관할 시·도지사를 거쳐 보건복지부장관에게 보고하여야 한다.
제16조	(보건진료 전담공무원의 자격)★ ① 보건진료 전담공무원은 간호사·조산사 면허를 가진 사람으로서 보건복지부장관이 실시하는 24주 이상의 직무교육을 받은 사람이어야 한다. ② 제1항의 직무교육에 필요한 사항은 보건복지부령으로 정한다. **24주 이상의 직무교육** ① 이론교육 과정(10주) : 지역사회 보건관리, 모자건강, 가정간호관리, 보건사업 운영관리 및 기술지도, 그 밖에 통상질환관리 및 소양에 관한 과목 ② 임상실습과정(10주) : 환자의 치료에 필요한 기본적인 임상실습 ③ 현지실습과정(6주) : 지역사회 적응방법, 기존 보건기관과의 연계 방법 등 보건의료활동의 실습
제18조	(보건진료 전담공무원의 보수교육)★ ① 보건복지부장관은 보건진료 전담공무원의 자질 향상을 위하여 필요하다고 인정하면 보수교육을 받을 것을 명할 수 있다. ② 제1항의 보수교육의 기간·내용과 그 밖에 필요한 사항은 보건복지부령으로 정한다. 시행규칙 제27조(보건진료 전담공무원의 보수교육) 법 제18조에 따른 보건진료 전담공무원의 보수교육기간은 매년 21시간 이상으로 하고, 보수교육의 내용은 영 제14조에 따른 보건진료 전담공무원의 업무에 관한 사항으로 한다.

제19조	(보건진료 전담공무원의 의료행위의 범위) 보건진료 전담공무원은 「의료법」 제27조에도 불구하고 근무지역으로 지정받은 의료 취약지역에서 대통령령으로 정하는 경미한 의료행위를 할 수 있다.
	
	시행령 제14조(보건진료 전담공무원의 업무)★★★
	① 법 제19조에 따른 보건진료 전담공무원의 의료행위의 범위는 다음 각 호와 같다.
	  1. 질병·부상상태를 판별하기 위한 진찰·검사
	  2. 환자의 이송
	  3. 외상 등 흔히 볼 수 있는 환자의 치료 및 응급 조치가 필요한 환자에 대한 응급처치
	  4. 질병·부상의 악화 방지를 위한 처치
	  5. 만성병 환자의 요양지도 및 관리
	  6. 정상분만 시의 분만 도움
	  7. 예방접종
	  8. 제1호부터 제7호까지의 의료행위에 따르는 의약품의 투여
	② 보건진료 전담공무원은 제1항 각 호의 의료행위 외에 다음 각 호의 업무를 수행한다.
	  1. 환경위생 및 영양개선에 관한 업무
	  2. 질병예방에 관한 업무
	  3. 모자보건에 관한 업무

	4. 주민의 건강에 관한 업무를 담당하는 사람에 대한 교육 및 지도에 관한 업무 5. 그 밖에 주민의 건강증진에 관한 업무 ③ 보건진료 전담공무원은 제1항에 따른 의료행위를 할 때에는 보건복지부장관이 정하는 환자 진료지침에 따라야 한다.
제23조	(지도 · 감독) ① 특별자치시장 · 특별자치도지사 · 시장 · 군수 또는 구청장은 보건진료소의 업무를 지도 · 감독한다. ② 특별자치시장 · 특별자치도지사 · 시장 · 군수 또는 구청장은 해당 보건소장 또는 보건지소장에게 보건진료 전담공무원의 의료행위를 지도 · 감독하게 할 수 있다.

Theme 06 세계보건기구(WHO)★★★

설립	(1) UN의 전문기관으로 (①)년 4월 7일 발족하였으며, 본부는 스위스 제네바★ (2) 우리나라는 1949년 8월 17일 65번째 회원국으로 가입, 북한은 1973년 5월 15일 138번째로 가입★ (3) 2024년 현재 가맹국은 194개국
주요 기능	(1) 국제적인 보건사업의 지휘 및 조정 (2) 회원국에 대한 기술지원 및 자료의 공급 (3) 전문가 파견에 의한 기술자문 활동 등 (4) 보건, 의학, 관련 전문분야의 교육과 훈련기준 개발 보급

세계보건기구
헌장 제2조에
의한 기능
★
	(1) 국제 검역대책
	(2) 각종 보건문제에 대한 협의, 규제 및 권고안 제정
	(3) 식품, 약물 및 생물학적 제재에 대한 국제적 표준화
	(4) 비정치적 단체로서 과학자 및 전문가들 사이의 협력을 도모하여 과학발전에 기여
	(5) 보건통계자료 수집 및 조사연구 사업
	(6) 공중보건과 의료 및 사회보장 향상 사업
	(7) 의료 봉사 : 보건서비스의 강화를 위한 각국 정부의 요청에 대하여 지원 및 각국 정부의 요청 시 적절한 기술 지원과 응급상황 발생 시 필요한 도움 제공
	(8) 모자 보건의 향상
	(9) 감염병, 지방병, 그 밖의 질병 퇴치
	(10) 진단 기준의 확립
	(11) 영양, 주택, 위생, 오락, 경제 상태, 작업 조건 및 그 밖의 여러 가지 환경 위생의 개선으로 생활 조건을 향상
	(12) 재해 예방
	(13) 정신보건 향상
	(14) 보건, 의학, 그리고 관련 전문 분야의 교육과 훈련의 기준의 개발 및 개발 지원
	    ① 산업보건개선 사업
	    ② 생체의학(biomedical)과 보건서비스 연구 지원 및 조정

answer ① 1948년

주요 사업 ★	(1) 말라리아 근절 사업	(2) 결핵 관리 사업
	(3) 성병과 에이즈 관리 사업	(4) 모자보건 사업
	(5) 영양 개선 사업	(6) 환경위생 개선 사업
	(7) 보건교육 개선 사업	(8) 신종전염병 관리 사업

구성 조직	(1) 세계보건총회(WHA) : 매년 5월 제네바에서 회원국 대표(총 회원국 수 194개국)가 참가하여 WHO의 정책 결정 및 2년간의 프로그램 예산 승인, 주요 사항을 의결하는 기구
	(2) 집행이사회 : 총회에서 선출된 32명의 보건 분야 전문가로 구성되며, 1년에 2번 열리고 (1·5월), 이사국의 임기는 3년이다. 총회에 상정될 모든 의안이나 결의문 등을 사전 심의 의결하고 총회에서 위임한 사항을 처리한다.
	(3) 사무국 : WHO 사무총장, WHO가 요구하는 기술 요원 및 행정 요원(약 3,700명)으로 구성된다.

회원 분담금 ★	(1) 정규 예산 : 회원국의 분담금으로 구성(25% 정도)
	(2) 비정규 예산 : 회원국의 자발적 기여금(비중이 계속 증가하고 있다.)

지역 사무소 ★★★	지역 사무기구	위치	해당 국가
	동지중해	카이로(이집트)	아프리카 북부, 중동 등 23개 국가
	동남아시아	(②)(인도)	북한, 태국, 인도네시아 등 11개 국가
	서태평양	(③)(필리핀)	한국, 일본, 중국을 포함한 37개 국가
	범미주	워싱턴DC(미국)	남미, 북미 등 22개 국가
	유럽	코펜하겐(덴마크)	유럽의 54개 국가
	아프리카	브라자빌(콩고)	아프리카 중남부 등 47개 국가

answer ② 뉴델리 / ③ 마닐라

<세계보건기구(WHO) 관련 기구>★

기구명	설립목적	활동내용
UN경제사회이사회 (UNECOSOC)	경제사회 개발 관련 유엔전문기구, 여타 기구 간의 업무 조정·총괄	• 유엔체계 및 유엔회원국에 대한 정책적 권고사항 제시 • 경제, 사회, 문화, 교육, 보건에 관한 연구·보고
UN개발계획	개발도상국의 경제·사회적 개발	개발도상국의 경제적·사회적 개발을 촉진하기 위한 기술원조 제공
유엔인구기금 (UNFPA)★	인구 및 가족 계획	인구 및 가족계획분야에서 각국 정부 및 연구기관 등에서 활동자금 제공
유엔아동기금 (UNICEF)★★	아동의 보건 및 복지 향상	• 아동의 보건, 복지향상을 위한 원조사업 전개 • 개발도상국을 대상으로 한 보건사업 등 사회사업에 대한 원조 • 어린이권리선언 정신에 의한 아동 권리보호 증진
경제협력개발기구 (OECD)	회원국의 경제성장 촉진, 세계무역의 확대, 개도국 원조	• 경제사회복지 문제를 망라하는 포괄적 경제협의 • 회원국 간 경제·산업·사회정책에 대한 정보 교류와 공동 연구 및 정책 협조

아시아・태평양 경제사회위원회 (ESCAP)	경제 재건과 발전	• 역내 제국의 경제재건 발전을 위한 협력 촉진 • 경제적・기술적 문제의 조사연구사업의 실시 및 원조 • 역내 경제문제에 관하여 유엔 경제사회이사회를 보좌
아시아・태평양 경제협력체 (APEC)	무역・투자 자유화 및 경제・기술 협력강화로 지역 공동번영 추구	• 무역・투자 자유화, 인적자본 개발 • 경제기술협력, 거시 및 금융이슈 등을 위한 협력 촉진 및 이행방안 마련 • 경제위기 대처를 위해 회원경제의 사회안전망 능력 배양
유엔마약 범죄사무소 (UNDCP)	효과적인 국제사회의 마약관리	• 마약에 관한 국제협력이행 감시 • UN 마약남용 통제기금을 통합하여 세계적인 마약남용 방지 추진
국제의약품 구매기금 (UNTAID)	개발도상국의 공중보건 향상	개발도상국에 에이즈, 결핵, 말라리아 치료・진단・예방을 위한 고품질 제품에 대한 접근성 향상
국제가족계획연맹 (IPPE)	인구조절과 모자건강 및 가족의 생활수준 향상	• 개발도상국을 주요 대상으로 가족계획, 모자보건, 성교육 사업에 관한 기술자문과 정보 제공 • 피임시술 기술연수 등을 위한 국제협력사업 실시
유엔에이즈기구 (UNAIDS)	에이즈 퇴치	에이즈 확산 방지, 지원내용, 후원 안내
국제노동기구 (ILO) ★★	노동자의 노동조건 개선 및 지위 향상	• 사회정책과 행정・인력자원 훈련 및 활용에 대한 기술 지원 • 노동 통계 자료 수집 • 고용・노사 관계 연구

Theme 08 병원조직의 특성★★

경영체로서의 특성	병원조직 요소의 특성
(1) 고도로 자본집약적이면서도 노동집약적인 경영체 (2) 다양한 사업 목적을 가진 조직체 (3) 복잡한 전환 과정을 거쳐 서비스를 생산하는 조직체 (4) 생산된 서비스의 품질 관리나 업적 평가가 극히 곤란한 조직체 (5) 업무의 연속성과 응급성 (6) 높은 자본 비중	(1) 경영 목적의 상충성 : 의료서비스와 병원의 이윤 추구의 상충성 (2) 조직 구성의 다양성 : 다양한 전문 직종의 집합 (3) 업무(과업)의 불확실성 : 진료 결과의 불확실성 → 산출 측정 곤란 (4) 지배 구조의 이원성 : 의료전문가에 의한 지배권위 체제와 일반 직원에 의한 일반관리 체제

Theme 09 병원의 유형

(1) 진료내용 기준 분류

일반병원	일반병원, 종합병원, 대학병원 등
특수병원	정신병원, 결핵병원, 나병원, 소아병원, 노인병원, 보훈병원

(2) 의료전달체계 기준 분류

1차 기관 (70~80%)	① 외래 또는 1~2일 정도의 최단기 입원으로 진단과 치료가 가능하면서 난이도가 낮은 진료를 하는 기관 ② 의원, 보건소 등
2차 기관 (20~25%)	① 입원이 필요하며 난이도가 중간 정도인 진료 ② 병원, 종합병원 등
3차 기관 (5%)	① 진단과 치료의 난이도가 높고 고가의 의료장비가 필요한 진료 ② 상급종합병원, 대학병원

(3) 재원일수 기준 분류

단기병원	일반적인 병원
장기병원	노인병원, 정신병원, 요양소

(4) 병원 설립 기준 분류

국공립병원	① 국립중앙의료원, 경찰병원 등 국립 병원 ② 시·도립 병원 ③ 지방공사 의료원 ④ 보건 의료원(공립 병원) ⑤ 서울대학교 병원(특수법인 병원)
사립병원	① 학교법인병원 ② 재단법인병원 ③ 사단법인병원 ④ 사회복지법인 ⑤ 회사법인병원 ⑥ 의료법인병원 ⑦ 개인병원

CHECK Point 공공단체의 범위(공공보건의료에 관한 법률 시행령 제2조)

"공공보건의료기관"이란 국가나 지방자치단체 또는 대통령령으로 정하는 공공단체가 공공보건의료의 제공을 주요한 목적으로 하여 설립·운영하는 다음의 보건의료기관을 말한다.
1. 「국립대학병원 설치법」에 따른 국립대학병원
2. 「국립대학치과병원 설치법」에 따른 국립대학치과병원
3. 「국립중앙의료원의 설립 및 운영에 관한 법률」에 따른 국립중앙의료원
4. 「국민건강보험법」 제13조에 따른 국민건강보험공단
5. 「대한적십자사 조직법」에 따른 대한적십자사
6. 「방사선 및 방사성동위원소 이용진흥법」 제13조의2에 따른 한국원자력의학원
7. 「산업재해보상보험법」 제10조에 따른 근로복지공단
8. 「서울대학교병원 설치법」에 따른 서울대학교병원
9. 「서울대학교치과병원 설치법」에 따른 서울대학교치과병원
10. 「지방의료원의 설립 및 운영에 관한 법률」에 따른 지방의료원
11. 「암관리법」 제27조에 따른 국립암센터
12. 「한국보훈복지의료공단법」에 따른 한국보훈복지의료공단

CHECK Point 국립중앙의료원의 사업(국립중앙의료원의 설립 및 운영에 관한 법률 제5조)

국립중앙의료원은 다음 각 호의 사업을 행한다.
1. 공공보건의료에 관한 임상 진료지침의 개발 및 보급
2. 노인성질환의 예방 및 관리
3. 희귀난치질환 등 국가가 특별히 관리할 필요가 있다고 인정되는 질병에 대한 관리
4. 감염병 및 비감염병 또는 재난으로 인한 환자의 진료 등의 예방과 관리
5. 남북의 보건의료 협력과 국제 보건의료 관련 국내외 협력
6. 민간 및 공공보건의료기관에 대한 기술 지원
7. 진료 및 의학계, 한방진료 및 한의학계 관련 연구
8. 전공의의 수련 및 의료인력의 훈련
9. 〈삭제〉
10. 「응급의료에 관한 법률」 제25조에 따른 응급의료에 관한 각종 사업의 지원
11. 「모자보건법」 제10조의6에 따른 고위험 임산부 및 미숙아 등의 의료지원에 필요한 각종 사업의 지원
12. 「공공보건의료에 관한 법률」 제21조에 따른 공공보건의료에 관한 각종 업무의 지원
13. 그 밖에 공공보건의료에 관하여 보건복지부장관이 위탁하는 사업

(5) 의사고용 기준 분류

폐쇄병원	상주 ① 폐쇄형 병원체제이면서 전문의가 개원하지 않는 경우 : 영국 등 ② 폐쇄형 병원체제이면서 전문의가 개원하는 경우 : 한국, 일본 등
개방병원	비상주 개방형 병원체제이면서 전문의가 개원하는 경우 : 미국 등

CHECK Point 개방병원제도

개념	개원의사가 2, 3차 의료기관의 유휴 시설장비 및 인력을 활용하여 자신의 환자에게 지속적인 의료서비스를 제공하는 제도
장점	(1) 환자 측면 : 저렴한 비용으로 양질의 의료서비스를 신속하게 제공 (2) 개원의 측면 : 개원의 투자부담 완화, 고난도 진료기술의 지속적 활용, 단골환자 확보 가능 (3) 개방병원 측면 : 유휴 시설과 장비 활용, 진료수입의 향상 및 의료서비스 개선 가능 (4) 1차 의료기관에서 사용할 수 없는 고가 의료장비를 사용함으로써 정밀검사가 가능
단점	(1) 전문의의 개원이 용이해지므로 전문의가 과대 배출되어 의사 인력구조가 편중될 우려가 있다. (2) 의료사고 발생 시 개방병원과 개원의사 간 분쟁 발생 우려가 있다.

(6) 개원형태에 따른 분류

①	의사 1인이 개원
②	의사 3인 이상이 합동 개원 ① 수입의 분배는 미리 정한 비율로 나눈다. ② 장점 : 유지비 절감, 시간 절약, 양질의 의료 제공 ③ 단점 : 수입 분배와 협동에의 문제 발생

③	동일한 건물 내 서로 다른 전문진료과가 입점해 상호 경쟁·보완하여 시너지 효과(상승 효과)를 창출하는 개원의 형태
	① 장점
	   ㉠ 중복투자 방지 및 관리의 효율성
	   ㉡ 동료의사에게 후송 의뢰
	   ㉢ 환자는 한 곳에서 여러 분야의 진료를 받을 수 있어 시간이 절약된다.
	② 단점 : 의사결원 시 보충이 힘들다.

answer ① 단독 개원 / ② 공동 개원(Group Practice) / ③ 집단 개원(Multi Practice)

Theme 10 병원표준화 사업

보건학에서의 개념	보건의료 소비자가 받아들일 수 있는 최저 수준의 진료에 대한 기본 지침을 설정하는 것
목적	(1) 바람직한 보건의료의 수준을 유지 (2) 보건의료의 질적 향상을 도모
병원 표준화의 내용	(1) 진료 윤리에 입각한 환자 진료 (2) 병원 시설의 안전 관리와 유지 (3) 병원 조직의 기능과 관리 향상 (4) 병원 내의 감염 방지 대책 (5) 병리 실험의 정도 관리 (6) 의사 진료 업무의 분석과 학술 활동 (7) 의사의 수련 및 직원의 교육 훈련 (8) 의무 기록과 진료 통계의 정확한 유지 (9) 간호 업무 및 환자 급식 향상

Theme 11 TQM(총체적 질 관리)

개념	고객만족을 1차적 목표로 하며, 조직구성원의 광범위한 참여 하에 조직의 과정·절차를 장기적·지속적으로 관리하기 위한 관리 원칙
성격	(1) 서비스의 질을 고객 기준으로 파악 (2) 과정·절차의 개선 (3) 직원에게 권한 부여 (4) 거시적 안목 (5) 장기적 전략
주요 원칙	(1) 고객이 질의 최종 결정자 (2) 산출 과정의 초기에 질이 정착 (3) 서비스의 변이성 방지 (4) 전체 구성원에 의한 질의 결정 (5) 투입과 과정의 계속적인 개선 (6) 구성원의 참여 강화 (7) 조직의 총체적 헌신의 요구

특성	고객의 요구 존중 (고객주의)	• 고객의 요구에 부응하는 품질 달성이 최우선 목표 • 품질의 평가자는 소수의 전문가나 관리자가 아닌 고객
	예방적 통제, 장기적 시간관	예방적, 사전적 통제이며(시민헌장제), 장기적 시간관
	총체적 적용, 집단적 노력 강조	• 조직 내 모든 사람의 모든 업무에 적용 • 업무수행의 초점이 개인에서 집단적 노력으로 이동
	지속적 개선 (무결점주의)	결점이 없어질 때까지 개선활동을 되풀이
	과학적 방법 사용 (과학주의)	사실자료에 기초를 두고, 과학적 품질관리 기법을 적용
	신뢰관리 (인간주의)	모든 계층의 구성원들 사이에 개방적이고 신뢰하는 관계 설정

Theme 12 의료법

제4조	(의료인과 의료기관의 장의 의무)
	⑤ 의료기관의 장은 환자와 보호자가 의료행위를 하는 사람의 신분을 알 수 있도록 의료인, 제27조제1항 각 호 외의 부분 단서에 따라 의료행위를 하는 같은 항 제3호에 따른 학생, 제80조에 따른 간호조무사 및 「의료기사 등에 관한 법률」 제2조에 따른 의료기사에게 의료기관 내에서 대통령령으로 정하는 바에 따라 명찰을 달도록 지시·감독하여야 한다. 다만, 응급의료상황, 수술실 내인 경우, 의료행위를 하지 아니할 때, 그 밖에 대통령령으로 정하는 경우에는 명찰을 달지 아니하도록 할 수 있다. 〈신설 2016. 5. 29.〉
	
	시행령 제2조의2 (명찰의 표시 내용 등)
	③ 법 제4조제5항 단서에서 "대통령령으로 정하는 경우"란 다음 각 호의 어느 하나에 해당하는 시설 내에 있는 경우를 말한다.
	  1. 격리병실
	  2. 무균치료실

	3. 제1호 또는 제2호와 유사한 시설로서 보건복지부장관이 병원감염 예방에 필요하다고 인정하여 고시하는 시설 의료인 등의 명찰표시내용 등에 관한 기준 제7조(병원감염의 우려가 있는 시설) 영 제2조의2제3항제3호의 "보건복지부장관이 병원감염 예방에 필요하다고 인정하여 고시하는 시설"이란 격리병실, 무균치료실, 중환자실등을 말한다.
제4조의2	(간호 · 간병통합서비스 제공 등) ① 간호 · 간병통합서비스란 보건복지부령으로 정하는 입원 환자를 대상으로 보호자 등이 상주하지 아니하고 간호사, 제80조에 따른 간호조무사 및 그 밖에 간병지원인력(이하 이 조에서 "간호 · 간병통합서비스 제공인력"이라 한다)에 의하여 포괄적으로 제공되는 입원서비스를 말한다. ② 보건복지부령으로 정하는 병원급 의료기관은 간호 · 간병통합서비스를 제공할 수 있도록 노력하여야 한다. ④ 「공공보건의료에 관한 법률」 제2조제3호에 따른 공공보건의료기관 중 보건복지부령으로 정하는 병원급 의료기관은 간호 · 간병통합서비스를 제공하여야 한다. 이 경우 국가 및 지방자치단체는 필요한 비용의 전부 또는 일부를 지원할 수 있다.
제8조	(결격사유 등) 다음 각 호의 어느 하나에 해당하는 자는 의료인이 될 수 없다. 1. 「정신건강증진 및 정신질환자 복지서비스 지원에 관한 법률」 제3조제1호에 따른 정신질환자. 다만, 전문의가 의료인으로서 적합하다고 인정하는 사람은 그러하지 아니하다. 2. 마약 · 대마 · 향정신성의약품 중독자 3. 피성년후견인 · 피한정후견인 4. 금고 이상의 실형을 선고받고 그 집행이 끝나거나 그 집행을 받지 아니하기로 확정된 후 5년이 지나지 아니한 자 5. 금고 이상의 형의 집행유예를 선고받고 그 유예기간이 지난 후 2년이 지나지 아니한 자 6. 금고 이상의 형의 선고유예를 받고 그 유예기간 중에 있는 자
제16조	(세탁물 처리) ① 의료기관에서 나오는 세탁물은 의료인 · 의료기관 또는 특별자치시장 · 특별자치도지사 · 시장 · 군수 · 구청장(자치구의 구청장을 말한다. 이하 같다)에게 신고한 자가 아니면 처리할 수 없다.
제26조	(변사체 신고) 의사 · 치과의사 · 한의사 및 조산사는 사체를 검안하여 변사(變死)한 것으로 의심되는 때에는 사체의 소재지를 관할하는 경찰서장에게 신고하여야 한다.
제33조	(개설 등) ① 의료인은 이 법에 따른 의료기관을 개설하지 아니하고는 의료업을 할 수 없으며, 다음 각 호의 어느 하나에 해당하는 경우 외에는 그 의료기관 내에서 의료업을 하여야 한다. ★ 1. 「응급의료에 관한 법률」 제2조제1호에 따른 응급환자를 진료하는 경우 2. 환자나 환자 보호자의 요청에 따라 진료하는 경우 3. 국가나 지방자치단체의 장이 공익상 필요하다고 인정하여 요청하는 경우 4. 보건복지부령으로 정하는 바에 따라 가정간호를 하는 경우 5. 그 밖에 이 법 또는 다른 법령으로 특별히 정한 경우나 환자가 있는 현장에서 진료를 하여야 하는 부득이한 사유가 있는 경우

② 다음 각 호의 어느 하나에 해당하는 자가 아니면 의료기관을 개설할 수 없다. 이 경우 의사는 종합병원·병원·요양병원·정신병원 또는 의원을, 치과의사는 치과병원 또는 치과의원을, 한의사는 한방병원·요양병원 또는 한의원을, 조산사는 조산원만을 개설할 수 있다. ★★★
1. 의사, 치과의사, 한의사 또는 조산사
2. 국가나 지방자치단체
3. 의료업을 목적으로 설립된 법인(이하 "의료법인"이라 한다)
4. 「민법」이나 특별법에 따라 설립된 비영리법인
5. 「공공기관의 운영에 관한 법률」에 따른 준정부기관, 「지방의료원의 설립 및 운영에 관한 법률」에 따른 지방의료원, 「한국보훈복지의료공단법」에 따른 한국보훈복지의료공단

③ 제2항에 따라 의원·치과의원·한의원 또는 조산원을 개설하려는 자는 보건복지부령으로 정하는 바에 따라 시장·군수·구청장에게 신고하여야 한다. ★

④ 제2항에 따라 종합병원·병원·치과병원·한방병원·요양병원 또는 정신병원을 개설하려면 제33조의2에 따른 시·도 의료기관개설위원회의 심의를 거쳐 보건복지부령으로 정하는 바에 따라 시·도지사의 허가를 받아야 한다. 이 경우 시·도지사는 개설하려는 의료기관이 다음 각 호의 어느 하나에 해당하는 경우에는 개설허가를 할 수 없다. ★
1. 제36조에 따른 시설기준에 맞지 아니하는 경우
2. 제60조제1항에 따른 기본시책과 같은 조 제2항에 따른 수급 및 관리계획에 적합하지 아니한 경우

⑤ 제3항과 제4항에 따라 개설된 의료기관이 개설 장소를 이전하거나 개설에 관한 신고 또는 허가사항 중 보건복지부령으로 정하는 중요사항을 변경하려는 때에도 제3항 또는 제4항과 같다. 〈개정 2008. 2. 29., 2010. 1. 18.〉

⑥ 조산원을 개설하는 자는 반드시 지도의사(指導醫師)를 정하여야 한다.

⑦ 다음 각 호의 어느 하나에 해당하는 경우에는 의료기관을 개설할 수 없다. ★
1. 약국 시설 안이나 구내인 경우
2. 약국의 시설이나 부지 일부를 분할·변경 또는 개수하여 의료기관을 개설하는 경우
3. 약국과 전용 복도·계단·승강기 또는 구름다리 등의 통로가 설치되어 있거나 이런 것들을 설치하여 의료기관을 개설하는 경우
4. 「건축법」 등 관계 법령에 따라 허가를 받지 아니하거나 신고를 하지 아니하고 건축 또는 증축·개축한 건축물에 의료기관을 개설하는 경우

⑧ 제2항제1호의 의료인은 어떠한 명목으로도 둘 이상의 의료기관을 개설·운영할 수 없다. 다만, 2 이상의 의료인 면허를 소지한 자가 의원급 의료기관을 개설하려는 경우에는 하나의 장소에 한하여 면허 종별에 따른 의료기관을 함께 개설할 수 있다. ★

제37조	(진단용 방사선 발생장치) ① 진단용 방사선 발생장치를 설치·운영하려는 의료기관은 보건복지부령으로 정하는 바에 따라 시장·군수·구청장에게 신고하여야 하며, 보건복지부령으로 정하는 안전관리기준에 맞도록 설치·운영하여야 한다. 〈개정 2008. 2. 29., 2010. 1. 18.〉
제38조	(특수의료장비의 설치·운영) ① 의료기관은 보건의료 시책상 적정한 설치와 활용이 필요하여 보건복지부장관이 정하여 고시하는 의료장비(이하 "특수의료장비"라 한다)를 설치·운영하려면 보건복지부령으로 정하는 바에 따라 시장·군수·구청장에게 등록하여야 하며, 보건복지부령으로 정하는 설치 인정기준에 맞게 설치·운영하여야 한다.

진단용 방사선 발생 장치	특수 의료장비
• 진단용 엑스선 장치 • 진단용 엑스선 발생기 • 치과진단용 엑스선 발생 장치 • 전산화단층 촬영 장치(CT) • 유방촬영용 장치(mammography) 등	• 자기공명영상 촬영 장치(MRI) • 전산화단층 촬영 장치(CT) • 유방촬영용 장치(mammography) 등

* 진단용 방사선 발생 장치이면서 특수 의료장비인 경우 → 시·군·구청장에게 신고 및 등록

제42조	(의료기관의 명칭)
	① 의료기관은 제3조제2항에 따른 의료기관의 종류에 따르는 명칭 외의 명칭을 사용하지 못한다. 다만, 다음 각 호의 어느 하나에 해당하는 경우에는 그러하지 아니하다.
	  1. 종합병원 또는 정신병원이 그 명칭을 병원으로 표시하는 경우
	  2. 제3조의4제1항에 따라 상급종합병원으로 지정받거나 제3조의5제1항에 따라 전문병원으로 지정받은 의료기관이 지정받은 기간 동안 그 명칭을 사용하는 경우
	  3. 제33조제8항 단서에 따라 개설한 의원급 의료기관이 면허 종별에 따른 종별명칭을 함께 사용하는 경우
	  4. 국가나 지방자치단체에서 개설하는 의료기관이 보건복지부장관이나 시·도지사와 협의하여 정한 명칭을 사용하는 경우
	  5. 다른 법령으로 따로 정한 명칭을 사용하는 경우

제53조	(신의료기술의 평가) ① 보건복지부장관은 국민건강을 보호하고 의료기술의 발전을 촉진하기 위하여 대통령령으로 정하는 바에 따라 제54조에 따른 신의료기술평가위원회의 심의를 거쳐 신의료기술의 안전성·유효성 등에 관한 평가(이하 "신의료기술평가"라 한다)를 하여야 한다.
제58조	(의료기관 인증)★★★ ① 보건복지부장관은 의료의 질과 환자 안전의 수준을 높이기 위하여 병원급 의료기관 및 대통령령으로 정하는 의료기관에 대한 인증(이하 "의료기관 인증"이라 한다)을 할 수 있다. 〈개정 2020. 3. 4.〉 ② 보건복지부장관은 대통령령으로 정하는 바에 따라 의료기관 인증에 관한 업무를 제58조의11에 따른 의료기관평가인증원에 위탁할 수 있다. ③ 보건복지부장관은 다른 법률에 따라 의료기관을 대상으로 실시하는 평가를 통합하여 제58조의11에 따른 의료기관평가인증원으로 하여금 시행하도록 할 수 있다.

제58조의 3	(의료기관 인증기준 및 방법 등)★★
	① 의료기관 인증기준은 다음 각 호의 사항을 포함하여야 한다.
	  1. 환자의 권리와 안전
	  2. 의료기관의 의료서비스 질 향상 활동
	  3. 의료서비스의 제공과정 및 성과
	  4. 의료기관의 조직·인력관리 및 운영
	  5. 환자 만족도
	② 인증등급은 인증, 조건부인증 및 불인증으로 구분한다. 〈개정 2020. 3. 4.〉
	③ 인증의 유효기간은 4년으로 한다. 다만, 조건부인증의 경우에는 유효기간을 1년으로 한다. 〈개정 2020. 3. 4.〉
	④ 조건부인증을 받은 의료기관의 장은 유효기간 내에 보건복지부령으로 정하는 바에 따라 재인증을 받아야 한다.

<의료기관 인증 조사기준 비교 : 2011년부터 시행(1주기 : 2011년~2014년)>★

3주기(2019년~2022년)		4주기(2023년~2026년)	
4개영역(체계)	13개 장(Chapter)	4개영역(체계)	13개 장(Chapter)
기본가치체계	(1) 환자 안전 보장 활동	기본가치체계	(1) 환자 안전 보장 활동
환자진료체계	(2) 수술 및 마취 진정 관리 (3) 의약품 관리 (4) 진료전달체계와 평가 (5) 환자권리 존중 및 보호 (6) 환자 진료	환자진료체계	(2) 진료전달체계와 평가 (3) 환자 진료 (4) 의약품 관리 (5) 수술 및 마취 진정 관리 (6) 환자권리 존중 및 보호
조직관리체계	(7) 감염 관리 (8) 경영 및 조직 운영 (9) 시설 및 환경 관리 (10) 의료정보/의무기록 관리 (11) 인적자원 관리 (12) 질 향상 및 환자안전 활동	조직관리체계	(7) 질 향상 및 환자 안전활동 (8) 감염 관리 (9) 경영과 조직운영 (10) 인적자원 관리 (11) 시설 및 환경 관리 (12) 의료정보/의무기록 관리
성과관리체계	(13) 성과 관리	성과관리체계	(13) 성과 관리

제58조의 4

(의료기관 인증의 신청 및 평가)★
① 의료기관 인증을 받고자 하는 의료기관의 장은 보건복지부령으로 정하는 바에 따라 보건복지부장관에게 신청할 수 있다.
② 제1항에도 불구하고 제3조제2항제3호에 따른 요양병원(「장애인복지법」 제58조제1항제4호에 따른 의료재활시설로서 제3조의2에 따른 요건을 갖춘 의료기관은 제외한다)의 장은 보건복지부령으로 정하는 바에 따라 보건복지부장관에게 인증을 신청하여야 한다.

> 시행규칙 제64조의2(조사일정 통보)
> 인증원의 장은 제64조제1항에 따른 의료기관 인증 신청을 접수한 날부터 30일 이내에 해당 의료기관의 장과 협의하여 조사일정을 정하고 이를 통보해야 한다.★

제58조의 5

(이의신청)★
① 의료기관 인증을 신청한 의료기관의 장은 평가결과 또는 인증등급에 관하여 보건복지부장관에게 이의신청을 할 수 있다.
② 제1항에 따른 이의신청은 평가결과 또는 인증등급을 통보받은 날부터 30일 이내에 하여야 한다. 다만, 책임질 수 없는 사유로 그 기간을 지킬 수 없었던 경우에는 그 사유가 없어진 날부터 기산한다.

제58조의 7

(인증의 공표 및 활용)
① 보건복지부장관은 인증을 받은 의료기관에 관하여 인증기준, 인증 유효기간 및 제58조의4 제4항에 따라 평가한 결과 등 보건복지부령으로 정하는 사항을 인터넷 홈페이지 등에 공표하여야 한다. <개정 2020. 3. 4.>
② 보건복지부장관은 제58조의 4 제4항에 따른 평가 결과와 인증등급을 활용하여 의료기관에 대하여 다음 각 호에 해당하는 행정적·재정적 지원 등 필요한 조치를 할 수 있다. <개정 2020. 3. 4.>
  1. 제3조의4에 따른 상급종합병원 지정
  2. 제3조의5에 따른 전문병원 지정
  3. 의료의 질 및 환자 안전 수준 향상을 위한 교육, 컨설팅 지원
  4. 그 밖에 다른 법률에서 정하거나 보건복지부장관이 필요하다고 인정한 사항

제65조	(면허 취소와 재교부)★★★			
	면허 취소 사유(제65조 제1항)			재교부 년도
	1. 결격사유에 해당하는 경우 (다만, 의료행위 중 「형법」 제268조의 죄를 범하여 제8조 제4호부터 제6호까지의 어느 하나에 해당하게 된 경우에는 그러하지 아니하다.)	정신질환자. 다만, 전문의가 의료인으로서 적합하다고 인정하는 사람은 그러하지 아니하다.		①
		마약·대마·향정신성의약품 중독자		
		피성년후견인·피한정후견인		
		금고 이상의 실형을 선고받고 그 집행이 끝나거나 그 집행을 받지 아니하기로 확정된 후 5년이 지나지 아니한 자		②
		제8조 제4호에 따른 사유로 면허가 취소된 사람이 다시 제8조 제4호에 따른 사유로 면허가 취소된 경우		③
		금고 이상의 형의 집행유예를 선고받고 그 유예기간이 지난 후 2년이 지나지 아니한 자		④
		금고 이상의 형의 선고유예를 받고 그 유예기간 중에 있는 자		⑤
	2. 자격 정지 처분 기간 중에 의료 행위를 하거나 3회 이상 자격 정지 처분을 받은 경우			⑥
	2의2. 면허를 재교부 받은 사람이 제66조 제1항(자격정지) 각 호의 어느 하나에 해당하는 경우			⑦
	3. 면허 조건을 이행하지 아니한 경우			⑧
	4. 면허를 대여한 경우			⑨
	6. 사람의 생명 또는 신체에 중대한 위해를 발생하게 한 경우			⑩
	7. 사람의 생명 또는 신체에 중대한 위해를 발생하게 할 우려가 있는 수술, 수혈, 전신마취를 의료인 아닌 자에게 하게 하거나 의료인에게 면허 사항 외로 하게 한 경우			⑪
	8. 거짓이나 그 밖의 부정한 방법으로 의료인 면허 발급 요건을 취득하거나 국가시험에 합격한 경우			⑫
	answer ① 취소의 원인이 된 사유가 없어지거나 개전(改悛)의 정이 뚜렷하다고 인정되고 대통령령으로 정하는 교육프로그램을 이수한 경우에는 면허를 재교부 / ② 3년 / ③ 10년 / ④ 3년 / ⑤ 3년 / ⑥ 2년 / ⑦ 2년 / ⑧ 1년 / ⑨ 3년 / ⑩ 3년 / ⑪ 3년 / ⑫ 3년			
제66조	(자격정지 등)★★★ ① 보건복지부장관은 의료인이 다음 각 호의 어느 하나에 해당하면(제65조 제1항 제2호의 2에 해당하는 경우는 제외한다) 1년의 범위에서 면허자격을 정지시킬 수 있다. 이 경우 의료 기술과 관련한 판단이 필요한 사항에 관하여는 관계 전문가의 의견을 들어 결정할 수 있다. 　1. 의료인의 품위를 심하게 손상시키는 행위를 한 때 시행령 제32조 제32조(의료인의 품위 손상 행위의 범위)★★★ ① 법 제66조제2항에 따른 의료인의 품위 손상 행위의 범위는 다음 각 호와 같다. 〈개정 2015. 9. 15., 2021. 6. 15.〉 　1. 학문적으로 인정되지 아니하는 진료행위(조산 업무와 간호 업무를 포함한다. 이하 같다) 　2. 비도덕적 진료행위 　3. 거짓 또는 과대 광고행위 　3의2. 「방송법」 제2조제1호에 따른 방송, 「신문 등의 진흥에 관한 법률」 제2조제1호·제2호에 따른 신문·인터넷신문, 「잡지 등 정기간행물의 진흥에 관한 법률」 제2조제1호에 따른 정기간행물 또는 제24조제1항 각 호의 인터넷 매체[이동통신단말장치에서 사용되는 애플리케이션(Application)을 포함한다]에서 다음 각 목의 건강·의학정보(의학, 치의학, 한의학, 조산학 및 간호학의 정보를 말한다. 이하 같다)에 대하여 거짓 또는 과장하여 제공하는 행위			

가. 「식품위생법」 제2조제1호에 따른 식품에 대한 건강·의학정보
나. 「건강기능식품에 관한 법률」 제3조제1호에 따른 건강기능식품에 대한 건강·의학정보
다. 「약사법」 제2조제4호부터 제7호까지의 규정에 따른 의약품, 한약, 한약제제 또는 의약외품에 대한 건강·의학정보
라. 「의료기기법」 제2조제1항에 따른 의료기기에 대한 건강·의학정보
마. 「화장품법」 제2조제1호부터 제3호까지의 규정에 따른 화장품, 기능성화장품 또는 유기농화장품에 대한 건강·의학정보

4. 불필요한 검사·투약(投藥)·수술 등 지나친 진료행위를 하거나 부당하게 많은 진료비를 요구하는 행위
5. 전공의(專攻醫)의 선발 등 직무와 관련하여 부당하게 금품을 수수하는 행위
6. 다른 의료기관을 이용하려는 환자를 영리를 목적으로 자신이 종사하거나 개설한 의료기관으로 유인하거나 유인하게 하는 행위
7. 자신이 처방전을 발급하여 준 환자를 영리를 목적으로 특정 약국에 유치하기 위하여 약국개설자나 약국에 종사하는 자와 담합하는 행위

2. 의료기관 개설자가 될 수 없는 자에게 고용되어 의료행위를 한 때
2의2. 제4조제6항을 위반한 때
3. 제17조제1항 및 제2항에 따른 진단서·검안서 또는 증명서를 거짓으로 작성하여 내주거나 제22조제1항에 따른 진료기록부등을 거짓으로 작성하거나 고의로 사실과 다르게 추가기재·수정한 때
4. 제20조를 위반한 경우
5. 삭제 〈2020. 12. 29.〉
6. 의료기사가 아닌 자에게 의료기사의 업무를 하게 하거나 의료기사에게 그 업무 범위를 벗어나게 한 때
7. 관련 서류를 위조·변조하거나 속임수 등 부정한 방법으로 진료비를 거짓 청구한 때
8. 삭제 〈2011. 8. 4.〉
9. 제23조의5를 위반하여 경제적 이익등을 제공받은 때
10. 그 밖에 이 법 또는 이 법에 따른 명령을 위반한 때

시행규칙 제15조	(진료기록부 등의 보존)★★★ ① 의료인이나 의료기관 개설자는 법 제22조제2항에 따른 진료기록부등을 다음 각 호에 정하는 기간 동안 보존하여야 한다. 다만, 계속적인 진료를 위하여 필요한 경우에는 1회에 한정하여 다음 각 호에 정하는 기간의 범위에서 그 기간을 연장하여 보존할 수 있다.		
	①	진료 기록부	
		수술 기록	
	②	환자 명부	
		검사 내용 및 검사소견 기록	
		방사선 사진(영상물을 포함한다) 및 그 소견서	
		간호기록부	
		조산기록부	
	③	진단서 등의 부본(진단서·사망진단서 및 시체검안서 등을 따로 구분하여 보존할 것)	
	④	처방전	
	answer ① 10년/② 5년/③ 3년/④ 2년		

시행규칙 제36조	② 제1항의 진료에 관한 기록은 마이크로필름이나 광디스크 등(이하 이 조에서 "필름"이라 한다)에 원본대로 수록하여 보존할 수 있다.
	③ 제2항에 따른 방법으로 진료에 관한 기록을 보존하는 경우에는 필름촬영책임자가 필름의 표지에 촬영 일시와 본인의 성명을 적고, 서명 또는 날인하여야 한다.
	(요양병원의 운영)★
	① 법 제36조제3호에 따른 요양병원의 입원 대상은 다음 각 호의 어느 하나에 해당하는 자로서 주로 요양이 필요한 자로 한다. 〈개정 2010. 1. 29.〉
	  1. 노인성 질환자
	  2. 만성질환자
	  3. 외과적 수술 후 또는 상해 후 회복기간에 있는 자
	② 제1항에도 불구하고 「감염병의 예방 및 관리에 관한 법률」 제41조제1항에 따라 질병관리청장이 고시한 감염병에 걸린 같은 법 제2조제13호부터 제15호까지에 따른 감염환자, 감염병의사환자 또는 병원체보유자(이하 "감염병환자등"이라 한다) 및 같은 법 제42조제1항 각 호의 어느 하나에 해당하는 감염병환자등은 요양병원의 입원 대상으로 하지 아니한다. 〈개정 2015. 12. 23., 2020. 9. 11.〉
	③ 제1항에도 불구하고 「정신건강증진 및 정신질환자 복지서비스 지원에 관한 법률」 제3조제1호에 따른 정신질환자(노인성 치매환자는 제외한다)는 같은 법 제3조제5호에 따른 정신의료기관 외의 요양병원의 입원 대상으로 하지 아니한다. 〈신설 2015. 12. 23., 2017. 5. 30.〉

■ 의료법 시행규칙 [별표 5] 〈개정 2015.5.29.〉

의료기관에 두는 의료인의 정원(제38조 관련)★★

구분	종합병원	요양병원
의사	연평균 1일 입원환자를 20명으로 나눈 수(이 경우 소수점은 올림). 외래환자 3명은 입원환자 1명으로 환산함	연평균 1일 입원환자 80명까지는 2명으로 하되, 80명을 초과하는 입원환자는 매 40명마다 1명을 기준으로 함(한의사를 포함하여 환산). 외래환자 3명은 입원환자 1명으로 환산함
간호사 (치과의료기관의 경우에는 치과위생사 또는 간호사)	연평균 1일 입원환자를 2.5명으로 나눈 수(이 경우 소수점은 올림). 외래환자 12명은 입원환자 1명으로 환산	연평균 1일 입원환자 6명마다 1명을 기준으로 함(다만, 간호조무사는 간호사 정원의 3분의 2 범위 내에서 둘 수 있음). 외래환자 12명은 입원환자 1명으로 환산함

PART 05

보건의료체계

05 보건의료체계

 Theme 01 Myers가 제시한 적정 보건의료서비스의 요건★★★

구성 요소	주요 내용
①	개인적 접근성, 포괄적 서비스, 양적인 적합성, 형평성
②	전문적인 자격, 개인적 수용성, 질적인 적합성
③	개인 중심의 진료, 중점적인 의료 제공, 서비스의 조정
④	평등한 재정, 적정한 보상, 효율적인 관리

answer ① 접근용이성 / ② 질적 적정성 / ③ 계속성(지속성) / ④ 효율성

Lee & Jones의 양질의 보건의료★★★	미국 의학한림원이 제시한 바람직한 보건의료가 갖추어야 할 특성 ★
① 의과학에 근거한 합리적인 의료 ② 예방의료 ③ 의사와 환자 간의 긴밀한 협조 ④ 전인적 진료 ⑤ 의사와 환자 간의 지속적이고 긴밀한 인간관계의 유지 ⑥ 사회복지사업과의 긴밀한 연계 ⑦ 다양한 보건의료서비스의 협조 ⑧ 필요 충족에 요구되는 모든 보건의료서비스의 제공	① 효과성 ② 안전성 ③ 환자 중심성 ④ 적시성 ⑤ 효율성 ⑥ 형평성

 Theme 02 보건의료서비스의 사회경제적 특성★★★

질병의 예측 불가능성	건강보험을 통해 미래의 불확실한 큰 손실을 현재의 확실한 작은 손실로 대처하여 질병발생의 예측 불가능성에 대비
①	• 확산효과, 이웃효과라고도 함 • 예방접종을 실시하여 감염위험은 감소
생활필수품으로서의 보건의료	보건의료는 의식주 다음의 제4의 생활필수품
②	인간의 생존에 필수적이며 인간이 인간다운 생활을 하기 위해 반드시 향유해야 하는 재화를 의미하며 의식주와 기초교육, 보건의료서비스가 이에 해당

answer ① 외부효과 / ② 우량재(Merit Goods, 가치재)

③	• 모든 소비자에게 골고루 편익이 돌아가야 하는 재화나 서비스 • 비배제성, 타인의 소비로 자기의 소비가 지장을 받지 않는 비경합성
정보의 비대칭성★	• 질병관리에 관한 대중의 지식수준이 거의 무지상태 • 공급자 위주의 시장, 전문가 지배, 공급유인 수요현상을 초래
비영리적 동기	보건의료분야는 영리추구에 우선순위를 두고 있지 않음.
경쟁제한	보건의료서비스는 제도적으로 경쟁이 제한되어 독과점이 형성
소비적 요소와 투자적 요소의 혼재	노동자의 질병은 비노동 연령자에게 행하는 보건의료서비스와 비교할 때 투자적 성향이 존재
노동집약적인 인적 서비스	인간에 대한 인적서비스인 보건의료서비스는 노동집약적인 성격
치료의 불확실성	질병의 진행성과 증상 및 반응의 다양성 때문에 명확한 결과를 측정하기가 곤란.
공동생산물로서의 보건의료와 교육	보건의료서비스와 교육·연구가 분리되지 않고 밀접하게 관련되어 함께 생산됨으로써 의료의 질이 향상

answer ③ 공공재

①★	"공급은 그 스스로의 수요를 창조한다."라고 Say의 법칙을 주장
②	"병원은 일단 세워지기만 하면 이용되어지는 경향이 있다."라고 언급
③	"설립된 병상은 채워진 병상이다."라고 주장

answer ① J. B. Say / ② M. Roemer / ③ P. J. Feldstein

Theme 03 보건의료체계의 구성 요인(WHO, 1984)★★★

보건의료자원의 개발★	(1) 인적 자원 개발, 물적 자원 개발, 지적 자원 개발, 장비 및 물자의 개발 (2) 보건의료자원 평가 요소★★	
	양적 공급	흔히 인구당 자원의 양으로 표시
	질적 수준	보건의료인력의 주요 기능 수행 능력과 기술 수준, 시설의 규모와 적정 시설의 구비 정도
	분포의 형평성	시설, 직종, 전문 과목별 자원의 지리적 분포가 주민의 필요성에 상응하게 분포되어 있는가를 의미
	효율성	개발된 보건의료자원으로 얼마의 보건의료서비스를 산출할 수 있느냐 또는 보건의료자원을 개발하는 데 얼마나 많은 자원이 소요되었는지를 의미
	적합성	공급된 보건의료서비스의 역량이 대상 주민의 보건의료 필요에 얼마나 적합한가를 의미
	계획성	장래에 필요한 보건의료자원의 종류와 양을 얼마나 체계적이고 정확하게 계획하는가 하는 문제
	통합성	보건의료자원 개발의 주요 요소인 계획, 실행, 관리 등이 보건의료서비스 개발과 얼마나 통합적으로 이루어지는가의 문제
자원의 조직화	(1) 국가 보건의료당국 (2) 건강보험 프로그램 (3) 비정부기관(NGO) (4) 독립적 민간부문	
경제적 재원	(1) 공공 재원 : 중앙 정부, 지방 자치단체, 의료보험 기구 (2) 민간 기업 : 기업주의 일부 부담 및 근로자에 대한 서비스 제공 (3) 조직화된 민간 기관 : 자선 단체, 민간 보험 (4) 지역사회에 의한 지원 : 기부나 자원봉사 활동 (5) 외국의 원조 : 정부나 자선단체 차원의 원조(종교 단체) (6) 개인 지출 : 의료 이용 시 국민에 의한 직접 부담 (7) 기타 재원 : 복권 판매 수익금, 기부금	
보건행정★	(1) 의사 결정 (2) 기획 및 실행 (3) 감시 및 평가 (4) 정부 지원 (5) 법규 (6) 지도력	
보건의료서비스의 전달	(1) 1차 예방 : 건강 증진, 예방 (2) 2차 예방 : 치료 (3) 3차 예방 : 재활	

Theme 04 보건의료인력

(1) 정의 : 주민의 필요와 요구에 대한 보건의료서비스를 공급하기 위하여 보건의료분야에 종사하거나 훈련 중인 개개인

(2) 법에 규정된 인력★★★
① 의료인(의료법) : 의사, 치과의사, 한의사, 간호사, 조산사 → 보건복지부장관의 면허

종류	업무
의사	의료와 보건 지도를 임무로 한다.
치과의사	치과 의료와 구강 보건 지도를 임무로 한다.
한의사	한방 의료와 한방 보건 지도를 임무로 한다.
조산사	조산(助産)과 임산부 및 신생아에 대한 보건과 양호 지도를 임무로 한다.★

간호사	① 간호사는 다음 각 호의 업무를 임무로 한다.
	  1. 환자의 간호요구에 대한 관찰, 자료수집, 간호판단 및 요양을 위한 간호
	  2. 「의료법」에 따른 의사, 치과의사, 한의사의 지도하에 시행하는 진료의 보조
	  3. 간호 요구자에 대한 교육·상담 및 건강증진을 위한 활동의 기획과 수행, 그 밖에 대통령령으로 정하는 보건활동
	
	간호사의 보건활동(간호법 시행령 제11조)
	법 제12조 제1항 제3호에서 "대통령령으로 정하는 보건활동"이란 다음 각 호의 보건활동을 말한다.
	  1. 「농어촌 등 보건의료를 위한 특별조치법」 제19조에 따라 보건진료 전담공무원으로서 하는 보건활동
	  2. 「모자보건법」 제10조 제1항에 따른 모자보건전문가로서 행하는 모자보건 활동
	  3. 「결핵예방법」 제18조에 따른 보건활동
	  4. 그 밖의 법령에 따라 간호사의 보건활동으로 정한 업무
	
	  4. 간호조무사가 수행하는 제1호부터 제3호까지의 업무 보조에 대한 지도
	② 제1항에도 불구하고 간호사는 「의료법」 제3조 제2항 제3호에 따른 병원급 의료기관(이하 "병원급 의료기관"이라 한다) 중 보건복지부령으로 정하는 기관에서 환자의 진료 및 치료 행위에 관한 의사의 전문적 판단이 있은 후에 의사의 일반적 지도와 위임에 근거하여 진료지원업무를 수행할 수 있다.
	③ 제1항 제2호 및 제2항에 따른 업무에는 「의료기사 등에 관한 법률」 제2조 및 제3조에 따른 의료기사등의 업무는 원칙적으로 제외하되, 구체적인 범위와 한계는 대통령령으로 정한다.

CHECK Point 「보건의료기본법」상 관련 용어★★★

보건의료인	보건의료 관계 법령에서 정하는 바에 따라 자격·면허 등을 취득하거나 보건의료서비스에 종사하는 것이 허용된 자
보건의료기관	보건의료인이 공중(公衆) 또는 특정 다수인을 위하여 보건의료서비스를 행하는 보건기관, 의료기관, 약국, 그 밖에 대통령령으로 정하는 기관
공공보건의료기관	국가·지방자치단체, 그 밖의 공공단체가 설립·운영하는 보건의료기관

② 보건의료인력의 종류와 업무

관련 법규		보건의료인력(종수)	종수	자격구분	교부처
의료법	제2조	의료인(5종) : 의사, 치과의사, 한의사, 간호법에 따른 간호사, 조산사	5	면허	보건복지부
	제77조	전문의(26종)	26	자격	보건복지부
		치과전문의(11종)	11		
		한의사전문의(8종)	9		
	제79조	한지의료인(3종) : 한지의사, 한지치과의사, 한지한의사	3	면허	보건복지부
	제81조	의료유사업자(3종) : 접골사, 침사, 구사	3	자격	시·도지사
	제82조	안마사(1종)	1	자격	시·도지사
간호법 시행 2025. 6. 21	제4조	간호사(1종)	1	면허	보건복지부
	제5조	전문간호사(13종) : 보건, 마취, 정신, 가정, 감염관리, 산업, 응급, 노인, 중환자, 호스피스, 아동, 임상, 종양	13	자격	보건복지부
	제6조	간호조무사(1종)	1	자격	보건복지부
의료기사 등에 관한 법률	제1조	보건의료정보관리사, 안경사(2종)		면허	보건복지부
	제2조	의료기사(6종) : 임상병리사, 방사선사, 물리치료사, 작업치료사, 치과기공사, 치과위생사		면허	보건복지부
응급의료에 관한 법률 제36조		응급구조사(1·2급)(2종)		자격	보건복지부
국민건강증진법 제12조의2		보건교육사(1·2·3급)(3종)		자격	보건복지부
정신건강증진 및 정신질환자 복지서비스 지원에 관한 법률 제17조		정신건강전문요원(6종) : 정신건강임상심리사(1·2급), 정신건강간호사(1·2급), 정신건강사회복지사(1·2급)		자격	보건복지부
장애인복지법 제73조		의지·보조기기사(1종)		자격	보건복지부
약사법	제3조·제4조	약사, 한약사(2종)		면허	보건복지부
	제45조	한약업사(1종)		자격	시·도지사
식품위생법 제53조		조리사(1종)		면허	시·군·구청장
국민영양관리법 제15조		영양사(1종)		면허	보건복지부
공중위생관리법 제6조의2		위생사(1종)		면허	보건복지부
수의사법 제3조		수의사(1종)		면허	농림축산식품부
사회복지사업법 제11조		사회복지사(1·2급)(2종)		자격	보건복지부
산업안전보건법 제142조		산업보건지도사, 산업안전지도사(2종)		자격	고용노동부

(3) 의료인력의 현황 ★★
① 지역적 불균형은 의료인력의 종류에 상관없이 비슷하다.
② 전문의의 증가
③ 의사의 대도시 집중 현상
④ 의료인력의 수급 불균형
⑤ 인력 간 연계기능 미흡

Theme 05 보건의료시설

(1) 의료법에 의한 의료기관

의료기관 ★★★	의료인이 공중(公衆) 또는 특정 다수인을 위하여 의료·조산의 업(이하 "의료업"이라 한다)을 하는 곳
의원급 의료기관 ★	의사, 치과의사 또는 한의사가 주로 외래환자를 대상으로 각각 그 의료행위를 하는 의료기관 • 의원　　• 치과의원　　• 한의원
조산원	조산사가 조산과 임산부 및 신생아를 대상으로 보건 활동과 교육·상담을 하는 의료기관
병원급 의료기관 병원급 의료기관	의사, 치과의사 또는 한의사가 주로 입원환자를 대상으로 의료행위를 하는 의료기관 • 병원　　• 치과병원　　• 한방병원 • 요양병원(「장애인복지법」 제58조 제1항 제4호에 따른 의료재활시설로서 제3조의2의 요건을 갖춘 의료기관을 포함한다. 이하 같다)★ • 정신병원　　• 종합병원
병원 등 (제3조의2)	병원·치과병원·한방병원 및 요양병원은 30개 이상의 병상(병원·한방병원만 해당) 또는 요양병상(요양병원만 해당)을 갖출 것★★
종합병원 (제3조의3) ★★★	① 100개 이상의 병상을 갖출 것 ② 100병상 이상 300병상 이하인 경우 7개 이상의 진료과목을 갖추고 각 진료과목마다 전속하는 전문의를 둘 것 ③ 300병상을 초과하는 경우에는 9개 이상의 진료과목을 갖추고 각 진료과목마다 전속하는 전문의를 둘 것
상급종합병원· 전문병원 지정 (제3조의4) ★★★	① 보건복지부장관은 다음의 요건을 갖춘 종합병원 중에서 중증질환에 대하여 난이도가 높은 의료행위를 전문적으로 하는 종합병원을 상급종합병원으로 지정할 수 있다. ㉠ 보건복지부령으로 정하는 20개 이상의 진료과목을 갖추고 각 진료과목마다 전속하는 전문의를 둘 것 ㉡ 제77조제1항에 따라 전문의가 되려는 자를 수련시키는 기관일 것 ㉢ 보건복지부령으로 정하는 인력·시설·장비 등을 갖출 것 ㉣ 질병군별 환자구성비율이 보건복지부령으로 정하는 기준에 해당할 것 ② 보건복지부장관은 상급종합병원으로 지정받은 종합병원에 대하여 3년마다 평가를 실시하여 재지정하거나 지정을 취소할 수 있다.
전문병원 지정 (제3조의5) ★★	① 보건복지부장관은 병원급 의료기관 중에서 특정 진료과목이나 특정 질환 등에 대하여 난이도가 높은 의료행위를 하는 병원을 전문병원으로 지정할 수 있다. ② ①에 따른 전문병원은 다음의 요건을 갖추어야 한다. ㉠ 특정질환별·진료과목별 환자의 구성비율 등이 보건복지부령으로 정하는 기준에 해당할 것 ㉡ 보건복지부령으로 정하는 수 이상의 진료과목을 갖추고 각 진료과목마다 전속하는 전문의를 둘 것 ㉢ 최근 3년간 해당 의료기관 또는 그 개설자가 제64조 제1항에 따른 3개월 이상의 의료업 정지나 개설 허가의 취소 또는 폐쇄 명령을 받은 사실이 없을 것 ③ 보건복지부장관은 전문병원으로 지정하는 경우 제2항 각 호의 사항 및 진료의 난이도 등에 대하여 평가를 실시하여야 한다. ④ 보건복지부장관은 전문병원으로 지정받은 의료기관에 대하여 3년마다 평가를 실시하여 전문병원으로 재지정할 수 있다.

(2) 공공보건의료기관**

보건복지부	보건사업 진행에 있어서는 인사권, 예산집행권이 없는 정책결정 기관으로서 기술지원만 하고 있다.
행정안전부	보건사업 진행에 있어서 인사권과 예산집행권을 소유하고 있다.
보건소	시·군·구 별로 1개소씩 설치
보건지소	읍·면마다 1개소씩 설치
보건진료소	의료취약지역 인구 500인 이상(도서지역은 300인 이상) 5,000인 미만 지역에 설치
보건의료원	병원의 요건을 갖춘 보건소
건강생활지원센터	읍·면·동(보건소가 설치된 읍·면·동은 제외한다)마다 1개씩 설치

(3) 보건의료시설의 특성

(1) 의료시설은 건립에 막대한 자금이 소요된다.
(2) 의료인력 및 다른 관련 자원을 유치하는 전체 자원이다.
(3) 의료시설은 주민의 의료 이용과 의료 이용행태를 결정하는 주요 요인이다.
(4) 지역사회의 사회경제적 환경, 사회간접자본의 수준, 질병의 종류와 양, 관련 의료기관의 서비스의 종류와 양 등에 관한 현재와 미래가 고려되어 설계되어야 한다.
(5) 의료시설은 다양한 서비스를 제공하며, 따라서 이들 간의 독자성이 보장되고 연계 및 조정이 용이해야 한다.
(6) 의료시설은 의사를 비롯한 다양한 의료인의 작업장이다.
(7) 의료시설의 내부, 환경적 수준이 의료서비스의 한 구성 요소로 간주되어야 한다.
(8) 의료시설은 그 지역사회의 자부심의 표현이고 지역의 대표적 시설로 인식된다. 그 지역의 전반적 기술수준, 인력 수준, 사회문화적 특성과 관습을 반영한다.
(9) 수요와 공급이 시간적으로 불일치한다.
(10) 투자에 대한 회수가 느리다.

Theme 06 보건의료장비

의료장비의 특징	(1) 소량 다품종(제품의 다양성) (2) 고도의 기술 집약 (3) 고가의 제품 및 유지 관리의 고비용 (4) 장비 간의 연계성 필요
의료장비 선정의 기본조건	(1) 적합성 (2) 용이성 (3) 경제성

Theme 07 보건의료 지식 및 기술

(1) 현대 의료기술의 특성
① 진단 기술의 발전 과정이 치료 기술의 발전 과정보다 훨씬 빠르다.
② 중간 단계 기술(half-way technology)이 주로 개발된다.
③ 새로 개발되는 기술이 주로 추가적 기술(add-on technology)이다.

(2) 의료기술의 영향

건강수준에 미치는 영향	(1) 국민건강수준 향상에 크게 공헌하였다고 보기 어렵다.
	(2) 급성 감염병 관리에 공헌하였다.
	  ① 의학 발전보다 환경과 영양상태 개선이 평균수명의 연장에 더 공헌
	  ② 현재의 치료 의학은 한계효용이 낮다.
	(3) 만성 퇴행성질환에 대한 확정적 의료기술의 개발이 미흡하다.

의료체계에 미치는 영향	(1) 의료기술 발전은 병원이 의료제공 중심 장소로의 부상을 이끌었다.
	(2) 의료서비스 제공자에게 영향
	  ① 전문의 중심 진료, 의사의 위상 상승
	  ② 의사-환자의 관계를 기계적으로 변화시켜 윤리적 문제가 야기된다.

국민의료비에 미치는 영향	(1) 의료비 상승을 초래한다. (2) 의료기술 도입은 진료의 강도를 증대시킨다.

> **CHECK Point** 우리나라 보건의료자원의 문제점 ★★★
> 1. 보건의료자원이 민간부문에 집중되어 있다.
> 2. 인구 1천 명당 급성기 병상수는 일본을 제외하고는 가장 많은 편이며, 계속해서 증가 추세에 있다.
> 3. 국민의료비 증가 속도가 빠른 편이다.
> 4. 전문의의 과잉 공급 현상 등의 보건의료자원의 수급 불균형 현상을 보여주고 있다.
> 5. 고가 의료장비가 지속적으로 증가하는 추세에 있으며, 의료기관이 주로 도시지역에 집중되어 있다.

PART 06

보건의료전달체계

06. 보건의료전달체계

 Theme 01 개념

(1) WHO의 정의

합리적 의료전달체계란 의료의 지역화가 합리적으로 이루어진 상태이며, 합리적인 의료지역화의 요건은 다음과 같다.
① 진료권의 설정
② 필요한 의료자원의 공급
③ 의료기관 간 기능의 분담과 억제
④ 환자 후송 의뢰체계의 수립을 제시

(2) 목적★★★
① 의료 이용의 편의 제공과 의료자원의 효율성 도모
② 지역 간, 의료기관 간의 균형적인 발전
③ 국민의료비 억제 및 의료보장의 재정 안정 도모

(3) 전달체계의 구성요소

적절성	보건의료서비스는 과도하게 또는 과소하게 제공되어서도 안된다.
전문성	보건의료체계 제공자는 의료소비자의 욕구 파악과 진단, 치료 등에 대한 전문적인 능력을 보유해야 한다.
접근성	보건의료서비스를 이용하고자 하는 사람은 자신이 편리한 시간에 편리한 장소에서 간편한 절차를 통해 서비스를 제공받아야 한다.
책임성	국가가 국민의 건강에 대해 책임을 져야 한다.
통합성	자원의 낭비를 극복하고 자원을 효율적으로 활용하는 원칙이다.

 Theme 02 우리나라의 의료전달체계의 특성★★★

(1) 우리나라의 의료전달체계는 사회보장형이면서 자유방임형이다.
(2) 보건행정 관리체계가 다원적이다. 즉, 보건행정에 대한 통제가 보건복지부와 행정안전부에서 이루어지고 있다.
(3) 보건의료의 공공부문이 취약하다.
(4) 보건의료기관 간의 기능과 역할이 미분화되어 있다.
(5) 보건의료의 지역화 개념이 적다. 즉, 대도시에 보건의료가 집중되어 있다.
(6) 한의학과 양의학이 병존한다. 즉, 서구와 같이 양의 단일 의료가 아니라 한의학, 양의학, 대체 의학 등이 혼합하여 존재한다.
(7) 예방 측면보다 치료 측면에 치중하고 있다.

Theme 03 정부의 보건의료 통제 정도에 따른 보건의료전달체계 구분

①	특징	(1) 의료체계는 기본적으로 자유경쟁시장의 원칙하에 운영되며, 의료서비스의 대부분이 민간에 의하여 설립된 의료제공자에 의해 제공된다. (2) 의료서비스의 직접적인 제공, 의료기관의 서비스 이용에 대한 정부의 관여는 최소한이다.
	해당국가	미국, 일본, 네덜란드 등
	장단점	(1) 의료 제공자의 자율성과 소비자의 의료기관 선택의 자유가 최대한 보장된다. (2) 의료자원 분포의 지역적 불균형과 계층 간 의료서비스 수혜에 차이가 나타나고, 치료 위주의 의료서비스가 행해진다.
②	특징	(1) 보건의료부분 전반이 국가의 강력한 통제 하에서 운영된다. (2) 의료 인력의 양성, 의료 시설의 배치나 운영은 국가의 관장 하에 기획되고 운영되며, 각 국민은 동일한 수준의 의료서비스를 제공받는다. (3) 민간 의료부문은 없거나, 있더라도 매우 미미하다.
	해당국가	대부분의 사회주의 국가 및 영국 등 국가보건서비스를 운영하는 나라
	장단점	(1) 균등한 의료 자원의 배치와 체계적인 조직 체계를 통해 의료서비스 수혜의 형평성을 달성할 수 있다. (2) 예방 서비스가 강조된다. (3) 의료 제공자의 창의성 발휘나 생산성 향상의 동기가 없으며, 관료체계의 폐해가 나타난다.
혼합형	특징	(1) 의료 시설의 건립 및 운영, 의료 인력의 양성 등이 정부의 주관 하에 이루어지는 경우가 많다. (2) 일부 분야(외래 진료, 일부 도시지역의 의료서비스 등)에 대하여서는 민간 기관에 의해 설립된 의료기관에 의하여 서비스가 제공된다. (3) 공공 부문과 민간 부문과의 기능 분담의 영역과 정도는 그 나라의 실정에 따라 다양하지만 대부분의 민간 부문은 정부의 규제 하에 놓여 있다.
	해당국가	대부분의 서구 유럽국가와 개발도상국
	장단점	(1) 국가 규제의 정도에 따라 경쟁위주형과 정부규제형의 장·단점을 지닌다. (2) 국민들의 보건의료 충족도는 제도적 측면에 의해 이루어지기보다는 국가의 경제적 수준에 의해 좌우된다.

answer ① 자유경쟁형 / ② 국가 규제형

 **Theme 04** 보건의료 재원조달 형태에 따른 보건의료전달체계 구분

①	특징	(1) 민간에 의해 설립되어 개개인 보호주의, 임의 가입, 위험률 보험료제 등을 특징으로 하여 재원을 조달하는 제도이다. (2) 보건의료에 소요되는 비용은 원칙적으로 개인이 부담한다. (3) 보험의 형태에 따라 보험료, 급여 내용, 급여 수준 등이 다양하다.
	해당국가	미국
	장단점	(1) 개인의 능력에 의해 보험 가입이 결정되며, 전 국민에 대한 의료 보장이 어렵다. (2) 민간 의료보험회사와 의료기관 간에 의료비 지급관계가 이루어지므로 정부의 통제가 미약하며, 따라서 의료비의 증가 현상이 나타난다.
②	특징	(1) 의료보험기구를 정부에서 조직하여 사회부 양성, 강제 가입, 평균율 보험료제 등 사회보험의 원칙에 따라 운영한다. (2) 정부(보험자)의 비용의 일부 부담이 행하여지는 경우가 많다.
	해당국가	(1) 한국, 일본, 독일, 캐나다 등 자본주의 국가 (2) 폴란드, 유고슬라비아 등 일부 사회주의 국가
	장단점	(1) 의료 보장의 형평성이 보장된다. (2) 특정 목적에 의하여 기금이 운영되어 기금의 상대적인 안정성을 확보할 수 있다. (3) 의료비의 상승이 나타난다.
③	특징	조세로 충당되는 국가의 재정에 의한 의료비를 부담하는 형태
	해당국가	(1) 대부분의 사회주의 국가 (2) 영국, 뉴질랜드 등 서구 복지국가
	장단점	(1) 형평성을 가장 중시하는 의료보장제도이다. (2) 의료비 통제가 상대적으로 용이하다. (3) 의료부분에 대한 재원 분배의 우선순위 저하로 재정 부족에 시달릴 수 있다.

answer ① 민간보험형 / ② 사회보험형 / ③ 조세형

Theme 05 학자별 보건의료전달체계 구분

(1) Roemer의 보건의료체계(1976)★★★

①	① 의료비의 개인 책임 ② 공공 의료 취약, 대부분 민간 의료 ③ 비교적 역사가 짧은 자본주의 국가로, 고도로 산업화되어 있는 나라에서 주로 볼 수 있다. 예 미국
②	① 사회 보험이나 조세에 의한 재원 조달 ② 국가가 의료 자원이나 의료비에 대한 관리와 통제 전제 ③ 프랑스, 독일, 스웨덴, 일본, 이스라엘이 속한다.
③	① 일부 지배계급에 현대 의료를 제공한다. ② 전통 의료나 민간 의료에 의존하는 경향이 있다. ③ 경제적 낙후로 인해 인구의 대부분이 보건의료비 지출 능력이 없는 아시아 및 아프리카 저개발국가가 여기에 속한다.
④	① 소득수준 향상으로 의료에 대한 관심이 증가한다. ② 보건의료에 대한 우선순위는 경제개발 논리에 밀려 낮지만 경제개발이 진행되면서 보건의료자원에 대한 개발이 활발하고 투자도 증가된다. ③ 아시아와 남미의 개발도상국가들이 이에 해당된다.
⑤	① 국가의 전적인 책임으로 의료를 제공한다. ② 모든 의료인은 국가에 고용되어 있으며, 보건의료시설은 국유화되어 있다. ③ 구소련 등 동구권, 쿠바, 북한 등이 속한다.

answer ① 자유기업형 / ② 복지국가형 / ③ 저개발국형 / ④ 개발도상국형 / ⑤ 사회주의국형

(2) Roemer의 Matrix형(1991) - 경제적 요소와 정치적 요소를 기준으로 분류★

경제적 요소 (국민 1인당 GNP)	정치적 요소(시장개입 정도)			
	시장지향형	복지지향형	전 국민 포괄형	중앙계획형
선진국(부유하고 산업화된 나라)	미국	일본, 노르웨이, 독일, 캐나다	영국, 뉴질랜드	구소련, 구동구권
개발도상국	태국, 필리핀, 남아프리카공화국	브라질, 이집트, 말레이시아	이스라엘, 니카라과	쿠바, 북한
극빈국 (빈곤한 나라)	가나, 방글라데시, 네팔	인도, 미얀마	스리랑카, 탄자니아	중국(개혁, 개방 이전), 베트남
자원이 풍부한 나라		리비아, 가봉	쿠웨이트, 사우디아라비아	

(3) Terris의 분류★★

①	① 저열한 경제에서 완전한 자본주의 경제로 전환되기 이전의 상태에 있는 국가들 특히 아시아, 아프리카, 남미 제국에서 볼 수 있다. ② 주로 조세에 의존하지만 보건의료 재원조달이 여의치 못하여 국민의료의 대부분이 공적 부조의 일환으로 취급되고 있는 상황이다.
②	① 전 국민 의료보험을 실시하고 있는 독일, 프랑스, 캐나다, 호주, 일본, 이스라엘, 한국 등이 속한다. ② 고도의 경제적 번영으로 서구 선진국들은 보건의료제도가 각 나라마다 약간의 차이는 있지만 재원 조달이 주로 건강보험을 통해 이루어진다.
③	① 정치적 결정인자가 지배적인 요인으로 작용하여 성립된 보건의료체계이다. ② 영국, 구동구권, 쿠바, 스웨덴, 뉴질랜드, 이탈리아, 덴마크, 노르웨이 등이 속한다. ③ 재원 조달이 조세에 의해 이루어지고 무상 의료이며, 보건의료자원이 국유화되어 있다.

answer ① 공적 부조형 / ② 의료보험형 / ③ 국민보건서비스형

(4) OECD 국가 보건의료체계★★★

①	① 모든 국민 혹은 거의 대부분의 국민을 대상으로 하여 조합이나 공간, 정부기관 등과 독점적 기관에 의해 관리 운영된다. ② 소득의 일정 비율을 가입자가 단독 혹은 고용주와 공동으로 납부한다.
②	① 영국, 스웨덴, 덴마크, 스페인 등에서 실시하는 제도로써 의료 재정이 조세(일반 조세, 목적세)에 의해 충당되는 제도이다. ② 소비자들은 무료로 의료서비스를 이용할 수 있다.
③	① 의료부문에 정부의 개입이 없어 민간 보험시장이 형성된다. ② 정보의 비대칭성으로 인해 역선택이 발생하여 많은 사람들이 보험에 가입하지 못하는 경우가 발생된다.

answer ① 사회보험형(비스마르크형) / ② 국민보건서비스형(베버리지형) / ③ 소비자 주권형(민간 의료보험형)

(5) John Fry의 보건의료체계*

구분	자유방임형	사회보장형	사회주의형
해당 국가	미국, 일본, 한국	영국, 캐나다	중국, 러시아, 북한
보건 의료	상품	사회 공유물	국가 소유물
정부 개입	최소한의 정부개입, 민간 주도	정부 및 사회 주도	국가 주도
재원 조달	민간 의료보험	조세	조세
의료비 지불	행위별수가제, 포괄수가제	봉급제, 인두제	봉급제
의료 시설	민간	정부, 민간	정부
의료전달의 체계화	-	++	++
의료조직의 관리통제	-	++	++
의료서비스의 질	++	+	-
의료서비스의 포괄성	-	++	++
의료 균형	-	++	++
선택의 자유	++	+	-
형평성	-	++	++
의료비 절감	-	++	++

DO IT

PART 07

각국의 보건의료제도

07 각국의 보건의료제도

Theme 01 미국의 보건의료제도★★

(1) 공적 제도

①★★★	65세 이상의 모든 노인과 신체장애자, 신장 이식과 신장 투석이 필요한 말기 신부전증 환자 등을 대상으로 실시
②	1965년에 도입된 제도로, 65세 미만의 저소득층과 장애인을 위한 것
아동 건강보험 프로그램	1997년 메디케이드에 가입할 수 있는 소득기준보다 높은 소득을 가졌지만 민간보험을 구매할 수 없는 저소득층의 아동을 위해 주정부에서 메디케이드 프로그램과 같이 운영하는 프로그램

answer ① Medicare / ② Medicaid

(2) 민간 건강보험(미국인의 67%가 가입)

①	① 지역주민에 대한 보건의료를 포괄적으로 제공하기 위하여 만들어진 민간 의료보험제도이다. ② HMO는 일반 의료보험제도와는 달리 보험자가 제3자의 지불 주체가 아니고, 의료 자체를 피보험자에게 직접 제공한다. 다시 말하면, 보험자와 의료제공자(의료기관)가 직접 결합하여 보험료 사전지불 방식으로 운영되는 회원제 의료보험 체계
②	HMO에서 제공하고 있는 선택 사항으로 HMO 조직망 외에서 의료서비스를 받을 수 있는 제도
③	입원 진료를 제공하기 위하여 설립된 제도
④	개업 의사들의 외래 진료를 해결할 목적으로 설립
⑤	1933년 댐 건설 노동자의 건강 관리를 위해 설립된 제도
⑥	동료심사위원회
⑦	의료보험자가 보험가입자의 의료기관 선택의 자유를 어느 정도 제한하고, 의료기관에 대해 일정한 수의 환자를 확보해 주는 대신에, 의료기관은 의료비 상승 억제에 대한 노력을 강화하고 의료비를 할인해 주는 제도
배상제도	미국의 전통적인 건강보험제도로 의사 또는 의료기관에 대한 선택이 자유로운 데 비해 본인 부담과 보험료가 비싼 편으로 현재 Blue Cross와 Blue Shield가 이에 해당된다.

answer ① HMO(Health Maintenance Organization) / ② POS(Point of Service) Plan / ③ Blue Cross / ④ Blue Shield
⑤ Kaiser Foundation / ⑥ PRO / ⑦ PPO(Preferred Provider's Organization, 의료제공자 위원회)

Theme 02 영국의 보건의료제도*

(1) 모든 영국 거주자는 NHS(1948년 설립)를 통해 병원, 의사, 정신건강 관리를 포함한 모든 공공 의료서비스를 무료로 받을 수 있다.
(2) 예산은 주로 일반 과세를 통해 조달되고, 지역사회 일반의 그룹인 임상 커미셔닝 그룹(CCGs)은 지역 내 의료서비스를 관리하고 비용을 지불하는 역할을 하고, 정부기관인 NHS는 191개의 임상 커미셔닝 그룹의 예산을 감독하고 배분한다.
(3) 대부분 영국 거주자는 NHS의 혜택을 받지만, 일부는 민간보험에 가입하기도 한다. 민간보험은 선택적 병원 시술에 대해 보다 빠르고 편리하게 서비스를 제공한다. 민간보험에 가입하더라도 NHS에 배제되는 것은 아니다.
(4) 의료전달체계
  ① 일반의는 민간 신분으로 정부에 소속되지 않고 계약을 통해 일차의료를 제공하고, 이차 의료의 문지기 역할을 한다.
  ② 지역주민들은 해당 지역의 일반의를 선택한다.
  ③ 일반의는 정부와 영국의사협회 사이의 계약에 따라 의료서비스를 제공하고, 60%는 필수 의료서비스 제공에 대한 인두제 방식으로 보상을 받고, 추가적인 부가서비스(예 고위험 집단의 백신)에 대해서는 행위별 수가제, 그리고 성과에 대해 약 10%를 인센티브로 보상받는다.
  ④ 전문의는 NHS 병원 소속으로 급여를 받게 되는데, 급여는 보건부와 영국의사협회의 계약에 의해 결정된다.

1차 진료 (개업의)	① 1차 진료는 대부분 관리주체가 임용한 의사, 치과의사, 안과의사 및 약사에 의해 수행되며, 일부 개업의가 여기에 포함됨 ② 1차 보건업무는 의사와 국민건강사업 소속 가정간호사, 조산사와 보건방문요원으로 구성된 팀에 의해서 이루어짐
2차 진료 (병원)	① 2차 진료는 NHS체제 내의 전문의에 의해 의료가 공급됨 ② 1차 보건의료를 담당하고 있는 일반의로부터 이송되어 온 환자의 진료를 담당

Theme 03 독일의 보건의료제도

(1) 1883년 비스마르크에 의해 질병보험법이 제정됨으로써, 세계 최초로 포괄적인 보건의료체계를 확립하였으며, 강제 보험성에 근거를 두고 탈중심화·다원화·자치적 체계 등의 특징을 가지고 있다.
(2) 독일에는 1,000개 이상의 질병 금고가 다양하게 존재하고 있으며, 국민의 90% 이상이 강제 의료보험 금고에 가입되어 있다.
(3) 전 국민의 유대감에 근거한 '연대성의 원리'에 기초하여 독일의 질병 금고는 설치되었다.

PART 08

사회보장제도

08. 사회보장제도

Theme 01 사회보장제도의 정의

(1) Beveridge의 정의*

① 사회보장의 아버지로, 1942년 '사회보험과 관련 서비스'라는 보고서를 제출하여 요람에서 무덤까지라는 영국 사회보장제도의 기초를 다지면서 사회보장을 "실업이나 질병 또는 부상으로 인하여 소득이 중단되었을 때를 대처하고 노령으로 인한 퇴직이나 타인의 사망으로 인한 부양 상실에 대비하며 출생, 사망, 결혼 등과 관련된 특별한 지출을 감당하기 위한 소득 보장을 의미한다."라고 정의하였다.
② 사회에는 5가지 해악이 있는데, 이는 빈곤, 질병, 무지, 불결, 나태 등으로 개인의 적이 아니고 인류 공동의 적이기 때문에 국가가 적극적으로 개입해야 한다고 주장하였다.

(2) 우리나라 법적 개념*

사회보장기본법 제3조
① "사회보장"이란 출산, 양육, 실업, 노령, 장애, 질병, 빈곤 및 사망 등의 사회적 위험으로부터 모든 국민을 보호하고 국민 삶의 질을 향상시키는 데 필요한 소득·서비스를 보장하는 사회보험, 공공부조, 사회서비스를 말한다.
② "사회보험"이란 국민에게 발생하는 사회적 위험을 보험의 방식으로 대처함으로써 국민의 건강과 소득을 보장하는 제도를 말한다.
③ "공공부조"(公共扶助)란 국가와 지방자치단체의 책임 하에 생활 유지 능력이 없거나 생활이 어려운 국민의 최저생활을 보장하고 자립을 지원하는 제도를 말한다.
④ "사회서비스"란 국가·지방자치단체 및 민간부문의 도움이 필요한 모든 국민에게 복지, 보건의료, 교육, 고용, 주거, 문화, 환경 등의 분야에서 인간다운 생활을 보장하고 상담, 재활, 돌봄, 정보의 제공, 관련 시설의 이용, 역량 개발, 사회참여 지원 등을 통하여 국민의 삶의 질이 향상되도록 지원하는 제도를 말한다.
⑤ "평생사회안전망"이란 생애주기에 걸쳐 보편적으로 충족되어야 하는 기본욕구와 특정한 사회위험에 의하여 발생하는 특수욕구를 동시에 고려하여 소득·서비스를 보장하는 맞춤형 사회보장제도를 말한다.
⑥ "사회보장 행정데이터"란 국가, 지방자치단체, 공공기관 및 법인이 법령에 따라 생성 또는 취득하여 관리하고 있는 자료 또는 정보로서 사회보장 정책 수행에 필요한 자료 또는 정보를 말한다.

Theme 02 사회보장의 원칙

(1) Beveridge의 원칙★★★

①	① 소득 상한성을 두지 않고 모든 국민들을 포괄하여야 한다. ② 민간보험처럼 면책 범위를 넓게 하거나 면책 조항을 엄격하게 제한을 두어서는 안 된다는 원칙이다.
②	근로자나 사용자가 지불하는 기여금은 그의 소득 수준에 관계없이 동일 금액으로 한다.
③	소득 상실 이전에 받고 있던 소득액의 과다에 상관없이 보험 급여의 액수가 동일해야 한다.
④	생존에 필요한 최소한의 소득을 보장해주는 데 목표를 두어야 한다
⑤	사회보장 제도는 전국적으로 통일된 기관에 의해 관장되어야 한다.
분류의 원칙	사회보험은 모든 국민을 포함하지만 몇 개의 범주로 나누어 접근하는 것이 좋다.

answer ① 적용범위 및 사고의 포괄성 원칙 / ② 균일한 기여금 / ③ 균일한 생계 급여 / ④ 급여의 적절성 / ⑤ 행정적 책임의 단일화

(2) ILO의 원칙★★

수혜 대상의 보편적 보호 원칙	임금 근로자는 물론이고 전체 국민을 대상으로 해야 한다.
비용 부담의 공평성 원칙	사회보장의 비용 부담은 국가 또는 사용자 혹은 양자 부담으로 해야 하며, 근로자 부담은 일정 수준을 넘어서는 안 된다.
보험의 급여 수준 및 급여 방법에 관한 원칙	① 비례 급여의 원칙 : 급여 수준은 각 개인이 사회적으로 영위하는 생활의 정도가 모두 다르기 때문에 그것에 상응하는 정도의 급여수준이 되어야 한다. ② 균일 급여의 원칙 : 보험급여는 어느 수급자에게도 동액의 급부를 행한다는 원칙으로 최서기준선까시는 누구라도 동일하게 확보시켜 준다는 뜻이다. ③ 부양 수준의 원칙 : 보험급여의 총액과 수익자의 자력을 합한 것이 최저 생활이 되도록 하려는 원칙이다. 따라서 이 원칙은 자산 조사를 요건으로 하는 공공부조의 규정이라고 볼 수 있다.

(4) 우리나라의 사회보장원칙

보편성
형평성
민주성
연계성 및 전문성

08. 사회보장제도

Theme 03 서양의 사회보장 역사

(1) 중세기

① 빈민의 지리적 이동 금지	
② 건강한 빈민의 노동 의무	
③ 영국 튜더왕조 : 1388년 구빈법	㉠ 구걸행위 면허제 실시 : 근로 능력이 없는 자에 대한 구호 허용 ㉡ 빈민에게 여행허가증 발급

(2) 근세기

영국	1601년 엘리자베스 구빈법(The Elizabethan Poor Law)★ ① 자격 있는 빈민(노동 능력이 있는 빈민) : 건강제 노역에 종사 ② 자격 없는 빈민(노동 능력이 없는 빈민) : 노령, 불구, 모자 세대 등으로, 구빈원에 입소시켜 집단 수용 또는 거처가 있는 자에 대해서는 예외적으로 현물 급여를 실시하고 거택 보호를 실시 ③ 빈곤 아동 등 : 빈곤 아동은 유·무료의 가정 위탁에 의해 보호하고, 어느 정도 노동력이 있는 8세 이상의 아동은 도시의 상공인들에게 맡겨 도제화 함 ④ 평가 : 억압을 통한 구제(구빈법이 아닌 빈민법), 노역에 시달림
독일	① '노동의 집' 설립1630년대에는 독일에 설립 → '노동의 집'은 18세기 감옥소로 전용

(3) 근대기

영국	① 공장법 제정(1802) ㉠ 최초의 노동자보호법(부인·아동 보호) ㉡ 19세기 여성과 아동의 노동시간 단축을 명시한 법 ② 신빈민법 제정(1834) ㉠ 빈민은 최하 수준 노동자의 생활 상황보다 열악해야 한다는 열등 처우의 원칙 적용 ㉡ 균일 처우의 원칙 : 전국 행정 수준 통일, 구빈 행정 중앙 집권화
독일	Bismarck : 당근과 채찍의 사회 정책 ① 당근 정책 : 질병 보험법(1883), 노동재해 보험법(1884), 노령·폐질·유족연금 보험법(1889) ② 채찍 정책 : 사회주의 진압법(1878)

(4) 현대기

영국	① 1942년 : 베버리지 보고서(요람에서 무덤으로)
	• 사회문제 5대 악 제시 : 무지(Ignorance)·질병(Disease)·불결(Squalor)·태만(Idleness)·빈곤(Want)
	• 사회보장 기본 원칙
	  - 정액 급여(균일한 생계급여의 원칙, flat-rate benefits)
	  - 정액 기여(균일 갹출의 원칙, flat-rate contribution)

	– 행정 책임 통합(unification of administrative responsibility) – 급여 충분성(급여 수준과 급여 지급기간의 충분성, adequate benefits) – 포괄성(전 국민 대상, 모든 사회적 위험 포괄, comprehensiveness) – 피보험자 분류화(대상 계층화의 원칙, classification)
미국	① '사회보장'이라는 용어 최초 사용 : F. D. Roosevelt 대통령은 1934년 6월 8일 미국 의회에 New Deal 정책을 설명하면서 'Social Security'라는 용어를 사용 ② 1935년 최초로 '사회보장법'을 제정

Theme 04 우리나라 사회보장의 역사

삼국시대	(1) 관곡의 배급 (2) 조세 감면 (3) 진대법
고려시대	(1) 공적 차원에서 상설 구빈기관으로 제위보, 흑창, 상평창, 유비창 등을 두었다. (2) 임시 구빈기관으로 동서제위도감, 구제도감, 구급도감 등을 두었다.
조선시대	(1) 빈민 구제는 왕의 책임이다. (2) 구제의 신속을 중시한다. (3) 구체적인 제도 : 비황 제도, 구황 제도, 구료 등
일제 식민지 시대	빈민 정책의 형성 및 전개
미군정 시대	국가적이거나 전문적인 차원에서 보다는 민간이며 자발적인 차원에서 수행되었다.
해방 이후 현재까지	입법연도 / 시행일 / 법률명 / 구분

입법연도	시행일	법률명	구분
1961.12.30.	1962.1.1.	생활보호법	공공부조
1963.	①	의료보험법	사회보험
1963.11.5.	②	산업재해보상보험법	사회보험
1973.12.24.	1988.	국민 연금법	사회보험
1977.12.31.	1977.	의료보호법	공공부조
1993.12.27.	③	고용보험법	사회보험
1999.9.17.	2000.10.1.	국민기초생활보장법	공공부조
2001.5.24.	2001.10.1.	의료급여법	공공부조
2007.4.27.	④	노인 장기요양보험법	사회보험
2007.7.27.	2008.1.1.	기초노령 연금법	공공부조
2014.5.20.	2014.7.1.	기초연금법	공공부조

answer ① 1977 / ② 1964 / ③ 1995 / ④ 2008

Theme 05 사회보장의 종류***

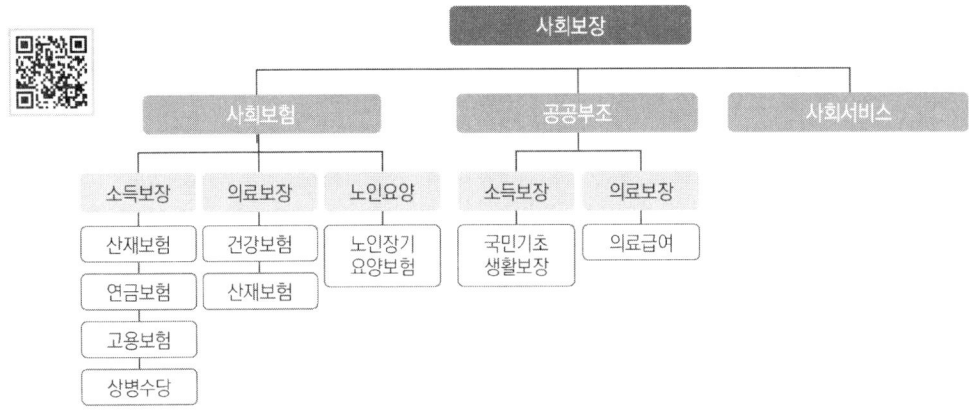

Theme 06 사회보험

개념		보험의 기전을 이용하여 일반 주민들을 질병, 상해, 폐질, 실업, 분만 등으로 인한 생활의 위협으로부터 보호하기 위하여 보험 가입을 의무화하며 기여금을 부과하거나 보험료를 각출하고 급여 내용을 규정하여 실시하는 제도
운영방식	일원형	사회보험 관리운영을 하나의 관리운영체계 하에서 관리하는 방식으로 영국이 그 대표적인 예
	분립형	사회보험이 관리하는 각종 위험을 보장기능별로 혹은 직능별 및 지역별로 관리하는 형태로서 독일이 그 대표적인 예
특성 ***	사회성	개인이나 특수 집단의 이익을 추구하기보다는 사회 전체의 공익을 추구하는 사회적 제도
	보험성	우발적 사고에 대비하기 위한 공동 부담의 원칙
	강제성	보험 수혜의 보편성 원칙을 살리기 위해 당연 적용이어야 함
	부양성	재원의 일부분은 보조금의 형식으로 국가나 지방자치단체가 부담하게 된다는 원칙

CHECK Point 소득 재분배 유형★★★

유형	내용
사적 재분배	민간부문 안에서 자발적인 동기에 의해 이루어지는 현금의 이전, 가족 구성원 간의 소득 이전, 친인척이나 친지 간의 소득 이전
공적 재분배	정부의 소득 이전, 사회보험, 사회복지서비스, 조세
수직적 재분배	부자에서 빈민으로 소득 이전, 공공 부조가 이에 해당
수평적 재분배	유사한 총소득을 가진 가족 간의 소득 이전, 건강보험, 고용보험, 산재보험 등
우발적 재분배	우발적인 사고(재해, 질병 등)를 당하지 않은 집단으로부터 우발적 사고를 당한 집단으로의 소득 이전
장기적 재분배	생애에 걸쳐 발생하는 재분배, 적립 방식의 연금
단기적 재분배	현재 드러난 사회적 욕구의 충족을 위해 현재의 자원을 사용하여 소득 재분배를 기하는 것
세대 내 재분배	젊은 시절의 소득을 적립해 놓았다가 노년기에 되찾는 것, 적립방식 연금★
세대 간 재분배	청년세대에서 노인세대로의 소득 이전, 부과방식 연금
지역 간 재분배	공간적 재분배, 장소 간의 재분배로 도시와 농촌, 상공업 지역과 농어촌 지역 간의 재분배를 말한다.

(1) 사회보험과 민간보험 차이점★★★

구분	사회보험	민간보험(사보험)
제도의 목적	최저 생계 또는 의료 보장	개인적 필요에 따른 보장
보험가입	①	②
부양성	국가 또는 사회 부양성	없음
수급권	법적 수급권	계약적 수급권
독점·경쟁	정부 및 공공기관의 독점	자유 경쟁
공공부담 여부	③	④
재원 부담	능력비례 부담	개인의 선택
보험료 부담방식	⑤	⑥
보험료 수준	⑦	⑧
보험자의 위험선택	할 수 없음	할 수 있음
급여 수준	⑨	⑩
보험사고 대상	⑪	⑫
성격	집단보험	개별보험
인플레이션 대책	가능	취약

answer ① 강제가입 / ② 임의가입 / ③ 불완전자조체계 / ④ 완전자조체계 / ⑤ 정률제 / ⑥ 정액제 / ⑦ 집단율(평균율) / ⑧ 위험률(경험률) / ⑨ 균등급여 / ⑩ 기여 비례보상 / ⑪ 주로 대인보험 / ⑫ 주로 대물보험

(2) 산업재해보상보험(산재보험)★★★
① 무과실 책임주의
② 자진 신고 및 자진 납부 원칙
③ 정률 보상제도
④ 사업주의 전액 부담
⑤ 산재보험 급여 종류별 수급 요건 및 급여 수준★★

급여 종류		수급 요건
①		산재로 인한 부상 또는 질병의 치료를 위하여 요양비를 지불(3일이내에 치유되는 부상, 질병일 경우에는 산재보험급여를 지급하지 않고 근로기준법에 의하여 사용자가 재해보상)
②		산재로 인한 휴일기간 중 지급(요양급여와 같이 '3일 이내'는 예외규정을 둠)
③	연금	산재로 인한 부상, 질병의 치유 후 장해가 남아 있으며 그 정도가 장해등급 1~7급인 경우 연금, 일시금 중 선택
	일시금	위와 같은 사유이며 장해등급 8~14급인 경우, 일시금
④	연금	재해노동자 사망시 유가족에게 연금 또는 일시금으로 지급
	일시금	
⑤		재해노동자 사망시 지급
⑥		요양급여를 받는 근로자가 요양을 시작한 지 2년이 지난 날 이후에 다음 각 호의 요건 모두에 해당하는 상태가 계속되면 휴업급여 대신 상병보상연금을 그 근로자에게 지급 1. 그 부상이나 질병이 치유되지 아니한 상태일 것 2. 그 부상이나 질병에 따른 중증요양상태의 정도가 대통령령으로 정하는 중증요양상태등급 기준에 해당할 것 3. 요양으로 인하여 취업하지 못하였을 것
⑦		보험가입자의 고의, 과실로 인한 재해시 재해노동자에게 산재보험법에 의한 보상에 더하여 민사배상에 갈음하여 유족특별급여, 장해특별급여 지급
⑧		요양급여 받은 자가 치유 후 상시 또는 수시로 간병이필요한 자
직업재활급여		제1급~제12급의 신체장애인, 취업하고 있지 아니한 사람, 다른 훈련을 받고 있지 아니한 사람

answer ① 요양급여 / ② 휴업급여 / ③ 장해급여 / ④ 유족급여 / ⑤ 장례비 / ⑥ 상병보상연금 / ⑦ 특별급여 / ⑧ 간병급여

(3) 국민연금제도

의의	① 공무원연금(1960) → 군인연금(1963) → 사립학교교원연금(1975) → 국민연금(1988) → 전 국민연금(1999) ② 세대 간 소득재분배
가입대상	국내에 거주하는 18세 이상 60세 미만의 자
원칙	① 강제 가입　　　　　　　　　　② 최저 수준의 보장 ③ 개별적 공평성과 사회적 적절성　④ 당연한 급여 권리
국민연금기금의 운용 원칙	① 수익성　　　② 안정성　　　③ 공공성 ④ 유동성　　　⑤ 지속가능성　⑥ 운용독립성

재정운영 방식	① 부과 방식 : 한 해 필요한 연금 총액을 가입자 수로 나눈 금액이 보험료로 부과되는 방식으로, 세대 간 형평성이 높으며 유럽의 사회보장제도가 이에 속한다. ② 적립 방식 : 가입자가 자신의 연금액을 미리 적립해 두는 방식으로, 재정 안정성이 높다. ※ 우리나라 : 적립 방식이지만 일부 연금액은 후세대 보험료에 의존하는 세대 간 부양 방식의 성격도 지니기 때문에 '수정 적립 방식'이라 할 수 있다.	
급여 종류	연금의 종류	수급 요건
	노령 연금 — 완전 노령연금	20년 이상 가입한 자로서 60세에 달한 때(단, 선원 및 광부 등은 55세에 달한 때)
	감액 노령연금	10년 이상 20년 미만 가입자로서 60세에 달한 때(단, 선원 및 광부 등은 55세에 달한 때)
	재직자 노령연금	10년 이상 가입한 자로서 소득이 있는 업무에 종사하고 있는 경우 60세 이상 65세 미만의 기간 동안 지급(단, 선원 및 광부 등은 55세 이상 60세 미만)
	조기 노령연금	10년 이상 가입한 자로서 55세 이상인 자가 소득이 있는 업무에 종사하지 아니하는 경우, 60세에 달하지 않더라도 본인의 희망에 의해 그가 생존하는 동안 지급
	특례 노령연금	1999년 4월 1일 현재 50세 이상 60세 미만인 자로서 ① 60세가 되기 전에 5년 이상 10년 미만 가입한 자는 60세가 되는 날 ② 60세가 된 후에 가입기간이 5년 이상이 되는 자는 가입자 자격을 상실한 날(65세)부터 지급
	장애연금	가입자 또는 가입자였던 자가 질병이나 부상으로 신체상 또는 정신상의 장애가 있고 요건을 모두 충족하는 경우에는 장애 정도를 결정하는 기준이 되는 날(장애결정 기준일)부터 그 장애가 계속되는 기간 동안 장애 정도에 따라 장애 연금을 지급
	유족연금	다음의 어느 하나에 해당하는 사람이 사망하면 그 유족에게 유족연금을 지급한다. 1. 노령연금 수급권자 2. 가입 기간이 10년 이상인 가입자 또는 가입자였던 자 3. 연금보험료를 낸 기간이 가입 대상기간의 3분의 1 이상인 가입자 또는 가입자였던 자 4. 사망일 5년 전부터 사망일까지의 기간 중 연금보험료를 낸 기간이 3년 이상인 가입자 또는 가입자였던 자. 다만, 가입 대상기간 중 체납 기간이 3년 이상인 사람은 제외한다. 5. 장애 등급이 2급 이상인 장애연금 수급권자
	반환 일시금	가입자 또는 가입자였던 자가 다음의 어느 하나에 해당하게 되면 본인이나 그 유족의 청구에 의하여 반환 일시금을 지급받을 수 있다. 1. 가입 기간이 10년 미만인 자가 60세가 된 때 2. 가입자 또는 가입자였던 자가 사망한 때. 다만, 유족연금이 지급되는 경우에는 그러하지 아니하다. 3. 국적을 상실하거나 국외로 이주한 때

(4) 고용보험제도

목적	실직근로자에게 실업급여를 지급하는 전통적 의미의 실업보험 사업 외에 적극적인 취업 알선을 통한 재취업의 촉진과 근로자의 고용 안정을 위한 고용안정 사업, 근로자의 직업능력개발 사업 등을 상호 연계하여 실시하는 사회보험제도
보험 가입자	사업주와 근로자
급여항목	**고용 안전사업**: 근로자를 감원하지 않고 고용을 유지하거나 실직자를 채용하여 고용을 늘리는 사업주에게 비용의 일부를 지원하는 제도
	직업능력 개발사업: 사업주가 근로자에게 직업 훈련을 실시하거나 근로자가 자기 개발을 위해 훈련을 받을 경우 사업주 또는 근로자에게 일정 비용을 지원하는 제도
	실업급여 사업: 근로자가 실직하였을 경우 일정 기간 동안 실직자와 그 가족의 생활 안정, 원활한 구직 활동을 위하여 실업급여를 제공하는 제도로, 실업급여를 수급받기 위해서 실직자는 고용노동부 지방사무소에 구직 신청을 하고 매 2주마다 노동 관서에 출두하여 자신의 구직 활동을 입증하여야 한다.

(5) 노인장기요양보험법★★★

제2조	(정의) 이 법에서 사용하는 용어의 정의는 다음과 같다. 〈개정 2018. 12. 11.〉 1. "노인등"이란 65세 이상의 노인 또는 65세 미만의 자로서 치매・뇌혈관성질환 등 대통령령으로 정하는 노인성 질병을 가진 자를 말한다. 2. "장기요양급여"란 제15조제2항에 따라 6개월 이상 동안 혼자서 일상생활을 수행하기 어렵다고 인정되는 자에게 신체활동・가사활동의 지원 또는 간병 등의 서비스나 이에 갈음하여 지급하는 현금 등을 말한다.
제3조	(장기요양급여 제공의 기본원칙) ① 장기요양급여는 노인등이 자신의 의사와 능력에 따라 최대한 자립적으로 일상생활을 수행할 수 있도록 제공하여야 한다. 〈신설 2018. 12. 11.〉 ② 장기요양급여는 노인등의 심신상태・생활환경과 노인등 및 그 가족의 욕구・선택을 종합적으로 고려하여 필요한 범위 안에서 이를 적정하게 제공하여야 한다. 〈개정 2018. 12. 11.〉 ③ 장기요양급여는 노인등이 가족과 함께 생활하면서 가정에서 장기요양을 받는 재가급여를 우선적으로 제공하여야 한다. 〈개정 2018. 12. 11.〉 ④ 장기요양급여는 노인등의 심신상태나 건강 등이 악화되지 아니하도록 의료서비스와 연계하여 이를 제공하여야 한다.
제7조	(장기요양보험)★ ① 장기요양보험사업은 보건복지부장관이 관장한다. ② 장기요양보험사업의 보험자는 공단으로 한다. ③ 장기요양보험의 가입자(이하 "장기요양보험가입자"라 한다)는 「국민건강보험법」 제5조 및 제109조에 따른 가입자로 한다.
제8조	(장기요양보험료의 징수) ① 공단은 장기요양사업에 사용되는 비용에 충당하기 위하여 장기요양보험료를 징수한다.

	② 제1항에 따른 장기요양보험료는 「국민건강보험법」 제69조에 따른 보험료(이하 이 조에서 "건강보험료"라 한다)와 통합하여 징수한다. 이 경우 공단은 장기요양보험료와 건강보험료를 구분하여 고지하여야 한다. ③ 공단은 제2항에 따라 통합 징수한 장기요양보험료와 건강보험료를 각각의 독립회계로 관리하여야 한다.
제9조	(장기요양보험료의 산정) ① 장기요양보험료는 「국민건강보험법」 제69조제4항·제5항 및 제109조제9항 단서에 따라 산정한 보험료액에서 같은 법 제74조 또는 제75조에 따라 경감 또는 면제되는 비용을 공제한 금액에 같은 법 제73조제1항에 따른 건강보험료율 대비 장기요양보험료율의 비율을 곱하여 산정한 금액으로 한다. ③ ①에도 불구하고 장기요양보험의 특성을 고려하여 「국민건강보험법」 제74조 또는 제75조에 따라 경감 또는 면제되는 비용을 달리 적용할 필요가 있는 경우에는 대통령령으로 정하는 바에 따라 경감 또는 면제되는 비용의 공제 수준을 달리 정할 수 있다.
제12조	(장기요양인정의 신청자격) 장기요양인정을 신청할 수 있는 자는 노인등으로서 다음 각 호의 어느 하나에 해당하는 자격을 갖추어야 한다. 1. 장기요양보험가입자 또는 그 피부양자 2. 「의료급여법」 제3조제1항에 따른 수급권자(이하 "의료급여수급권자"라 한다)

제14조	(장기요양인정 신청의 조사)
	① 공단은 제13조제1항에 따라 신청서를 접수한 때 보건복지부령으로 정하는 바에 따라 소속 직원으로 하여금 다음 각 호의 사항을 조사하게 하여야 한다. 다만, 지리적 사정 등으로 직접 조사하기 어려운 경우 또는 조사에 필요하다고 인정하는 경우 특별자치시·특별자치도·시·군·구(자치구를 말한다. 이하 같다)에 대하여 조사를 의뢰하거나 공동으로 조사할 것을 요청할 수 있다. 〈개정 2013. 8. 13.〉
	  1. 신청인의 심신상태
	  2. 신청인에게 필요한 장기요양급여의 종류 및 내용
	  3. 그 밖에 장기요양에 관하여 필요한 사항으로서 보건복지부령으로 정하는 사항

제16조	(장기요양등급판정기간) ① 등급판정위원회는 신청인이 신청서를 제출한 날부터 30일 이내에 제15조에 따른 장기요양등급판정을 완료하여야 한다. 다만, 신청인에 대한 정밀조사가 필요한 경우 등 기간 이내에 등급판정을 완료할 수 없는 부득이한 사유가 있는 경우 30일 이내의 범위에서 이를 연장할 수 있다.

제19조	(장기요양인정의 유효기간)
	① 제15조에 따른 장기요양인정의 유효기간은 최소 1년이상으로서 대통령령으로 정한다.
	장기요양인정 유효기간(시행령 제8조)
	① 법 제19조 제1항에 따른 장기요양인정 유효기간은 2년으로 한다. 다만, 법 제20조에 따른 장기요양인정의 갱신 결과 직전 등급과 같은 등급으로 판정된 경우에는 그 갱신된 장기요양인정의 유효기간은 다음 각 호의 구분에 따른다. 〈개정 2020.7.14.〉
	  1. 장기요양 1등급의 경우 : 4년
	  2. 장기요양 2등급부터 4등급까지의 경우 : 3년
	  3. 장기요양 5등급 및 인지지원등급의 경우 : 2년
	② 법 제52조에 따른 장기요양등급판정위원회(이하 "등급판정위원회"라 한다)는 제1항에도 불구하고 장기요양 신청인의 심신상태 등을 고려하여 장기요양인정 유효기간을 6개월의 범위에서 늘리거나 줄일 수 있다.

제20조	(장기요양인정의 갱신) ① 수급자는 제19조에 따른 장기요양인정의 유효기간이 만료된 후 장기요양급여를 계속하여 받고자 하는 경우 공단에 장기요양인정의 갱신을 신청하여야 한다. ② 제1항에 따른 장기요양인정의 갱신 신청은 유효기간이 만료되기 전 30일까지 이를 완료하여야 한다.		
제23조	(장기요양급여의 종류)		
	재가급여	①	장기요양요원이 수급자의 가정 등을 방문하여 신체활동 및 가사활동 등을 지원하는 장기요양급여
		②	장기요양요원이 목욕설비를 갖춘 장비를 이용하여 수급자의 가정 등을 방문하여 목욕을 제공하는 장기요양급여
		③	장기요양요원인 간호사 등이 의사, 한의사 또는 치과의사의 지시서에 따라 수급자의 가정 등을 방문하여 간호, 진료의 보조, 요양에 관한 상담 또는 구강위생 등을 제공하는 장기요양급여
		④	수급자를 하루 중 일정한 시간 동안 장기요양기관에 보호해 신체활동 지원 및 심신기능의 유지·향상을 위한 교육·훈련 등을 제공하는 장기요양급여
		⑤	수급자를 보건복지부령으로 정하는 범위 안에서 일정 기간 동안 장기요양기관에 보호하여 신체활동 지원 및 심신기능의 유지·향상을 위한 교육·훈련 등을 제공하는 장기요양급여
		기타 재가급여	수급자의 일상생활·신체활동 지원 및 인지기능의 유지·향상에 필요한 용구(소프트웨어를 포함한다)를 제공하거나 가정을 방문하여 재활에 관한 지원 등을 제공하는 장기요양급여로써 대통령령으로 정하는 것
	⑥		장기요양기관에 장기간 입소한 신체활동 지원 및 심신기능의 유지·향상을 위한 교육·훈련 등을 제공하는 장기요양급여
	⑦	가족요양비	가족장기요양급여
		특례요양비	특례장기요양급여
		요양병원 간병비	요양병원장기 요양급여

answer ① 방문요양 / ② 방문목욕 / ③ 방문간호 / ④ 주·야간보호 / ⑤ 단기보호 / ⑥ 시설 급여 / ⑦ 특별현금 급여

제40조	(본인부담금) ① 제23조에 따른 장기요양급여(특별현금급여는 제외한다. 이하 이 조에서 같다)를 받는 자는 대통령령으로 정하는 바에 따라 비용의 일부를 본인이 부담한다. 이 경우 장기요양급여를 받는 수급자의 장기요양등급, 이용하는 장기요양급여의 종류 및 수준 등에 따라 본인부담의 수준을 달리 정할 수 있다. 〈개정 2021. 12. 21.〉 ② 제1항에도 불구하고 수급자 중 「의료급여법」 제3조제1항제1호에 따른 수급자는 본인부담금을 부담하지 아니한다. 〈신설 2021. 12. 21.〉 ④ 다음 각 호의 어느 하나에 해당하는 자에 대해서는 본인부담금의 100분의 60의 범위에서 보건복지부장관이 정하는 바에 따라 차등하여 감경할 수 있다. 〈개정 2009. 5. 21., 2010. 3. 17., 2018. 3. 27., 2018. 12. 11., 2021. 12. 21.〉 1. 「의료급여법」 제3조제1항제2호부터 제9호까지의 규정에 따른 수급권자 2. 소득·재산 등이 보건복지부장관이 정하여 고시하는 일정 금액 이하인 자. 다만, 도서·벽지·농어촌 등의 지역에 거주하는 자에 대하여 따로 금액을 정할 수 있다. 3. 천재지변 등 보건복지부령으로 정하는 사유로 인하여 생계가 곤란한 자

	(등급 판정기준)		
령 제7조		심신의 기능상태	장기요양 인정점수
	1등급	일상생활에서 (①)으로 다른 사람의 도움이 필요한 상태	⑤
	2등급	일상생활에서 (②) 다른 사람의 도움이 필요한 상태	⑥
	3등급	일상생활에서 (③)으로 다른 사람의 도움이 필요한 상태	⑦
	4등급	일상생활에서 (④) 다른 사람의 도움이 필요한 자	⑧
	5등급	치매환자	⑨
	장기요양 인지지원등급	치매환자로서 장기요양인정 점수가 45점 미만인 자	45점 미만
	answer ① 전적 / ② 상당부분 / ③ 부분적 / ④ 일정 부분 / ⑤ 95점 이상 / ⑥ 75점 이상 95점 미만인 자 ⑦ 60점 이상 75점 미만인 자 / ⑧ 51점 이상 60점 미만인 자 / ⑨ 45점 이상 51점 미만인 자		
서비스 이용절차	(공단 각 지사별 장기요양센터)에 신청 → (공단직원) 방문조사 → (등급판정위원회) 장기요양 인정 및 등급판정 → (장기요양센터) 장기요양인정서 및 표준장기요양이용계획서 통보 → (장기요양기관) 서비스 이용		

CHECK Point 우리나라 5대 사회 보험의 종류와 특성 ★★★

구분	산업재해보상보험	건강보험	국민연금	고용보험	노인장기요양보험
도입연도	①	②	③	④	⑤
적용대상	1인 이상 근로자	1인 이상 근로자, 농어민, 도시자영자	1인 이상 근로자, 농어민, 도시자영자	1인 이상 근로자	65세 이상 노인, 65세 미만 노인성 질환자
관리부	근로복지공단	국민건강보험공단	국민연금공단	고용노동부	국민건강보험공단
주무부서	고용노동부	보건복지부	보건복지부	고용노동부	보건복지부

answer ① 1964년 / ② 1977년 / ③ 1988년 / ④ 1995년 / ⑤ 2008년

Theme 07 공공부조★★

특징	(1) 공적 프로그램 (2) 선별적 프로그램 : 엄격한 자산 조사와 상황 조사를 거쳐 선별 (3) 보충적 제도 : 사회보험은 제1차적인 사회안전망 역할을 하며, 공공 부조는 제2차적 사회 안전망 역할 (4) 최저 생활을 유지할 수 있도록 보호해 주는 제도 (5) 일반 조세 수입으로 충당 (6) 구분 처우 : 근로 능력이 있는 자와 없는 자를 구분 (7) 사회불안의 통제 역할 : 사회적 불안기에 수혜 대상자를 증가시켜 불만 계층의 욕구를 해소시켜 주어 사회적 불안을 통제한 (8) 빈곤의 함정 : 대상자에서 제외될 때 수입이 증가되지 않는다. 즉, 낭떠러지 효과(소득 증가로 급여가 감소되는 현상)가 나타난다.

기본원리	(1) 국가책임의 원리 (2) 자립 보장의 원리(자활 조성의 원리) : 대상자들이 자력으로 사회생활에 적응하도록 조력한다. (3) 최저 생활 보장의 원리 : 최소한의 욕구가 충족되도록 보호해야 한다. (4) 생존권 보장의 원리 : 건강하고 문화적인 최소한의 생활을 보호해야 한다. (5) 보충성(보완성)의 원리 : 일차적으로는 개인이 책임지고 국가는 이를 보충해 주는 정도에 그쳐야 한다. (6) 무차별(평등)의 원리 : 빈곤의 원인, 성별, 인종, 종교 등에 관계없이 평등하게 지원하여야 한다. (7) 국가부담의 원리 (8) 보장청구권의 원리
국민기초 생활보장법 제 7조	(급여의 종류) 1. 생계급여 2. 주거급여 3. 의료급여 4. 교육급여 5. 해산급여(解産給與) 6. 장제급여(葬祭給與) 7. 자활급여

공공부조와 사회보험 ★★★

구분	공공 부조	사회 보험
기원	빈민법에서 기원	공제조합에서 기원
목적	빈곤의 완화	빈곤을 예방하고 모든 계층의 경제적 비 보장을 경감
재정 예측성	곤란	용이
자산 조사	반드시 필요	불필요
지불 능력	보험료 지불능력이 없는 국민	보험료 지불능력이 있는 국민
개별성	의료, 질병, 실업, 노동 재해, 폐질 등을 종합하여 하나의 제도로 행함	의료, 질병, 실업, 노동 재해, 폐질 등을 개별적으로 제도화
재원	조세로 재정 확보	가입자의 보험료
대상	일정 기준 해당자(적음)	모든 참여자(많음)
급여 수준	필요한 사람에게 지급하되 최저 필요 범위 한정	자격을 갖춘 사람에게 급여 지급
사회보장에서의 위치	사회보장의 보완 장치	사회보장의 핵심

국민기초 생활보장과 의료급여 ★★★

구분	국민 기초생활 보장	의료 급여
근거법	1961. 생활보호법 1999. 국민기초생활보장법	1977. 의료보호법 2001. 의료급여법
급여	생계 급여, 의료 급여, 자활 급여, 교육 급여, 해산 급여, 주거 급여, 장제 급여	진찰, 치료, 처치, 수술, 분만, 약제 또는 치료 재료 급부, 의료시설에의 수용, 간호, 이송 등
전달체계	국가(보건복지부) → 시·도 → 시·군·구 → 읍·면·동 → 수급권자	국가(보건복지부) → 시·도 → 시·군·구 → 읍·면·동 → 수급권자
재원	국고	국고 및 지방비(의료급여 기금 : 시도)

PART 09

의료보장제도

09. 의료보장제도

Theme 01 의료보장의 개념

정의	개인의 능력으로 할 수 없는 의료 문제를 국가가 개입하여 사회적 연대책임으로 해결하고자 하는 것
기능★★	(1) 국민들의 노동생산성 향상과 이동성의 증대를 통해 경제성장을 증진시키는 기능을 한다. (2) 각종 위험이나 재해를 예방하거나 보호하는 기능을 한다. (3) 국민 화합에 이바지한다. (4) 경제 제도로부터 야기되는 소득의 불평등을 교정하는 기능도 한다. (5) 국민의 심리적인 안정감을 구축한다. | 일차적 기능	국민이 경제적 어려움을 느끼지 않는 범위 내에서 필수 의료를 확보해 주는 기능
이차적 기능	① 사회 연대성 제고 기능 ② 소득재분배 기능 ③ 비용의 형평성 기능 ④ 급여의 적정성 기능 ⑤ 위험 분산의 기능	
종류★	(1) 건강보험 (2) 의료급여 (3) 산업재해보상보험

Theme 02 의료보장제도의 유형(NHS vs NHI)

CHECK Point NHS와 NHI의 비교★★★

구분	NHS	NHI
적용대상 관리	전 국민을 일괄 적용	국민을 임금 소득자, 공무원, 자영업자 등으로 구분 관리
재원 조달	정부 일반조세	보험료, 일부 국고 지원
의료 기관	• 공공 의료기관 중심 • 의료의 사회화 전제	• 일반 의료기관 중심 • 의료의 사유화 전제
급여 내용	예방 중심적	치료 중심적
의료보수 산정방법	• 일반개원의는 인두제 • 병원급은 봉급제	의료기관과의 계약에 의한 행위별수가제
관리 기구	정부 기관(사회보험청 등)	보험자(조합 또는 금고)
해당 국가	영국, 스웨덴, 이탈리아, 캐나다, 덴마크 등	독일, 프랑스, 네덜란드, 일본, 한국 등
기본 철학	• 국민의료비에 대한 국가책임 견지 • 전 국민 보편 적용(국민의 정부의존 심화)	의료비에 대한 국민의 1차적 자기책임 의식 견지(국민의 정부의존 최소화)
국민의료비	의료비 통제효과 강함	의료비 억제기능 취약
보험료 형평성	• 조세에 의한 재원조달로 소득재분배효과 • 조세체계가 선진화되지 않은 경우 소득역진 초래	• 보험자 간 보험료 부담의 형평성 부족 • 보험자 간 재정불균형 파생

의료서비스	• 의료의 질 저하, 입원대기환자 급증 • 민간보험 가입경향 증가로 국민의 이중부담 초래	• 상대적으로 양질 의료 제공 • 첨단 의료기술 발전에 긍정적 영향
관리 운영	• 정부기관 직접 관리 • 관리운영비 절감	• 조합 중심 자율 운영 • 상대적으로 관리운영비 많이 소요

Theme 03 건강보험의 본질적 특징

(1) 건강보험에서의 보험 사고는 일반적으로 일시적 사고이다. 그러나 일시적 사고라고 할지라도 고의나 예측할 수 있는 사고 또는 교통 사고 등과 같이 가해자를 알 수 있는 사고는 제외된다.
　① 일시적 사고 : 질병, 상해, 출산 등
　② 영속적 사고 : 불구, 폐질, 노령 등
　③ 영구적 사고 : 사망
(2) 건강보험은 경제적 부담의 경감을 목표로 한다.
(3) 건강보험은 다수가 가입해야 한다.
(4) 보험사고는 예측이 불가능해야 한다.
(5) 건강보험의 보험료는 개인, 국가, 사용자가 일부 부담하는 것이 보통이다.

Theme 04 건강보험제도의 특성★★★

①	일정한 요건에 해당하는 사람은 누구나 의무적으로 가입하여야 한다.
②	건강보험 급여는 그 대상자의 성, 연령, 직업, 거주지 등 개인적 여건에 관계없이 수요에 따라 급여가 제공되는 것을 원칙
③	건강보험은 단기 보험이기 때문에 1회계 년도를 기준으로 수입과 지출을 예정하여 보험료를 계산하며 지급 조건과 지급액도 보험료 납입 기간과는 상관이 없고 지급 기간이 단기임
④	건강보험의 경우 그 비용은 수익자가 부담하고 이익도 수익자에게 환원
⑤	재원 조달은 수익자의 재산·소득에 따른 정률제를 택하고 있음
⑥	중대한 자기귀책 사유가 있다 하여도 의료의 필연, 필수성에 따라 적시에 적정 급여를 시행하고 사후에 그 책임을 분명히 하게 됨
⑦	의료는 인체의 생명과 직결되므로 가장 필요하고 적정한 급여가 제공되어야 함
⑧	건강보험은 적극적 의미의 건강 관리, 즉 질병 예방이 아닌 사후 치료적 영역에 속함
⑨	현행 건강보험제도 하에서는 급여 시행자, 급여 수령자, 비용 지급자가 상이한데, 이러한 3자 관계의 성립에 따라 급여비용 심사제도가 나타나게 됨
⑩	건강보험 대상자의 자격 취득과 상실은 현실적으로 사후 확인에 의해 그 권리 행사가 가능하지만 근본적으로 확인 행위 이전에 자격을 취득하였다고 보아야 함

answer ① 강제성 / ② 형평성 / ③ 예산의 균형성 / ④ 수익자 부담 원칙 / ⑤ 부담의 재산·소득비례 원칙 / ⑥ 급여 우선의 원칙
⑦ 적정급여의 원칙 / ⑧ 사후치료의 원칙 / ⑨ 3자 지불의 원칙 / ⑩ 발생주의 원칙

CHECK Point ⊕ 건강보험 재정관리의 원칙★

①	보험료의 총액과 보험급여의 총액이 균등해야 한다는 원칙
②	능력 비례에 따라 보험료를 산정하여야 한다는 원칙
③	직접적인 수익자 이외에 사회구성원 모두에게 보험료 등을 분담시킨다는 원칙
④	보험료로 갹출된 재원은 피보험자와 피부양자를 위한 보험 급여로만 활용되어야 한다는 원칙

answer ① 보험 재정수지 상등(균형)의 원칙(급부·반대급부 균등의 원칙) / ② 보험료 부담 공평성의 원칙
③ 보험료 비용분담의 원칙 / ④ 보험료 불가침의 원칙

Theme 05 의료제공 형태

①★	특성	① 가입자는 보험자에게 보험료를 지급하고 진료를 받은 경우에는 이용한 의료제공자에게 본인일부 부담금만을 지급하고 의료제공자가 나머지 진료비를 보험자에게 청구하고, 보험자가 이를 심사하여 지불하는 제3자 지불방식이 직접서비스형 ② 우리나라, 독일, 일본
	장점	① 저소득층의 의료 이용 수월 ② 의료공급체계의 합리화 촉진
	단점	① 피보험자의 의료기관 선택권 제한 ② 수진 남용 ③ 과잉 진료, 부당 청구
②★★	특성	① 가입자가 자유 의사에 따라 의료기관을 이용하고 진료비를 지불한 후 영수증을 보험자에게 제출하여 약정한 비율의 보험 급여를 상환 받게 되는 제도 ② 미국의 민영 보험회사, 프랑스, 벨기에, 스위스
	장점	① 환자가 진료비 전액을 직접 지불해야 하기 때문에 의료 남용이나 과잉 진료를 억제 ② 의료기관의 진료비 청구 부담을 제거 ③ 피보험자의 의료기관 선택권을 보장
	단점	① 의료 수요자에게는 여러 가지 번거로움을 줄 뿐 아니라 진료 시 돈이 없을 경우 필요한 의료이용이 억제되는 경우가 발생 ② 의료 공급체계의 합리화 촉진이 불가능
③★	특성	① 보험자가 의료기관을 직접 소유하거나 계약하여 가입자들에게 포괄적인 의료서비스를 제공함으로써 의료비를 절감하고자 하는 유형으로, 가입자들의 의료기관 선택의 기회가 없으며 의료서비스의 제공이 최소화되는 경향이 있을 수 있음 ② 남미 국가, 미국의 HMO, 독일의 총괄계약제, 부산 청십자 의원, 건강보험공단 일산병원

answer ① 현물 급여형(제3자 급여형, 의료서비스 급여형) / ② 현금 급여형(배상보험형, 상환형, 환불제) / ③ 변이형(혼합형, 직접형)

	장점	① 진료비 심사가 필요 없음 ② 행정 절차가 간편
	단점	① 의료인과 보험자 간 갈등이 발생 ② 피보험자의 의료기관 선택권이 제한 됨 ③ 의료서비스 제공량이 최소화

Theme 06 　본인일부 부담제★★★

①★		제3자 지불단체가 의료비의 일정 비율을 지불해 주고 본인이 나머지를 부담하는 제도
소액 정액제	②	의료이용 내용과 관계없이 이용하는 의료서비스 건당 일정액만 소비자가 부담하고 나머지는 보험자가 부담하는 제도
	③★	이용하는 의료서비스 건당 일정액만을 보험자가 부담하고 나머지는 환자가 지불하는 제도
④★★		의료비가 일정 수준에 이르기까지는 전혀 보험급여를 해 주지 않는 방법으로, 일정액까지는 피보험자가 비용을 지불하고 그 이상의 비용만 보험 급여로 인정하는 것
⑤		일정수준을 초과하는 보험진료비에 대해서는 보험급여를 해 주지 않는 제도
⑥		공제제와 정액제를 병용하여 본인부담액을 결정하는 제도

answer ① 본인부담 정률제 / ② 정액 부담제 / ③ 정액 수혜제 / ④ 비용 공제제 / ⑤ 급여 상한제 / ⑥ 혼합제

Theme 07 　진료비 보상제도★★★

분류	방식	장점	단점
① ★★★	• 제공된 의료서비스의 단위당가격에 서비스의 양을 곱한 만큼 보상하는 방식 • 의사의 시술내용에 따라 값을 정하며 의료를 공급하는 것 • 진료행위 자체가 기준	• 의료서비스의 양과 질의 확대 • 의료인의 재량권 확대(의료인의 자율보장) • 첨단 의·과학기술의 발달 유도 • 전문적인 의료수가 결정에 적합 • 가장 현실적이고 합리적임 • 원만한 의사, 환자관계 유지	• 의사의 수입과 행위가 직결되므로 과잉진료·의료남용 우려 • 의료비 지급에서는 과잉진료를 막기 위해 심사, 감사 또는 기타 방법을 동원하게 되어 행정적으로 복합적인 문제 발생 • 의료인과 보험자 간 갈등요인 소지 • 예방보다는 치료에 치중 • 기술지상주의 팽배 가능성 • 상급병원 후송 기피

answer ① 행위별 수가제(Fee for Service)

	특징	장점	단점
②	• 제공된 서비스의 양이나 사람 수에 관계없이 일정 기간에 따라 보상하는 방식	• 의사의 수입이 안정되고, 불필요한 경쟁 억제 가능 • 행정관리 용이 • 조직의료에 적합	• 진료 형식화, 관료화 우려 • 과소 서비스 공급 • 낮은 생산성 • 의료인의 자율성 저하
③	• 등록된 환자 또는 주민 수에 따라 일정액을 보상받는 방식	• 진료의 계속성이 증대되어 비용이 상대적으로 저렴 • 예방에 보다 많은 관심 • 행정적 업무절차 간편 • 의료남용을 줄일 수 있음 • 의료인 수입의 평준화 유도	• 환자의 선택권이 제한 • 서비스양을 최소화하는 경향 • 환자 후송·의뢰 증가 경향 • 고위험·고비용 환자 기피 • 고도의 전문의에게 적용 곤란 • 과소치료 경향
④★	• 환자의 종류당 총 보수단가를 설정하여 보상하는 방식	• 경제적인 진료 수행을 유도 • 병원업무의 표준화 　(진료의 표준화) • 예산통제 가능성 큼 • 부분적으로 적용 가능	• 서비스가 최소화되는 경향 • 서비스가 규격화되는 경향 • 의료행위에 대한 자율성 감소 • 합병증 발생 시 적용 곤란 • 과소진료의 우려 • 신규 의학기술에는 적용 어려움
⑤	• 지불자 측과 진료자 측이 진료보수 총액의 계약을 사전에 체결하는 방식 • 주로 독일에서 시행	• 총진료비의 억제가 가능하며, 과잉진료에 대한 자율적 억제 가능	• 매년 진료비 계약을 둘러싼 교섭의 어려움으로 의료제공의 혼란을 초래할 우려가 있으며, 새로운 기술의 도입 지연
⑥	• 우리나라에서 시행 • 진료행위별 금액으로 표시되어 있는 현재의 수가체계를 진료행위별 점수화하여 요양급여에 소요되는 시간·노력 등 업무량 측정 • 요양급여의 위험도를 고려하여 산출한 가치를 각 항목 간에 상대적 점수로 나타냄	미국의 Harvard 대학에서 고안된 투입자원에 근거한 행위별 수가 산정 모형인 자원기준 상대가치체계를 우리나라 사정에 맞도록 재고안한 것으로 의료행위를 분류할 때 의료서비스의 난이도를 고려하여 상대가치에 그 환산지수를 곱하여 수가를 산정하는 방식 ① 업무량 시간 : 의료행위를 수행하는 데 실제로 소요되는 시간 ② 업무량 강도 : 육체적 노력 및 의료적 기술, 정신적 노력, 스트레스의 세 가지 요소	

answer ② 봉급제(Salary) / ③ 인두제(Capitation) / ④ 포괄수가제(Case Payment)DRG - PPS
⑤ 총괄계약제(Negotiation System) / ⑥ 상대가치수가제(RBRVS)

CHECK Point Q 포괄 수가제 적용 질환(4개 진료과, 7개 질병군)★

① 안과 : 수정체 수술(백내장 수술)
② 이비인후과 : 편도 및 아데노이드 수술
③ 일반외과 : 항문 및 항문 주위 수술(치질 수술), 서혜 및 탈장 수술, 충수돌기염 수술(맹장염 수술)
④ 산부인과 : 자궁 및 자궁부속기 수술(악성종양 제외), 제왕절개 분만

Theme 08 건강보험의 조합제와 통합제

| ① | 보험대상자를 소득의 형태나 소득 파악률 등에 따라 집단별로 분류하여 각기 다른 건강보험 조합을 구성하여 관리·운영하는 방식 |
| ② | 보험 대상자를 한데 묶어 건강보험을 하나의 조직체(공단)로 관리·운영하는 방식 |

answer ① 조합주의 / ② 통합주의

 Theme 09 우리나라 건강보험제도의 특성

(1) 모든 국민을 보험법에 근거하여 강제로 가입시킴으로써 가입과 탈퇴의 자유선택권이 없다.
(2) 보험료는 경제적인 능력에 비례하여 부과하는 반면에, 보험급여는 모든 국민에게 동일하게 주어지도록 형평성을 유지하고 있다.
(3) 보험료 부과방식은 근로소득자와 자영업자로 이원화되어 있다.
(4) 모든 의료기관을 건강보험 요양기관으로 강제 지정하여 국민들의 의료에의 접근을 쉽게 하고 있다.
(5) 진료 보수의 경우 행위별 수가제도를 적용하며, 제3자 지불 방식으로 운용하고 있다.
(6) 단기 보험(1회계년도 기준의 보험료 계산)이다.★
(7) 예방보다 치료 중심의 급여제도이다.
(8) 단일 보험자체계(통합주의)이다. ↔ 조합주의
(9) 보건의료제도의 특징
  ① 의료공급 방식 : 민간 주도형
  ② 의료비 부담 방식 : 혼합형(가계, 사용자, 정부 등 제3자 지불 방식)
  ③ 관리통제 방식 : 자유방임형
  ④ 사회보장 형태 : NHI(사회보험 방식)
(10) 전통 의료와 현대 의료와의 상호 관계 : 병존형

CHECK Point 건강보험료의 재원체계

수입		지출	
보험료	80%	보험급여	94%
정부지원(14%)	20%		
국민건강증진기금(6%)		관리운영비	6%

CHECK Point 전통 의료와 현대 의료 관계(WHO)		
	제도적 기반 있음	제도적 없음
의술로 인정	①	②
의술로 불인정	③	④

answer ① 통합형 : 예 중국, 북한, 베트남 / ② 병존형(내포형) : 예 우리나라, 인도, 파키스탄
③ 용인형 : 예 일본, 영국, 독일, 홍콩, 싱가포르 / ④ 배타형 : 예 프랑스, 벨기에

(11) 우리나라 건강보험의 역사★★★

연도	시기	사건	내용
1963.11	임의 의료보험기	사회보장에 관한 법률	
1963.12		의료보험 제정	임의적용 방식으로 사회여건에 맞지 않아 유명무실
①	사회보험으로 의료보험 확장기	전문개정	500인 이상 사업장과 공업단지 근로자 강제 적용
1979.1		전문개정	공·교 의료보험 실시
1987			한방의료보험
1988			농어촌 지역의료보험제도의 실시
②	전 국민 의료보험기	전 국민 의료보험 실시	• 약국 의료보험 전면 실시 • 도시지역 의료보험 실시로 전 국민 의료보험 실시 (직장의료보험, 공무원 및 사립학교 교직원 의료보험, 지역의료보험으로 운영)
③	통합 의료보험기	국민의료보험법 시행	공무원 및 사립학교 교직원 의료보험과 227개 지역 의료보험이 통합(1차 의료보험 조직 통합)
④		국민건강보험법 시행	• 의약분업 시행, 지역과 직장보험의 통합 (2차 의료보험 조직 통합) • 국민건강보험공단 및 건강보험심사평가원 업무 개시
2001.1			행위별 상대가치 수가체계 및 수가계약제 시행
⑤			직장가입자와 지역가입자의 재정 통합 (3차 의료보험 조직 통합)
2007.4		노인장기요양보험법 제정	⑥ 노인장기요양보험 시행
2011.1			사회보험 통합 징수

answer ① 1977.7. / ② 1989. / ③ 1998.10. / ④ 2000.7. / ⑤ 2003. / ⑥ 2008.7.

① 가입자 및 피부양자

적용대상	국내에 거주하는 국민은 건강보험의 가입자 또는 피부양자가 된다.
가입자의 종류	직장가입자와 지역가입자
가입자의 자격취득 시기	국내에 거주하게 된 날에 직장가입자 또는 지역가입자의 자격을 얻는다.
가입자의 자격상실 시기	국내에 거주하게 된 날에 직장가입자 또는 지역가입자의 자격을 얻는다. ㉠ 사망한 날의 다음 날 ㉡ 국적을 잃은 날의 다음 날 ㉢ 국내에 거주하지 아니하게 된 날의 다음 날 ㉣ 직장가입자의 피부양자가 된 날 ㉤ 수급권자가 된 날 ㉥ 건강보험을 적용받고 있던 사람이 유공자 등 의료보호대상자가 되어 건강보험의 적용배제신청을 한 날
피부양자	㉠ 직장가입자의 배우자 ㉡ 직장가입자의 직계존속(배우자의 직계존속 포함) → 부모, 장인·장모, 시부모 등 ㉢ 직장가입자의 직계비속(배우자의 직계비속 포함)과 그 배우자 → 자녀, 손자, 손녀, 며느리, 사위 등 ㉣ 직장가입자의 형제·자매

② 급여의 종류

요양급여	가입자 및 피부양자의 질병·부상·출산 등에 대하여 요양급여를 실시 ㉠ 진찰·검사 ㉡ 약제·치료재료의 지급 ㉢ 처치·수술 기타의 치료 ㉣ 예방·재활 ㉤ 입원 ㉥ 간호 ㉦ 이송	
건강검진	일반건강검진	직장가입자, 세대주인 지역가입자, 20세 이상인 지역가입자 및 20세 이상인 피부양자
	암검진	제1호에 따른 대상자 중 암종별 특성을 고려하여 검진이 필요한 자로서 보건복지부장관이 정하여 고시하는 자
	영유아건강검진	6세 미만의 가입자 및 피부양자
부가급여	㉠ 법 제50조에 따른 부가급여는 임신·출산(유산 및 사산 포함) 진료비로 한다. ㉡ 지원 대상 ⓐ 임신·출산한 가입자 또는 피부양자 ⓑ 2세 미만인 가입자 또는 피부양자("2세 미만 영유아")의 법정대리인(출산한 가입자 또는 피부양자가 사망한 경우에 한정) ㉢ 이용권으로 결제할 수 있는 금액의 상한은 다음과 같다. ⓐ 하나의 태아를 임신·출산한 경우 : 100만원 ⓑ 둘 이상의 태아를 임신·출산한 경우 : 140만원	
선별급여	요양급여를 결정함에 있어 경제성 또는 치료 효과성 등이 불확실하여 그 검증을 위하여 추가적인 근거가 필요하거나, 경제성이 낮아도 가입자와 피부양자의 건강 회복에 잠재적 이득이 있는 등 대통령령으로 정하는 경우에는 예비적인 요양급여인 선별급여로 지정하여 실시할 수 있다.	

급여의 제한	㉠ 고의 또는 중대한 과실로 인한 범죄행위에 기인하거나 고의로 사고를 발생시킨 때 ㉡ 고의 또는 중대한 과실로 공단이나 요양기관의 요양에 관한 지시에 따르지 않은 때 ㉢ 고의 또는 중대한 과실로 문서 기타 물건의 제출을 거부하거나 질문 또는 진단을 기피한 때 ㉣ 업무 상 또는 공무 상 질병·부상·재해로 인하여 다른 법령에 의한 보험급여나 보상 또는 보상을 받게 되는 때	
급여의 정지	㉠ 국외에 체류하는 경우 ㉡ 「병역법」의 규정에 의한 현역병(지원에 의하지 아니하고 임용된 하사를 포함), 전환 복무된 사람 및 무관후보생 ㉢ 교도소 기타 이에 준하는 시설에 수용되어 있을 때	

<6대 암검진 권고 암(암관리법 시행령 [별표 1])> ★★★

암의 종류	검진 주기	연령 기준 등
위암	①	40세 이상의 남·여
간암	②	40세 이상의 남·여 중 간암 발생 고위험군
대장암	③	(⑤)세 이상의 남·여
유방암	④	40세 이상의 여성
자궁경부암	2년	(⑥)세 이상의 여성
폐암	2년	(⑦)세 이상 (⑧)세 이하의 남·여 중 폐암 발생 고위험군

answer ① 2년 / ② 6개월 / ③ 1년 / ④ 2년 / ⑤ 50 / ⑥ 20 / ⑦ 54 / ⑧ 74

[비고]
1. "간암 발생 고위험군"이란 간경변증, B형간염 항원 양성, C형간염 항체 양성, B형 또는 C형 간염 바이러스에 의한 만성 간질환 환자를 말한다.
2. "폐암 발생 고위험군"이란 30갑년[하루 평균 담배소비량(갑) × 흡연 기간(년)] 이상의 흡연력(吸煙歷)을 가진 현재 흡연자와 폐암 검진의 필요성이 높아 보건복지부장관이 정하여 고시하는 사람을 말한다.

구분	내용	종류	급여방법	수급권자
법정급여		요양급여	현물급여	가입자 및 피부양자
		건강진단	현물급여	가입자 및 20세 이상 피부양자
		요양비	현금급여	가입자 및 피부양자
		장애인 보장구 급여비	현금급여	등록장애인
		본인부담환급금	현금급여	가입자 및 피부양자
		본인부담보상금	현금급여	가입자 및 피부양자
임의급여		임신·출산 진료비	이용권	가입자 및 피부양자

CHECK Point 🔍 본인부담 상한제(본인부담 보상금) ★

국민건강보험법 제44조(비용의 일부부담) 본인이 연간 부담하는 본인일부부담금의 총액이 대통령령으로 정하는 금액(이하 이 조에서 "본인부담상한액"이라 한다)을 초과한 경우에는 공단이 그 초과 금액을 부담하여야 한다.

③ 요양기관

요양기관 ★★	요양급여(간호, 이송 제외)는 다음의 요양기관에서 실시한다(국민건강보험법 제42조 제1항). ㉠ 「의료법」에 따라 개설된 의료기관 ㉡ 「약사법」에 따라 등록된 약국 ㉢ 「약사법」 제91조에 따라 설립된 한국희귀·필수의약품센터 ㉣ 「지역보건법」에 따른 보건소, 보건의료원, 보건지소 ㉤ 「농어촌 등 보건의료를 위한 특별조치법」에 따라 설립된 보건진료소
요양기관에서 제외되는 의료기관 등(동법 시행령 제18조 제1항)	㉠ 「의료법」 제35조에 따라 개설된 부속 의료기관 ㉡ 「사회복지사업법」 제34조에 따른 사회복지시설에 수용된 사람의 진료를 주된 목적으로 개설된 의료기관 ㉢ 본인일부 부담금을 받지 아니하거나 경감하여 받는 등의 방법으로 가입자나 피부양자를 유인(誘引)하는 행위 또는 이와 관련하여 과잉 진료행위를 하거나 부당하게 많은 진료비를 요구하는 행위를 하여 다음의 어느 하나에 해당하는 업무정지 처분 등을 받은 의료기관 • 업무정지 또는 과징금 처분을 5년 동안에 2회 이상 받은 의료기관 • 「의료법」 제66조에 따른 면허 자격정지 처분을 5년 동안 2회 이상 받은 의료인이 개설·운영하는 의료기관 ㉣ 업무정지 처분 절차가 진행 중이거나 업무정지 처분을 받은 요양기관의 개설자가 개설한 의료기관 또는 약국

④ 보험료

직장가입자의 보험료	㉠ 보수월액 × 보험료율 ㉡ 소득월액 × 보험료율

지역가입자의 보험료	㉠ 다음 각 호의 구분에 따라 산정한 금액을 합산한 금액으로 하며 세대 단위로 산정
	  1. 소득 : 소득월액 × 보험료율
	  2. 재산 : 재산보험료부과점수 × 점수당 금액
	㉡ 소득월액은 지역가입자의 연간 소득을 12개월로 나눈 값을 보건복지부령으로 정하는 바에 따라 평가하여 산정
	㉢ 재산보험료부과점수는 지역가입자의 재산을 기준으로 산정한다. 다만, 대통령령으로 정하는 지역가입자가 실제 거주를 목적으로 대통령령으로 정하는 기준 이하의 주택을 구입 또는 임차하기 위하여 다음 각 호의 어느 하나에 해당하는 대출을 받고 그 사실을 공단에 통보하는 경우에는 해당 대출금액을 대통령령으로 정하는 바에 따라 평가하여 재산보험료부과점수 산정 시 제외한다.
	  1. 「금융실명거래 및 비밀보장에 관한 법률」 제2조 제1호에 따른 금융회사등(이하 "금융회사등"이라 한다)으로부터 받은 대출
	  2. 「주택도시기금법」에 따른 주택도시기금을 재원으로 하는 대출 등 보건복지부장관이 정하여 고시하는 대출
	㉣ 보험료 부담방식 : 가입자가 속한 세대의 지역가입자 전원이 연대하여 부담

보험료의 경감	㉠ 섬·벽지·농어촌 등 대통령령이 정하는 지역에 거주하는 사람 ㉡ 65세 이상인 사람 ㉢ 「장애인복지법」에 따라 등록한 장애인 ㉣ 국가유공자 ㉤ 휴직자 ㉥ 그 밖에 생활이 어렵거나 천재지변 등의 사유로 보험료의 경감이 필요하다고 보건복지부장관이 정하여 고시하는 사람	
보험료의 면제	㉠ 국외에 체류하고 있는 경우(다만, 국내에 거주하는 피부양자가 없는 때에 한함) ㉡ 병역법에 따른 현역병(지원에 의하지 아니하고 임용된 하사를 포함), 전환복무된 사람 및 군간부후보생 ㉢ 교도소, 그 밖에 이에 준하는 시설에 수용되어 있는 경우	
보험료 부담	직장 가입자	㉠ 직장가입자는 보험료액의 100분의 50을 부담함 ㉡ 사용자의 부담 • 교원인 경우 : 학교를 설립·운영하는 자가 100분의 30을 부담하고, 국가가 100분의 20을 부담함 • 사립학교 근무직원인 경우 : 학교를 설립·운영하는 자가 100분의 50 부담 • 공무원인 경우 : 국가 또는 지방자치단체가 100분의 50을 부담 • 근로자인 경우 : 사용자가 100분의 50을 부담함
	지역 가입자	그 가입자가 속한 세대의 지역가입자 전원이 연대하여 부담.

⑤ 본인일부부담금의 부담률 및 부담액

구분	기관 종류	본인일부부담금
입원	모든 의료기관	요양급여비용 총액의 100분의 20 + 식대의 100분의 50
외래	상급종합병원	진찰료 총액+(요양급여비용 총액-진찰료 총액)×60/100
	의원, 치과의원, 한의원, 보건의료원	요양급여비용 총액×30/100
	보건소, 보건지소, 보건진료소	요양급여비용 총액×30/100
	약국, 한국희귀필수의약품센터	요양급여비용 총액의 100분의 30

⑥ 건강보험 진료절차

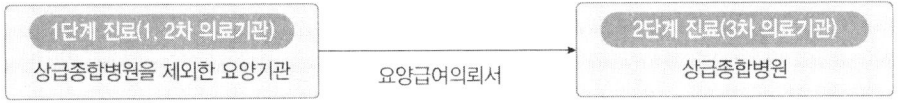

CHECK Point 🔍 상급종합병원에서 요양급여의뢰서 없이 진료를 받을 수 있는 경우★★★

① 상급종합병원에서 근무하는 자가 당해 요양기관에서 진료를 받을 경우
② 상급종합병원의 치과, 재활의학과, 가정의학과에서 진료를 받는 경우
③ 상급종합병원에서 응급진료를 받는 경우
④ 상급종합병원에서 분만을 하는 경우
⑤ 혈우병환자가 혈우병 진료를 받는 경우
⑥ 장애인 또는 단순 물리치료가 아닌 작업치료, 운동치료 등의 재활치료가 필요하다고 인정되는 자가 재활의학과에서 요양급여를 받는 경우

Theme 10 건강보험 관련 조직

국민건강보험공단의 업무★★★	심평원의 기능★★★
(1) 가입자 및 피부양자의 자격 관리 (2) 보험료와 그 밖에 이 법에 따른 징수금의 부과·징수 (3) 보험급여의 관리 (4) 가입자 및 피부양자의 질병의 조기 발견·예방 및 건강관리를 위하여 요양급여 실시 현황과 건강검진 결과 등을 활용하여 실시하는 예방사업으로서 대통령령으로 정하는 사업 (5) 보험급여비용의 지급 (6) 자산의 관리·운영 및 증식 사업 (7) 의료시설의 운영 (8) 건강보험에 관한 교육훈련 및 홍보 (9) 건강보험에 관한 조사 연구 및 국제 협력 (10) 이 법에서 국민건강보험공단의 업무로 정하고 있는 사항 (11) 「국민연금법」, 「고용보험 및 산업재해보상보험의 보험료징수 등에 관한 법률」, 「임금채권보장법」 및 「석면피해구제법」에 따라 위탁받은 업무 (12) 그 밖에 이 법 또는 다른 법령에 의하여 위탁받은 업무 (13) 그 밖에 건강보험과 관련하여 보건복지부장관이 필요하다고 인정한 업무	(1) 요양급여비용의 심사 (2) 요양급여의 적정성 평가 (3) 심사기준 및 평가기준의 개발 (4) (1)부터 (3)까지의 규정에 따른 업무와 관련된 조사 연구 및 국제 협력 (5) 다른 법률에 따라 지급되는 급여비용의 심사 또는 의료의 적정성 평가에 관하여 위탁받은 업무 (6) 건강보험과 관련하여 보건복지부장관이 필요하다고 인정한 업무 (7) 그 밖에 보험급여 비용의 심사와 보험급여의 적정성 평가와 관련하여 대통령령으로 정하는 업무

 Theme 11 우리나라의 의료급여제도

(1) 종별대상자 종류 및 기준★

구분	수급권자

1종	① 의료급여법 제3조 제1항 제1호 및 제3호부터 제8호까지의 규정에 해당하는 사람 중 다음 각 목의 어느 하나에 해당하는 사람
	  가. 다음의 어느 하나에 해당하는 사람만으로 구성된 세대의 구성원
	    ㉠ 18세 미만인 사람
	    ㉡ 65세 이상인 사람
	    ㉢ 「장애인고용촉진 및 직업재활법」에 따른 중증장애인
	    ㉣ 질병, 부상 또는 그 후유증으로 치료나 요양이 필요한 사람 중에서 근로능력평가를 통하여 특별자치시장·특별자치도지사·시장(특별자치도의 행정시장은 제외한다)·군수·구청장(구청장은 자치구의 구청장을 말하며, 이하 "시장·군수·구청장"이라 한다)이 근로능력이 없다고 판정한 사람

	⓪ 세대의 구성원을 양육·간병하는 사람 등 근로가 곤란하다고 보건복지부장관이 정하는 사람 ⓑ 임신 중에 있거나 분만 후 6개월 미만의 여자 ⓢ 「병역법」에 의한 병역의무를 이행중인 사람 나.「국민기초생활 보장법」 제32조에 따른 보장시설에서 급여를 받고 있는 사람 다. 보건복지부장관이 정하여 고시하는 결핵질환, 희귀난치성질환 또는 중증질환을 가진 사람 ② 의료급여법 제3조 제1항 제2호 및 제9호에 해당하는 사람 ③ 의료급여법(시행령) 제2조 제1호에 해당하는 수급권자 ④ 의료급여법(시행령) 제2조 제2호에 해당하는 사람으로서 보건복지부장관이 1종 의료급여가 필요하다고 인정하는 사람 **의료급여법 제3조(수급권자)** ① 이 법에 따른 수급권자는 다음 각 호와 같다. 　2. 「재해구호법」에 따른 이재민으로서 보건복지부장관이 의료급여가 필요하다고 인정한 사람 　9. 「노숙인 등의 복지 및 자립지원에 관한 법률」에 따른 노숙인 등으로서 보건복지부장관이 의료급여가 필요하다고 인정한 사람 **의료급여법 시행령 제2조(수급권자)** 「의료급여법」(이하 "법"이라 한다) 제3조 제1항 제10호에서 "대통령령으로 정하는 사람"이란 법 제3조 제1항 제1호부터 제9호까지의 규정에 해당하는 사람과 유사한 사람으로서 다음 각 호의 어느 하나에 해당하는 사람 중 보건복지부장관이 의료급여가 필요하다고 인정하는 사람을 말한다. 1. 일정한 거소가 없는 사람으로서 경찰관서에서 무연고자로 확인된 사람 2. 그 밖에 보건복지부령으로 정하는 사람
2종	① 의료급여법 제3조 제1항 제1호 및 제3호부터 제8호까지의 규정에 해당하는 사람 중 제2항 제1호에 해당하지 않는 사람 ② 의료급여법 제2조 제2호에 해당하는 사람으로서 보건복지부장관이 2종 의료급여가 필요하다고 인정하는 사람

(2) 의료급여 진료비 부담기준

구분		1차	2차	3차	식대	약국	PET, MRI, CT 등
1종	입원	없음	없음	없음	20%	–	없음
	외래	1,000원	1,500원	2,000원	–	500원	5%
2종	입원	10%	10%	10%	20%	–	10%
	외래	1,000원	15%	15%	–	500원	15%

(3) 의료급여대상자 진료절차 체계도

1차 진료기관 (의원급, 보건소 등) —이송→ / ←회송— 2차 진료기관 (병원급 이상) —이송→ / ←회송— **3차 진료기관 (보건복지부장관이 지정)**

Theme 12 응급의료기관

응급의료기관	지정권자	지정 의료기관	업무
중앙응급의료센터	보건복지부장관		1. 응급의료기관등에 대한 평가 및 질을 향상시키는 활동에 대한 지원 2. 응급의료종사자에 대한 교육훈련 3. 응급의료기관등 간의 업무조정 및 지원, 관련 정보의 수집·제공 및 응급환자 현황 파악과 추적 관리 4. 응급의료 관련 연구 5. 국내외 재난 등의 발생 시 응급의료 관련 업무의 조정 및 그에 대한 지원 6. 응급의료 통신망 및 응급의료 전산망의 관리·운영과 그에 따른 업무 7. 응급처치 관련 교육 및 응급장비 관리에 관한 지원 8. 응급환자 이송체계 운영 및 관리에 관한 지원 9. 응급의료분야 의료취약지 관리 업무 10. 그 밖에 보건복지부장관이 정하는 응급의료 관련 업무
권역응급의료센터	보건복지부장관	• 상급종합병원 • 300병상을 초과하는 종합병원	1. 중증응급환자 중심의 진료 2. 재난 대비 및 대응 등을 위한 거점병원으로서 보건복지부령으로 정하는 업무 3. 권역(圈域) 내에 있는 응급의료종사자에 대한 교육·훈련 4. 권역 내 다른 의료기관에서 이송되는 중증응급환자에 대한 수용 5. 그 밖에 보건복지부장관이 정하는 권역 내 응급의료 관련 업무
전문응급의료센터	보건복지부장관	소아환자, 화상환자 및 독극물중독환자 등에 대한 응급의료를 위하여 권역응급의료센터, 지역응급의료센터 중에서 분야별로 전문응급의료센터를 지정	
지역응급의료센터	시·도지사	종합병원	1. 응급환자의 진료 2. 응급환자에 대하여 적절한 응급의료를 할 수 없다고 판단한 경우 신속한 이송
지역응급의료기관	시장·군수구청장	종합병원, 병원 (시·군의 경우)	1. 응급환자의 진료 2. 응급환자에 대하여 적절한 응급의료를 할 수 없다고 판단한 경우 신속한 이송

권역 외상센터	보건복지부 장관	권역응급의료센터, 전문응급의료센터 및 지역응급의료센터 중 권역외상센터를 지정할 수 있다.	1. 외상환자의 진료 2. 외상의료에 관한 연구 및 외상의료표준의 개발 3. 외상의료를 제공하는 의료인의 교육훈련 4. 대형 재해 등의 발생 시 응급의료 지원 5. 그 밖에 보건복지부장관이 정하는 외상의료 관련 업무
지역 외상센터	시·도지사	응급의료기관 중 지역외상센터를 지정할 수 있다.	1. 관할 지역의 주민에게 적정한 외상의료 제공
응급의료 지원센터	보건복지부 장관	지역별로 설치	1. 응급의료에 관한 각종 정보의 관리 및 제공 2. 지역 내 응급의료종사자에 대한 교육훈련 3. 지역 내 응급의료기관 간 업무조정 및 지원 4. 지역 내 응급의료의 질 향상 활동에 관한 지원 5. 지역 내 재난 등의 발생 시 응급의료 관련 업무의 조정 및 지원 6. 그 밖에 보건복지부령으로 정하는 응급의료 관련 업무
정신질환자 응급의료센터	보건복지부 장관	응급의료기관 중 정신질환자응급의료센터를 지정할 수 있다.	1. 정신질환자에 대한 응급의료

PART 10

보건기획과 보건의료정책

10. 보건기획과 보건의료정책

 Theme 01 보건기획의 개념

(1) 보건기획(Health Planning)의 정의
특정 목표를 달성하기 위하여 누가, 언제, 어떠한 방법으로, 어느 정도의 예산으로, 어떤 활동을 할 것인가를 결정하는 것

 Theme 02 보건기획의 특성 및 필요성

(1) 보건기획의 특성**
① 기획은 하나의 과정(Process)이다.
② 기획은 미래지향적(Future Directed)이다.
③ 기획은 행동지향적이다.
④ 기획은 목표지향적이다.
⑤ 기획은 준비과정이다.
⑥ 기획은 복합적인 결정을 대상으로 한다(기획은 계층적이다).
⑦ 기획은 효율적인 수단을 강구한다.
⑧ 기획은 의도적이다.
⑨ 기획은 다차원적이다.

(2) 보건기획의 필요성*
① 자원의 효과적인 배분
② 합리적 의사결정
③ 상충되는 의견 조정
④ 새로운 지식과 기술 개발
⑤ 지휘와 통제 수단
⑥ 미래에의 대비 및 행정 목표의 구체화
⑦ 발전의 가속화

Theme 03 보건기획의 유형

(1) 계층에 의한 유형

①	① 행정수반 계층에서 이루어지는 기획으로 종합적·포괄적이며 가치성과 일반성이 있다. ② 전략적·규범적 기획으로 장기성과 입법적 성격이 있어 조직의 모든 부분에 영향을 미친다.
②	① 각 부처별로 구체적·개별적인 행정 수단과 방법을 설정하는 기획이다. ② 정책 기획의 하위 기획으로 전술적·단기적 성격을 띠며 세부적 기획이다.

answer ① 정책 기획 / ② 운영 기획

(2) 기간에 의한 유형*

①	1년 이내 기획으로 세분화된 구체적인 기획
②	3년 내지 7년을 대상으로 하는 기획
③	대체로 10년 내지 20년에 걸친 계획 기간을 가지며 실제로는 기획이라기보다는 전망이라는 성격이 강하다.

answer ① 단기기획 / ② 중기기획 / ③ 장기기획

(3) 강제성의 정도별 유형

①	소련, 중국 등 과거 동구권 국가 등 대부분의 공산주의 국가에서 채택된 경제기획
경쟁적 사회주의 기획	생산 수단과 자원은 국유화되어 있지만 경쟁에 의한 능률성 향상을 추구하는 경제체제 하에서의 기획
민주적 경쟁기획	인도를 비롯한 많은 신생국들이 민주적인 경쟁방식의 기획을 시도
②	계획 수립에 있어서 정부가 강요하는 것이 아니라 국가가 간접적으로 유도하여 목표를 달성하려는 기획으로, 1946년 프랑스의 Monnet 기획이 대표적
예측기획	거시적 수준의 경제 전망을 전문적인 통계적 추정에 의해서 제시

answer ① 집권적·강제적 기획 / ② 유도 기획

(4) 기간의 고정성에 따른 유형

①	대부분의 발전 기획들은 기획 기간을 고정시키고 운영하는 것으로, 과거 우리나라 1, 2, 3차 경제개발 5개년 계획이 이에 해당된다. 기간이 고정되어 있기 때문에 현실성이 부족하며, 특히 중·장기계획의 진행 과정에서는 목표의 차질이나 여건 변화에 대응하기 곤란하다.
②	① 매년 계획내용을 수정·보완하되, 계획 기간을 계속해서 1년씩 늦추면서 동일한 연한의 계획을 유지해 나가는 제도이다. ② 우리나라 4차 이후 경제개발 5개년 계획과 세계 대부분의 국가에서 사용하고 있다.

answer ① 고정 기획 / ② 연동 기획

(5) 기획의 이용 빈도별 유형

①	① 특정 상황에 적합한 기획으로, 목표달성이 되면 끝나는 기획이다. ② 1회 사용으로 한정되는 예산 · 경제 기획, 운영 기획, 주요 업무 기획이 이에 속한다. ③ 환경변화에 적절하게 대처할 수 있고, 특정 상황에 유용하며, 통합적이고 확실한 목적을 가진 행동을 성취할 수 있다. ④ 기획 수립에 많은 시간과 비용이 소요된다.
②	① 계속적 · 반복적인 기획으로 규칙, 방침, 기준, 정책 등 표준화된 절차에 의한 기획이다. ② 반복적 사용으로 기획 수립에 소요되는 시간과 비용은 절약된다. ③ 상황에 신속히 적응하지 못하고, 동태적인 기획 운영이 곤란하다.

answer ① 단발(단용) 기획 / ② 상시(상용) 기획

(6) 관리계층에 따른 구분

①	① 고전적 기능 : Gulick은 최고관리층의 7가지 기본적 기능을 POSDCoRB로 제시
	② 전반적 기능
	  ㉠ 행정 목표의 설정과 정책 결정
	  ㉡ 자원의 동원 및 관리
	  ㉢ 행정의 통제 · 조정
	  ㉣ 조직의 일체성과 적응성 확보

②	① 기본 기능
	  ㉠ 최고 관리층의 바로 밑에서 부분적 업무를 운영 · 집행하는 책임자 그룹
	  ㉡ 확립된 정책 · 법령 · 규칙의 범위 내에서 일상적이고 구체적인 행정업무를 감독 · 지시하고 통제하는 기술적 기능
	② 주요 기능
	  ㉠ 정책 결정에의 보조 및 집행 기능
	  ㉡ 하급자에 대한 감독 · 통제 기능
	  ㉢ 동료 간의 협조 · 조정의 수평적 기능

③	① 정형적 · 일상적 결정 ② 업무적 · 반복적 의사결정 ③ 기술적 · 단기적 의사결정 ④ 대민접촉의 기능

answer ① 최고 관리자의 기능 : 전략 기획 / ② 중간 관리자의 기능 : 관리적(전술적) 기획, 조정 기획 / ③ 하위 관리자의 기능 : 운영 기획

Theme 04 보건기획의 원칙★★★

①	보건기획은 그 실시 과정에 있어서 비능률과 낭비를 피하고 그 효과를 높이기 위해 명확하고 구체적인 목적이 제시되어야 한다.
②	보건기획은 간명하여야 하며, 가능한 한 난해하고 전문적인 술어는 피해야 한다.
③	보건기획의 대상이 되는 예산, 서비스 및 사업 방법 등의 표준화를 통하여 용이하게 보건기획을 수립할 수 있으며 장래의 보건기획에도 이바지할 수 있다.
④	유동적인 보건행정 상황에 대응하여 수정될 수 있도록 작성되어야 한다.
⑤	빈번한 보건기획의 수정은 피해야 한다.
⑥	보건기획의 작성에는 막대한 물적·인적 자원과 시간이 소요되므로 되도록 현재 사용 가능한 자원을 활용하도록 한다.
⑦	보건기획에 있어서 예측은 그 달성 여부에 결정적인 영향을 미치므로 그것은 어디까지나 명확할 것이 요구된다.
⑧	기획은 반드시 하위 계층으로 내려감에 따라 구체적이고 세분화된 기획으로 분류되어 조직 단위별로 업무가 배분되어야 한다.
⑨	기획은 모든 관리활동에 선행되는 활동이어야 한다.
⑩	기획은 어떤 관리계층만의 독특한 기능이 아니고 모든 관리계층의 기능이다.

answer ① 목적성의 원칙 / ② 단순성의 원칙 / ③ 표준화의 원칙 / ④ 신축성의 원칙 / ⑤ 안전성의 원칙 / ⑥ 경제성의 원칙 / ⑦ 장래 예측성의 원칙 / ⑧ 계속성(계층성)의 원칙 / ⑨ 기획 우선의 원칙 / ⑩ 일반성의 원칙

Theme 05 보건기획의 과정★★

문제 파악	현실적인 불만 사항 혹은 희망 사항에 대한 문제의식에서 출발		
목표 설정	목표설정의 원칙	①	해결할 문제가 국가 및 지역사회 보건정책과 연관성이 있어야 한다.
		②	문제의 성격이 해결 가능한 것인가와 지역사회자원의 동원 가능성 및 제공자의 문제해결 능력을 확인하는 것
		③	애매한 추상적 표현보다는 행동 용어로 표현하면 효과적이다.
		④	성취된 결과를 양적으로 수량화하여 숫자로 표시하면 효과적이다.
	answer ① 관련성 / ② 실현 가능성 / ③ 관찰 가능성 / ④ 측정 가능성		
	목표 기술의 SMART원칙	1. Specific : 구체적 2. Measurable : 측정 가능성 3. Aggressive & Achievable : 적극성과 성취 가능성 4. Relevant : 연관성 5. Time limited : 기한	

자료와 정보의 수집 분석 (상황분석)		기획 대상에 관한 지식과 정보를 수집하여 해결하려는 문제와 어떤 상호 관련성이 있는지를 분석
기획전제의 설정		기획 수립의 기초가 되는 주요 가정이나 미래 예측 혹은 전망 등을 말한다.
대안의 탐색과 비교 평가	대안의 검토 기준	
	보건과학적 타당성	보건학적 문제점을 충분히 파악했는지, 그 문제점들을 해결하기 위한 수단은 기술적으로 가능하며 효과가 있는지 등을 검토
	경제적 타당성	비용편익 분석(Benefit-Cost Analysis)과 비용효과 분석(Cost-Efficiency Analysis)이 이용
	사회적 타당성	보건의료의 제공에 관여하는 개인이나 조직, 개별 이용자나 조직들 사이의 관계나 역할 및 발전에 계획된 사업이 미칠 영향과 이로 인한 변화가 계획의 집행 과정 및 결과에 주게 되는 영향을 검토
	정치적 타당성	보건 계획이 집행됨으로써 혜택을 입은 것은 누구이며, 손해를 보는 것은 누구인지, 그리고 집행 과정에서 주도권은 누구에게 주어져야 하는지를 검토 대상으로 삼는다.
	기술적 타당성	선택한 방법 및 수단이 기술적으로 가능하고 효과적인가를 검토
	교육적 타당성	대상자에게 얼마나 교육적이고 파급적인가, 간접적인 교육효과가 있는가를 검토
	법적 타당성	목표 달성을 위한 행위가 법적으로 받아들여질 수 있는가를 검토
최적 대안의 선택		최종안을 선택·결정한다.
집행		계획의 집행은 크게 집행 계획과 실제 시행으로 나눌 수 있다. ① 집행 계획 : 예비 단계를 거쳐 계획 추진방안을 구상하며 추진 계획을 작성하는 작업 ② 실행 : 집행 계획을 보건 사업화하여 실제적으로 추진(동작화)하는 것을 의미하며 예비 단계, 세부 사업 기획 및 실시의 세 부분으로 나눌 수 있다.
평가		사업 목적의 달성이 효과적으로 이루어지고 있는가를 분석하는 과정

 Theme 06 보건기획의 방법

CHECK Point 기획방법의 분류

입안 설정 과정 방법	브레인스토밍, 델파이 기법, 비용편익 분석, 비용효과 분석 등
우선순위 결정 방법	Bryant의 방법, BPRS 방법, PEARL 방법
사업 진행의 방법	PERT, CPM, 나뭇가지 결정론, 게임 이론 등

(1) 계획입안 설정 과정에서의 여러 방법

① ★★★	① 참가자로 하여금 자유분방한 아이디어를 내게 하고 이를 결합하여 교체하거나 혹은 결합하여 실행 가능한 아이디어나 착상을 끌어내는 방법 ② 6대 원칙 ㉠ 비판 금지 및 판단 연기 ㉡ 자유 분방 ㉢ 대량 발산(많은 아이디어 표출) ㉣ 아이디어 결합 및 의견 개진 ㉤ 아이디어 발표 독점 금지 ㉥ 비공개적 방법에 의한 우선순위 결정
② ★★★	어떤 문제를 예측, 판단, 결정함에 있어 의견의 일치를 볼 때까지 전문가 집단으로부터 반응을 체계적으로 도출하여 분석·종합하는 하나의 조사방법
③ ★★★	① 하나 또는 둘 이상의 사업 대안에 대해 가장 타당성이 있는 방법을 판단하는 데 이용하는 방법 ② 대안의 타당성 평가에서는 ㉠ 비용편익비(B/C ratio)는 적어도 1 이상 : 소규모 사업일 때 채택 ㉡ 순현재가치[NPV = 편익(총이득) − 총비용]는 적어도 0 이상 : 비용편익 분석의 일차적 분석 ㉢ 내부수익률(IRR)은 정해 놓은 최저 한계선(대부분 은행 금리) 이상 ㉣ 자본회수 기간(회임 기간)은 짧을수록 좋다.
④ ★★★	① 정의 : 주어진 목적 달성을 위한 여러 가지 서로 다른 방법을 비교하여 그중 가장 사업성과가 큰 방법을 찾아내도록 하는 방법 ② 방법 : 비용 1단위당 최대의 효과를 갖는 대안을 선택
⑤ ★★★	① 조건 : 산출물은 단수 혹은 복수이며, 종류 및 양이 사업 대안 간에 동일할 필요가 없으며, 효용은 건강 일수(healthy days) 혹은 질 보정 수명(QALY)으로 측정 ② 방법 : 건강 일수 하루당 혹은 질 보정 수명 1년당 최소의 비용이 소요되는 방안이나 혹은 비용 한 단위당 최대의 효용을 갖는 대안을 선택한다.
⑥	① 정의 : 어떤 보건의료사업이나 치료의 비용을 측정하여 가장 비용이 적게 드는 대안을 찾는 방법 ② 방법 : 보건의료사업 시행에 소요되는 제반 비용을 추계한 후 최소의 비용이 소요되는 대안을 선택

answer ① 브레인스토밍(Brainstorming) / ② 델파이기법(Delphi Technique) / ③ 비용−편익 분석(CBA ; Cost Benefit Analysis)
④ 비용−효과 분석(CEA ; Cost Effect Analysis) / ⑤ 비용−효용 분석(CUA ; Cost Utility Analysis) / ⑥ 최소비용분석

(2) 우선순위 결정 방법

① Hanlon이 제시한 우선순위 설정 원칙

문제의 크기	많은 사람들에게 영향을 미치는 문제
문제의 심각성	심각한 영향을 미치는 보건문제가 우선적
과학적 지식과 기술 존재	그 문제를 해결하기 위해 필요한 지식이나 기술
자원동원성	효율을 높이기 위하여 경제적 측면 및 인력에 대한 고려
대상자의 수용력	교육대상이 될 개인이나 집단이 어느 정도의 관심과 자발성을 갖고 있는가

② BPRS 방식★★★

$$BPRS = (A+2B) \times C$$

A	(①) 건강 문제를 지닌 인구의 비중/만성 질환 유병률, 급성 질환 발생률
B	(②) 긴급성, 경중도, 경제적 손실, 타인에의 영향
C	(③) 건강 문제 해결을 위한 사업의 효과

answer ① 문제의 크기 / ② 문제의 심각도 / ③ 사업의 추정 효과

③ PEARL : 0 또는 1(P × E × A × R × L) 사업의 실행 가능성을 평가

P(Propriety)	①
E(Economic Feasility)	②
A(Acceptability)	③
R(Resources)	④
L(Legality)	⑤

answer ① 적절성 / ② 경제적 타당성 / ③ 수용성 / ④ 자원의 이용 가능성 / ⑤ 적법성

④ John Bryant 우선순위 결정 기준★★★

㉠ 질병 또는 보건 문제의 (①)
㉡ 보건 문제의 (②)
㉢ 해당 보건 문제에 대한 지역사회의 (③)
㉣ 문제를 다루는 데 있어서의 (④)

answer ① 유병도 / ② 심각도 / ③ 관심도 / ④ 난이도

⑤ PATCH 모형★★★

㉠ 건강 문제의 중요성
㉡ 변화 가능성

⑥ 미국 메릴랜드 주의 황금 다이아몬드(Golden diamond) 모델 : 상대적 크기와 변화의 경향(trend)을 이용하여 우선순위를 결정하는 방법★★

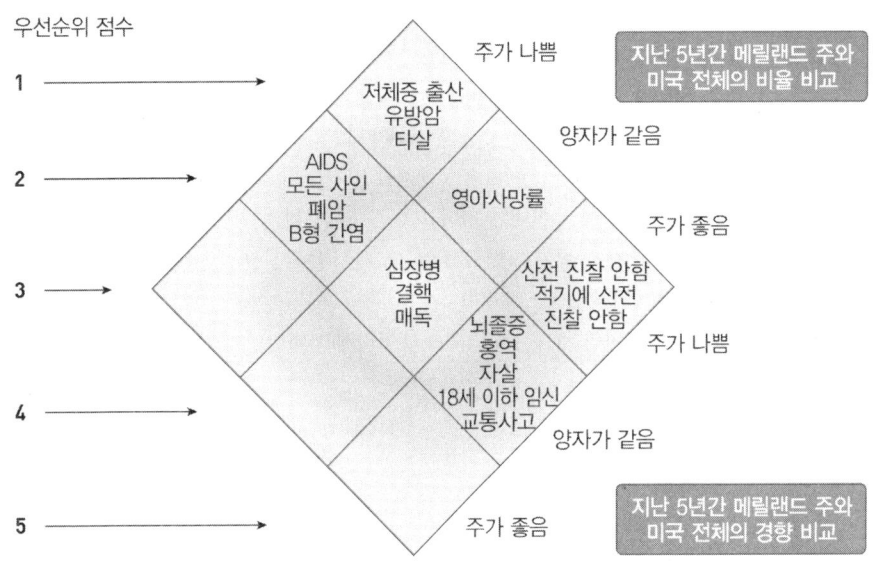

(3) 계획집행 과정에서의 여러 방법

① ★★★	① 불확실한 상태 하에서 기획과 통제를 하는 데 사용되는 모형으로, 집행 계획을 일목요연하게 이행시키기 위한 계획 방법 ② 먼저 프로젝트의 주요 활동을 확인하고, 그 활동들을 진행 도표로써 순서대로 번호를 붙여 나열하고, 각 활동의 소요 시간을 정함 ③ 집행 기간이 불확실한 상황에 대하여 확률적인 접근을 통하여 평가하며, 비성형적인 의사결정 방법에 효과적이고 유용한 방법
②	PERT와 매우 유사하나 주로 정형적인 의사결정 기법에 사용되며 프로젝트 완성을 위한 하나의 완성 시간만을 결정한다는 것이 다른 점이다.
③	복잡한 문제의 해결책을 찾을 때, 각 대안과 관련되는 부수적인 결정까지도 미리 종합적으로 고려하여 계획 집행을 결정하도록 하는 것
④	'내가 살기 위해서는 반드시 상대방이 죽어야 하는' 유형의 내기를 제로섬 게임이라 하고, '너도 살고 나도 사는' 유형의 내기를 비제로섬 게임이라 한다.
⑤	비용의 최소화와 효과의 극대화를 위한 자원의 최적 적합점을 추구하는 고전적이고 분석적인 OR기법
⑥★	장기 계획, 단기 예산이 특징인 기획

answer ① 과업평가 검사 기법(PERT ; Program Evaluation and Review Technique)
② 주경로 기법(CPM ; Critical Path Method) / ③ 나뭇가지 결정론(Decision Tree)
④ 게임 이론(Game Simulation) / ⑤ 선형 계획(Linear Programming)
⑥ 계획 - 사업 - 예산 - 체계(PPBS ; Planning - Programming - Budgeting - System)

	⑦	제2차 세계대전 당시 군사작전상의 문제를 해결하기 위해 고안한 것으로, 살아있는 생물체와 같이 체계, 봉사, 집행, 사업, 운영 등을 고안하는 기법
	⑧	정책결정 수립 과정을 향상하고, 정책 결정권자에게 각종 사업의 경비와 그 가치에 관하여 정확하고 신뢰할 만한 정보를 제공하는 데 목적이 있다. PPBS나 OR의 1차 단계적 의미가 크다.
과학적 관리기법	⑨	행정에 관련된 의사결정에 필요한 정보를 수집·가공하여 필요한 정보를 제공해 주는 인간과 컴퓨터가 종합된 관리체제
	⑩	컴퓨터에 의한 자료 처리를 행하는 것으로 대량의 자료를 신속하게 연산할 수 있고, 기억 용량이 무한대에 가까운 이론적·객관적 판단능력 체계
	⑪	인간이 외부 환경의 변화에 대응하면서 불확실한 상황에 정보를 지속적 자동적으로 제어 환류해 가는 체계나 장치
대기행렬 모형		어떻게 하면 기다리지 않도록 적절하게 서비스를 공급할 수 있는가를 제시하는 기법

answer ⑦ 운영 기구(OR ; Operation Research) / ⑧ 체계 분석(SA ; System Analysis)
⑨ 관리정보 체계(MIS ; Management Information System) / ⑩ EDPS(Electronic Data Processing System)
⑪ 인공 두뇌학(Cybernetics) 모형

Theme 07 보건기획의 한계(제약 요인)

일반적 제약 요인	(1) 기획목표 설정의 갈등과 계량화의 곤란 (2) 정확한 예측 혹은 가설 설정이 곤란 (3) 기획의 경직화 경향과 수정의 불가피성 (4) 창의력의 저해 (5) 시간, 비용 및 노력의 낭비 (6) 재원의 제약성 및 정치·경제·사회적 불안정 (7) 기획에 대한 인식 부족 (8) 반복적 사용의 제한 (9) 점증주의 결정, 기획의 그레샴 법칙과 기획의 경직성
행정(정치)적 제약 요인	(1) 기획 요원의 기획 능력 부족 (2) 번잡한 행정 절차 및 회계 제도 (3) 재원의 부족 (4) 조정의 결여 (5) 정치적 불안정과 정치적 개입 (6) 기획 과정의 참여 부족 (7) 행정조직의 비효율성
수립상의 요인 ★★	(1) 기획 목표 설정상의 갈등과 대립 및 계량화 곤란 (2) 미래 예측의 곤란성 (3) 자료, 정보의 부족과 부정확성 (4) 비용과 시간의 과다 소요 (5) 개인적 창의력의 저해 (6) 기획의 그레샴 법칙(Gresham's Law)의 적용

집행상의 요인★	(1) 기획의 경직화 경향과 수정의 곤란 (2) 계획 집행에 대한 이해관계자의 저항 (3) 즉흥적·권위적 결정에 의한 빈번한 수정 (4) 반복적 사용의 제한 : 사회 환경은 유동적이어서 기획은 반복적으로 사용할 수 없다. (5) 자원 배분의 비효율성 (6) 신축성의 결여 (7) 부처 이기주의

Theme 08 보건 기획의 성공 요인★★

(1) 변화지향적, 목적지향적이어야 한다.
(2) 기획 작업 이전에 기획의 과정과 목표, 방법에 대한 합의가 이루어져야 한다.
(3) 장기 기획과 단기 기획은 통합되어야 한다.
(4) 기획은 누구라도 이해할 수 있도록 명확해야 한다.
(5) 목표와 목적이 명백하게 제시되어야 한다.
(6) 의견을 수렴하고 이를 명확히 하는 데 많은 시간을 투자하여야 한다.
(7) 기본 기획은 전체적인 것이어야 하므로 최고 경영층에서 수립되어야 한다.
(8) 조직 전체가 기획의 과정에 참여하여야 하고, 특히 사업 수행자의 의견을 충분히 반영하여야 한다.
(9) 기획의 공간적, 시간적 범위를 정하여야 한다.
(10) 경험이 부족한 경우 포괄적이고 종합적인 기획보다는 부분적 기획부터 단계적으로 접근하는 것이 바람직하다.
(11) 모든 사업을 대상으로 하기보다는 가장 필요가 크고, 사업 효과가 큰 전략적 부분부터 시작하는 것이 좋다.
(12) 기획 수립을 뒷받침할 수 있도록 조식이 구조화되어야 한다.
(13) 기획은 간단하고 구체적이되 과학적인 근거에 기반을 두어야 한다.

Theme 09 정책의 의의

(1) 정책의 특성★

① 목표지향성
② 행동지향성
③ 미래지향성
④ 변화지향성
⑤ 공익지향성
⑥ 정치지향성

(2) 보건정책 수립 시 고려할 사항

① 인구의 성장, 인구 구조, 인구 동태
② 경제 개발의 수준 및 단계
③ 지배적인 주된 가치관
④ 보건의료제도
⑤ 국민의 건강 상태(전염성 질환과 영양 상태, 만성 퇴행성질환, 사고, 환경 오염, 스트레스, 정신 질환, 노인 건강 등)
⑥ 사회 구조와 생활 패턴

 Theme 10 일반적인 정책의 유형

유형	의미	특징	예
분배 정책★	국민들에게 이익 또는 서비스를 배분하는 정책	• 세부 사업별로 분배 • 나눠먹기식 정책 • 승자와 패자 간의 정면대결 없음	• 사회 간접자본 확충 • 무의촌 지역 해소 정책
규제 정책 (보호적 · 경쟁적 · 자율적 규제)	일부 집단에 대해 재산권 행사, 행동의 자유를 구속 · 억제해 대다수 사람을 보호	• 공권력 행사 • 개개인의 자유권리 제한 • 피해자의 반발, 갈등	• 불공정 거래 규제 • 과대 광고 규제 • MRI 설치 규제
재분배 정책★	고소득층으로부터 저소득층으로의 소득 이전을 목적으로 하는 정책	• 계급 대립적 성격 • 재산 자체의 평등한 소유 지향	• 소득세, 누진세 적용 • 사회보험료 차등 부과
추출 정책	민간부문에서 자원을 추출하는 정책		• 장병인력 추출 • 비상시 의료자원 동원
상징 정책	이념에 호소하거나 미래의 업적이나 보상을 약속하는 정책		• 재해의연금 모금 • 정치인의 행사

Almond & Powell의 분류	① 배분정책	② 규제정책	③ 추출정책	④ 상징정책
Lowi의 분류★	① 배분정책	② 규제정책	③ 재분배정책	④ 구성정책

Theme 11 일반적인 정책 과정

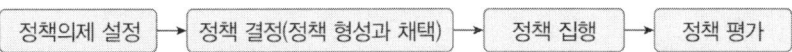

① 정책의제 설정 : 문제를 정부가 채택하는 과정

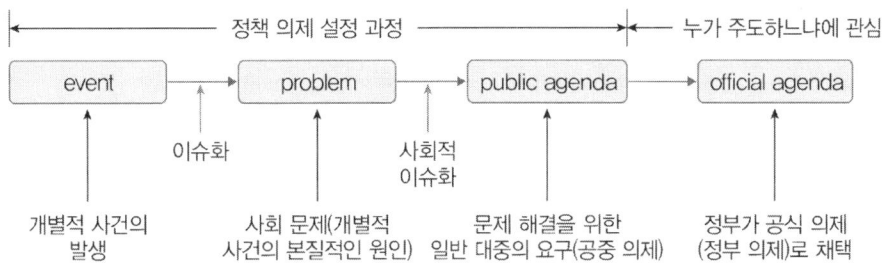

주도 집단에 따른 의제설정 과정(Cobb)

①*	• 정부 밖에 있는 집단이 압력을 가하여 사회 문제를 해결해 줄 것을 요구하는 형태로, 선진국 정치체계에서 나타나는 유형이다. • 설정 과정 : 사회 문제 → 공중 의제 → 정부 의제 • 대표적인 정책 : 낙동강 수질오염 개선, 벤처산업 육성, 금융실명제, 양성평등 채용 목표, 그린벨트 지정 완화
②*	• 정책결정자가 새로운 정책이나 사업 계획을 먼저 채택하고 사후적으로 관심과 지지의 확산을 도모하는 유형으로, 후진국가에서 나타난다. • 설정 과정 : 사회 문제 → 정부 의제 → 공중 의제 • 대표적인 정책 : 가족계획사업, 새마을 운동, 의료보험 제도 실시, 88 서울올림픽 유치, 이라크 파병, 행정수도 이전 계획 등
③	• 정부 내의 관료 집단이나 정책 결정자에게 쉽게 접근할 수 있는 외부 집단에 의해 주도되어 문제를 정책 의제화하는 유형이다. • 설정 과정 : 사회 문제 → 정부 의제 • 대표적인 정책 : 전투경찰대 설치, 국방부의 무기 구매, 마산 수출자유지역 지정, 이동통신 사업자 선정

answer ① 외부주도형 / ② 동원형 / ③ 내부접근형(음모형)

② 정책 결정 과정★★★

문제인지	사회에서 일어나는 사건이나 상황에 대한 요구를 인식하고 개선 또는 해결할 문제임을 인정하는 단계		
목표설정	유형	내용	
	①	수단과 목표가 바뀌는 현상(목표의 왜곡, 대치, 전도, 동조 과잉), 원래의 목표를 망각시킴	
	②	목표의 기달성 또는 달성 불가능 시 새로운 목표의 설정 같은 유형의 목표가 유사한 목표로 계승되는 것	
	③	새로운 목표를 추가하는 현상으로 목표의 수가 증가	
	④	목표의 양적 확대 또는 양적 축소 현상	
	⑤	• 목표 간 우선순위나 비중이 시간적으로 변동되는 현상 • 능률성(1920년대) → 효과성(1960년대) → 사회적 형평성(1970년대)	
	answer ① 목표의 전환 / ② 목표의 승계 / ③ 목표의 다원화 / ④ 목표의 확대 또는 축소 / ⑤ 목표의 비중 변동		
정보 수집과 분석	문제의 성격을 파악할 수 있는 정보 및 자료 수집		
대안의 작성	목표를 달성할 수 있는 방안을 작성		
대안의 비교 분석	문제해결 가능성과 목표의 달성도 등을 계량적으로 비교하고 분석		
대안의 평가	대안의 평가 기준 : 기대성과 실행 가능성		
대안의 선택	**정책의 오류**		
	제1종 오류	제2종 오류	제3종 오류
	정책효과가 없는데 효과가 있다고 판단하는 오류	정책효과가 있는데 효과가 없다고 판단하는 오류	가설의 검증이나 정책결정에는 문제가 없었으나, 정책의 문제 자체를 잘못 인지하여 정책문제가 해결 되지 못하는 근원적 오류
	옳은 영가설(귀무가설)을 기각(배제)하는 오류	틀린 영가설(귀무가설)을 채택하는 오류	
	틀린 연구가설(대립가설)을 채택하는 오류	옳은 연구가설(대립가설)을 기각(배제)하는 오류	

③ 정책 집행★★★

순응의 결정요인	당위성, 실현성, 명료성, 일관성, 합법성, 편익성
불응의 원인	㉠ 정책의 모호성　　㉡ 자원 부족　　㉢ 가치, 습관, 신념의 차이
순응의 확보수단	㉠ 교육 및 도덕적 설득 ㉡ 정책의 수정 또는 관습의 채택 ㉢ 보상 수단 ㉣ 제재 수단의 사용 ㉤ PR 강조 ㉥ 정책에 대한 순응의 어려움, 즉 순응의 결정 요인이 없을 경우 ㉦ 정책 결정 및 집행 기관이 정책으로부터 이득을 챙긴다고 생각할 경우

④ **정책 평가** : 정책 집행이 이루어진 후 주어진 목표를 달성했느냐의 정도를 측정하는 단계

Theme 12 정책 과정의 참여자*

공식적 참여자	(1) 의회 (2) 행정 수반과 비서실 (3) 각급 행정기관 (4) 사법부
비공식적 참여자	(1) 정당 : 단, 집권 여당은 준공식적 참여자 (2) 각종 이익 집단 (3) NGO(비정부 기구) (4) 전문가 및 학자 (5) 언론기관과 각종 매체 (6) 일반 국민

Theme 13 정책 결정의 이론 모형*

(1) 합리 모형(Rationality Model)★★★

의의	① 정책 결정자가 고도의 이성과 합리성에 근거하여 결정하고 행동한다고 보며, 목표 달성을 위해 합리적 대안을 탐색·선택한다고 보는 이상적·규범적이며 완벽주의 이론 ② 인간을 합리적 사고방식을 따르는 경제인으로 전제하면서, 정책 결정자는 전지전능한 존재라는 가정 하에 목표 달성의 극대화를 위한 합리적 대안을 탐색·추구하는 이론 ③ 총체적인 대안의 작성과 비교·분석(주로 비용편익 분석, 비용효과 분석 등의 과학적 관리법을 사용) → 경제적 합리성
기본 전제	① 목표·가치와 수단·사실이 엄격히 분리되어 있으며, 대안 선택의 기준이 명확히 제시 ② 의사결정자는 대안 결과를 정확히 알 수 있는 예측 능력과 비용 편익을 계산할 수 있는 능력을 가지고 최선의 대안을 선택
특징	① 결정권자를 전지전능한 존재로 파악 ② 총체적인 문제의 인지 및 명확한 목표 설정 ③ 총체적인 대안의 작성과 비교·분석(주로 비용·편익 분석, 비용·효과 분석 등의 과학적 관리법을 사용) → 경제적 합리성 추구

(2) 만족 모형(Satisfying Model)★★

의의	Simon과 March에 의해 사회심리적으로 접근된 이론으로써, 대안의 선택은 최적 대안이 아니라 주관적으로 만족스러운 대안을 선택하게 된다. → 제한된 합리성(제약된 합리성, Bounded Rationality)
특징	① 인간의 주관적 만족감에 근거하여 제한된 합리성을 추구한다. ② 대안의 총체적인 탐색 및 분석은 불가능하며, 따라서 순차적 순서에 입각하여 만족 수준에 이르는 대안을 선택한다.

(3) 점증 모형(Incremental, Muddling Through Model)★★★

의의	Lindblom과 Wildavsky가 주로 제창한 정책 모형으로 정책결정 과정에 있어서의 대안의 선택이 종래의 정책이나 결정의 점진적·순차적 수정 내지 약간의 향상으로 이루어지며, 정책 수립 과정을 '그럭저럭 헤쳐 나가는(Muddling Through)' 과정으로 고찰
특징	① 만족 모형에 근거하여 출발한다. ② 현재보다 약간 나은 상태에서 대안의 선택이 이루어진다. ③ 소수의 신규 사업 및 대안만을 검토한다. ④ 정치적 합리성을 추구한다. ⑤ 다원화된 선진 사회에 적합하다. ⑥ 목표와 수단의 구분을 꺼린다.

(4) 혼합주사 모형(Mixed Scanning Model)★★★

의의	① Etzioni가 주장한 이론으로, 합리 모형의 비현실성과 점증 모형의 보수성을 탈피하여 양자의 장점을 합치자는 이론 ② 합리 모형은 전체주의 사회체제에, 점증 모형은 민주주의 사회체제에 적합한 모형이라 보고, 혼합 모형은 능동적 사회에 적용되어야 할 전략이라고 주장
특징	① 기본적 결정이나 위기상황 시의 결정에는 합리 모형이 적용된다. ② 세부적·지엽적 결정이나 안정된 상황에서의 결정에는 점증 모형이 적용된다.

(5) 최적 모형(Optimal Model)★★★

의의	Dror가 제창한 모형으로, 경제적 합리성과 아울러 직관·판단력·창의력과 같은 초합리적 요인을 고려하는 거시적인 정책결정 모형
특징	① 최적 모형은 계량적이 아닌 질적 모형이지만 계량적 평가를 중시한다. ② 경제적 합리성과 직관, 판단, 영감, 육감과 같은 초합리성을 동시에 고려한다. ③ 대안의 탐색·선택에 있어서 경제적 합리성을 중요시한다. 그러나 과거의 선례가 없는 문제이거나 매우 중요한 문제의 해결을 위한 비정형적 결정에 있어서는 경제적 합리성 이외에 초합리성을 중시한다.

(6) 쓰레기통 모형(Garbage Can Model)★

의의	조직을 급변하는 환경 속의 불안하고 유동적인 존재로 간주하여, 이러한 조직들은 실제의 정책 결정이 일정한 규칙에 따르는 것이 아니라 쓰레기통처럼 뒤죽박죽, 불규칙하게 결정에 도달한다고 본다.
특징	① 3不 현상 시(조직화된 무정부의 상태 ; 환경의 불확실, 참여자의 불확실, 목표와 수단의 불확실) 우연히 점화 계기(문제, 해결책 참여자, 선택 기회의 흐름이 우연히 하나의 쓰레기통에 모여짐)가 되어 정책 결정이 이루어진다. ② 대학과 친목 단체에서 보여지는 의사결정의 양식이다. ③ 동태적인 현대 사회에 적합한 의사결정 모형이다. ④ 정책결정 과정이 쓰레기통 모형에 의하여 이루어질 경우 정책 집행은 실패하기가 쉽다.

(7) 공공선택이론 모형

의의	합리 모형의 일종으로 Ostrom에 의하여 체계화되었다.
내용	① 공공정책을 공공재와 공공 서비스를 사회에서 합리적으로 배분할 수 있는 수단으로 파악하며, 그 배분점으로 파레토의 최적점을 추구한다. ② 공공부문의 내부 시장화

(8) Allison 모형(집단의사결정 모형)

구분	① (제1모형)	② (제2모형)	③ (제3모형)
조직관	조정과 통제가 잘된 유기체	느슨하게 연결된 하위조직들의 연합체	독립적·개인적 행위자들의 집합체
결정권의 분포상태	수장	수직적 분산(하위 조직의 경우 기능적 권위가 큼)	수평적 분산
행위자의 목표	조직 전체 목표	조직 전체 목표＋하위 조직 목표	조직 전체 목표＋하위조직 목표＋개별적 행위자들의 목표
목표의 공유도	매우 강함	약함	매우 약함
정책결정의 일관성	항상 일관성을 유지	자주 바뀜	거의 일치하지 않음
결정의 규칙	수장의 명령이나 공식적인 지침	표준운영절차(SOP)에 대한 프로그램 목록에서 대안 추출	정치적 게임의 규칙에 따라 타협, 흥정, 지배

answer ① 합리적 행위자 모형 / ② 조직과정모형 / ③ 관료정치모형

(9) 로위의 정책유형★

유형	특징
분배 정책	국민들에게 권리·편익·서비스를 배분하는 정책(예 보조금 지급)으로, 세부 결정과정이 나눠먹기식(Pork-Barrel) 다툼으로 큰 갈등이 없고 승자와 패자가 없다. 또한 분배 원칙이 공정하지 않으면 정책 담당자의 자의적 행태로 인해 문제가 생길 수 있다.
규제 정책 (보호적·경쟁적·자율적 규제)	특정한 개인이나 일부 집단에 대해 재산권 행사나 행동의 자유를 구속·억제하여 다수를 보호하는 정책(직·간접 규제)으로, 정부 정책 중 가장 많은 영역을 차지하고 있다. 이슈에 따라 정치적 연합의 구성원에 차이가 있고, 규제의 수혜자와 피해자(비용부담 집단) 사이에 갈등이 심각하다.
재분배 정책	고소득층으로부터 저소득층으로의 소득 이전을 목적으로 하는 정책으로, 누진과세, 영세민 취로 사업이나 임대주택의 건설 등이 이에 속한다.
구성정책	정부기관 신설이나 변경, 선거구 조정, 공직자 보수와 군인 퇴직연금 등 구조에 관한 정책이다.

Theme 14 보건정책 평가의 유형★

(1) 단계에 따른 분류

①	정책 집행 이전에 하는 평가로, 정책 입안자나 결정자에게 필요한 정보를 제공하기 위한 각종 대안의 분석·평가를 의미
②	정책 집행 도중에 집행 상의 문제점을 해결하고 정책 집행이 의도된 방향으로 진행되고 있는가의 여부를 평가
③	정책 집행의 최종적인 평가로 진정한 의미의 평가라 할 수 있다. 정책의 순수 효과를 측정하여 정책이 의도된 바대로 정확하게 집행되었은 지의 여부를 결정하고, 계획구성 요소들의 상대적인 결과 검토 등 차기의 정책 결정을 위한 환류를 목적으로 실시

answer ① 사전 평가 / ② 과정 평가 / ③ 사후 평가

(2) 평가자의 소속에 따른 분류

①	집행 기관이 정책이나 사업을 스스로 평가하는 자체 평가와 상부 기관에서 지휘 감독하는 상부 평가로 세분된다.
②	정책 집행체제 밖의 전문가에 의한 평가

answer ① 내부평가 / ② 외부 평가

(3) 의료의 질적 평가(Donabedian)★★★

① 의료의 질 구성 요소(Donabedian)★

①	보건의료의 과학과 기술을 가장 바람직한 환경(예 실험실) 하에서 사용하였을 때 건강을 향상시키는 능력을 의미
②	건강 수준의 향상에 기여한다고 인정된 진료 행위의 수행 정도로, 효능과는 대조적으로 의료 서비스를 제공하는 실제의 일상적인 환경에서 성취할 수 있는 건강 수준의 향상을 의미
③	특정 건강 수준을 획득하는 데 사용된 비용을 측정하는 것으로 특정 의료서비스가 동일한 효능과 효과를 보였을 때 비용이 적게 든 서비스가 보다 효율적이라고 평가
④	비용에 대한 상대적인 의료의 효과 또는 편익을 말한다.
⑤	의료의 효과에 대한 환자와 환자 가족의 기대
기타	합법성(legitimacy), 형평성(equity), 지속성(continuity)

answer ① 효능성(efficacy) / ② 효과성(effectiveness) / ③ 효율성(efficiency) / ④ 적정성(적절성, optimality) / ⑤ 수용성(acceptability)

② 기타 의료의 질 구성요소

미국의학원	안전성, 효과성, 환자 중심성, 적시성, 효율성, 형평성
WHO	효과성, 효율성, 접근성, 환자 중심성(수용성), 형평성, 안전성
뷰오리	효과성, 효율성, 적합성, 과학적-기술적 질

구조적 접근★	㉠ 사전적인 방법이며 보건의료 과정에 들어오는 투입물, 즉 보건의료 인력, 시설 및 장비와 같은 자원이 표준을 만족시키는지 평가하는 것 ㉡ (①) : 정부 기관이나 민간 조직이 평가 항목을 미리 제시하고 의료 기관이 이를 충족하고 있는지를 평가하고 인정하는 과정이다. ㉢ 면허 제도 ㉣ 자격증이나 회원증 제도 | 인적 자원 | 직원의 규모와 자격 | | 물적 자원 | 시설, 장비 재원 | | 조직 구조 | 의료진의 조직, 동료 감시의 방법, 진료비의 청구 방법 | **answer** ① 신임제도
과정적 접근	㉠ 의료 제공자와 환자들 간에 혹은 이들 내부에서 일어나는 행위에 관한 평가로, 환자가 진료받는 과정에서 실제로 행해지는 직접 평가이다. 의료의 질 평가에 있어서 주된 관심 영역이다. ㉡ 내부 및 외부 평가 ㉢ (②) : 보험자에게 제출하는 진료비 청구 명세서나 의무 기록 등을 통해 제공된 의료서비스가 진료에 필수적인지, 적정한 수준과 강도, 비용으로 서비스가 제공되었는지를 조사하는 방법 ㉣ 임상진료 지침 ㉤ 보수 교육 ㉥ 진료의 본질 행위 ㉦ 적절한 진단, 치료, 투약, 수술 등이 행하여졌는가를 조사 | 진단 | 검사 | | 치료 | 투약, 수술 | | 기타 | 의뢰, 지속성, 진료의 질 | **answer** ② 의료이용도 조사(UR)
결과적 접근	㉠ 선행되는 의료 행위에 의한 현재 혹은 미래의 건강 상태에 이르기까지 건강을 구성하는 제반 요소에 대한 평가 ㉡ 신체적인 것만이 아니고 사회적·심리적인 요소와 환자의 만족도도 포함된다. → 간접 요인 ㉢ 측정의 어려움 ㉣ 결과를 측정하는 유일한 척도는 없다. ㉤ 고객만족도 조사, 의료서비스 평가 : 각 의료기관이 제공한 의료서비스의 질적 수준 평가 자료나 환자만족도 조사 등을 공개 배포함으로써 의료기관이 자체적으로 서비스 질을 높이도록 유도하는 방법이다. ㉥ 진료 결과 평가 : 이환율, 사망률, 합병증 등의 지표를 공표하는 것이다. | 중간 산물 | 진료의 양 | | 건강수준의 변화 | 이환율, 사망률, 재발률, 기능회복 | | 만족도 | 환자, 의료 제공자 |

Theme 15 보건정책 평가의 기준

(1) 보건정책 평가 기준 ★★★

①	정책의 목표나 목적에 대한 업무의 달성도, 즉 목표 달성도를 의미하며, 능률성의 의미보다 넓은 개념
②	산출 대 투입의 비율
③*	정책이 특정 집단의 요구나 선호, 가치를 만족시키는 정도
④	수혜자의 욕구 충족 정도를 의미
⑤	비용과 편익이 상이한 집단 간에 공정하게 배분되고 있는가에 대한 기준
⑥	• 정책의 여러 과정에 국민의 참여를 확대시키고, 여론을 충실하게 반영시키며, 집행에 있어서도 국민의 의사를 충분히 고려하는 것 • 정책결정 과정과 정책수행 과정 및 정책평가 과정에 다수의 국민들이 참여하여 그들의 요구가 참작되는 것을 의미
⑦	프로그램의 규모가 수요에 비추어 볼 때 알맞은 것이냐를 판단하는 기준으로 문제의 해결 정도를 의미. 문제 해결을 위한 수단의 충분성을 의미하며 적절성의 하위 개념이다.
⑧	문제 해결을 위해 사용된 수단이나 방법들이 바람직한 수준에서 이루어졌는가를 평가하는 기준

answer ① 효과성(Effectiveness) / ② 능률성(Efficiency) / ③ 대응성(Responsiveness) / ④ 만족도(Satisfaction) / ⑤ 형평성(Equity) / ⑥ 민주성 및 참여성(Democracy & Participation) / ⑦ 적정성(Adequacy) / ⑧ 적절성

(2) Suchman이 제시한 정책평가 항목 ★★★

업무량	효과에 관계없이 목표 달성을 위해 수행된 업무의 질과 양을 측정·평가하는 것
성과	목표 달성을 위한 활동이 기대했던 만큼의 변화를 초래했는가를 측정하는 것
적절성	성과가 총 필요량을 얼마나 충족시켰느냐를 평가하는 것
효율성	동일량의 업무와 비용의 투자로 어떤 방법이 업무 수행에 가장 큰 효과를 가져오는가에 대한 투자효과의 개념
과정	몇 개의 대안 중 어느 운영 방법이 주어진 여건 하에 가장 맞느냐 하는 문제와 평가 시 결론지어진 성공 또는 실패를 초래한 관련 요인들을 규명하는 분석

(3) 논리 모형에 따른 평가 유형★★

①★	사업의 투입부문에서의 평가를 말한다. 즉, 사업의 철학이나 목적에 비추어 사업내용과 기준의 적절성을 확인하는 과정으로 '사업목표가 명확하고 구체적이며 측정 가능한가', '일정, 인력, 예산 등이 각 단계별로 구체적으로 제시되었는가', '사업 대상의 범위나 규모가 적절한가', '사업을 전개할 조직 구조, 담당 인력, 물적 자원에 대한 준비는 충분한가' 등에 대해 평가하는 것
②★	사업에 투입될 인적·물적 자원이 계획대로 실행되고 있는지, 사업이 일정대로 진행되는지, 사업의 모든 측면은 모니터링되어 사업 속에 피드백되어 반영되는지를 확인하는 평가 과정
③★	초기에 설정한 단기 및 장기 사업 목표가 얼마나 달성되었는가를 평가하는 과정으로서 사업의 단기적 효과로써 사업대상자의 지식, 태도, 신념, 가치관, 기술, 행동의 변화를 측정할 수 있고 장기적 효과로써 이환율, 유병률, 사망률 등의 감소로 측정할 수 있다. 또한 사업에 대한 대상자 만족도, 사업 담당자의 만족도 등도 측정할 수 있음

answer ① 구조 평가 / ② 과정 평가 / ③ 결과 평가

CHECK Point ◎ 지역사회 보건사업에서 활용되는 전략의 유형(사회생태학적 모형)★

단계		정의
개인적 수준		(1) 건강 관련 행동에 영향을 미치는 개인의 지식, 믿음, 태도, 기질을 변화시키기 위해 교육, 상담, 유인 제공 등의 전략을 사용한다. (2) 교육 : 강좌, 세미나, 워크숍 같은 공식적인 교육 과정을 통해 정보 제공 (3) 행태 개선 훈련 : 시뮬레이션, 소집단 토의 등 (4) 직접 서비스 제공 : 예방 접종, 조기 검진, 진료, 재활, 방문 간호 등 대상자의 건강 상태에 따라 보건의료 제공자가 직접 서비스를 제공
개인 간 수준		(1) 가족, 친구, 직장 동료, 이웃 등 개인에게 영향을 미칠 수 있는 사람들을 함께 관리함 (2) 기존 네트워크를 활용 : 네트워크의 강화, 네트워크 구성원에 대한 지지 제공, 지도자에 대한 기술 훈련 등 (3) 새로운 네트워크의 개발 : 멘토 활용, 동료 활용, 자조 집단(동아리)의 활용 (4) 자생적 지도자의 활용
지역 사회 수준	조직 요인	개별 학교나 직장과 같은 조직에 대한 접근은 조직 개발 이론과 조직 관계 이론에 근거를 두고 수행함
	지역사회 요인	(1) 이벤트 : 건강 박람회, 걷기 대회 등 (2) 홍보 (3) 사회 마케팅 (4) 환경 개선 (5) 지역사회 규범 개선 (6) 지역사회 개발
	정책 요인	(1) 정책 개발 : 담뱃값 인상, 금연구역 설정, 음주운전에 대한 벌칙 등의 규제와 안전벨트 및 안전모 착용의 의무화, 비흡연자에 대한 보험료 감면 등 건강 행동 촉진 정책이 있다. (2) 옹호 활동 : 정책 채택을 가능하게 하기 위한 로비, 민원 편지 발송, 정책 당국자와의 면담, 지역사회 집회 등을 의미한다.

Theme 16 보건의료정책 과정에서의 형평성

형평성의 평가기준	(1) 평등 : 보편주의적 원칙에 의한 평등이 형평성의 평가 기준이 된다. (2) 필요 : 각 개인의 필요성의 정도에 따른 것도 평가 기준이 된다.
①	모든 대상에 대해 획일적으로 똑같이 대우하는 것
②	대상을 여러 가지 측면으로 나누어서 차등 있게 대우하는 것
③	모든 사람을 동일하게 취급하는 것
④	서로 다른 상황에 있는 사람들을 서로 다르게 취급하는 것
사전적 형평성	대상에 대하여 취급될 확률이 똑같이 제공되는 것
사후적 형평성	대상에게 사실상의 몫이나 자원을 공평하게 배분하는 것
투입형평성	자원 배분을 균등하게 하는 것으로, 사전에 이루어지는 것
산출형평성	인지된 필요나 소비자의 사회적 가치와 관련하여 자원을 배분하는 것으로, 사후 사업 결과에 나타나는 형평성을 의미
개인적 형평성	동일 집단 내에서의 개인 간의 형평성과 2개 이상의 상이한 집단에 속해 있는 개인들 간의 형평성
집단 간 형평성	2개 이상의 집단 간에 발생하는 집단 간의 형평성

answer ① 절대적 형평성 / ② 상대적 형평성 / ③ 수평적 형평성 / ④ 수직적 형평성

PART 11

재무행정과 보건경제

11. 재무행정과 보건경제

Theme 01 일반 재무행정

(1) 정의 : 국가, 지방자치단체, 공공 기관이 공공 정책을 수행하는 데 필요한 재원을 동원·관리·운용하며 또한 이를 위한 정책을 결정하고 수행하는 것

(2) 재무행정의 5대 원칙

①	지출을 먼저 책정한 다음 일정한 조세 수입을 고려한다는 원칙
②	조세 수입과 경비 지출을 일치하여야 한다는 원칙
③	국민의 부담 능력에 따라 조세를 부과한다는 원칙
보험료 불가침의 원칙	
강제 징수의 원칙	

answer ① 양출 제입의 원칙 / ② 수지 균형의 원칙 / ③ 능력 부과의 원칙

Theme 02 예산

(1) 정의 : 일정 기간 내에 요구된 사업들에 대한 소요 자원과 가용 자원을 추계하여 수치로 나타낸 계획서

(2) 전통적 예산의 원칙(Neumark의 원칙)★

①★	예산의 전 과정을 국민에게 공개해야 한다는 원칙
②	모든 국가의 세입과 세출은 예산에 계상되어야 한다는 원칙
③	예산은 합리적으로 분류되고, 금액이 정확히 계상되며, 수입과 지출의 근거와 용도를 명확히 함으로써 국민에게 쉽게 이해될 수 있어야 한다는 원칙
④	예산은 구조 면에서 복수 예산이 아닌 하나로 존재해야 한다는 원칙
⑤	사용하는 목적, 범위 및 기간에 있어서 명확한 한계가 있어야 한다는 원칙
⑥	예산이 집행되기 전에 입법부에 의하여 먼저 심의·의결되어야 한다는 원칙
⑦	모든 수입은 한 곳으로 합쳐지고 지출은 지출 계획에 따라야 한다는 원칙
⑧★	예산은 사전 예측에 불과해 예산이 결산과 완전히 일치할 수는 없지만 예산과 결산이 지나치게 불일치해서는 안 된다는 원칙

answer ① 공개성의 원칙 / ② 완전성(Comprehensiveness)의 원칙(포괄성·총괄성의 원칙) / ③ 명료성(Clarity)의 원칙
④ 단일성(Unity)의 원칙 / ⑤ 한정성(Definition)의 원칙 / ⑥ 사전 승인(Prior Authorization)의 원칙
⑦ 통일성(Non Affection)의 원칙 / ⑧ 엄밀성(Exact)의 원칙(정확성의 원칙)

CHECK Point 전통적 예산 원칙과 예외

전통적 예산 원칙	예외
공개성의 원칙	①
완전성의 원칙	②
명료성의 원칙	–
단일성의 원칙	③
한정성의 원칙	④
사전 승인의 원칙★	⑤
통일성의 원칙	⑥
엄밀성의 원칙	–

answer ① 신임예산 / ② 순계예산, 기금 / ③ 특별 회계, 추가경정 예산, 기금
④ 사용 목적(이용, 전용), 사용 범위(예비비), 사용 기간(이월, 계속비)
⑤ 준 예산, 전용, 사고 이월, 예비비 / ⑥ 특별 회계, 목적세, 기금

(2) 현대적 예산의 원칙(H. Smith의 원칙)★

행정부 재량의 원칙	①	입법부의 통제보다는 행정부의 국가 운영에 대한 사업 계획이 우선되어야 한다는 원칙
	②	예산의 편성·심의·집행은 각 행정 기관의 재무 보고·업무 보고에 근거를 두어야 한다는 원칙
	③	예산 책임을 수행하는 데 필요한 예산기관과 예산배정 제도, 예비비 제도 등 제도적 수단을 갖추어야 한다는 원칙
	④	지나치게 전통적인 예산의 원칙이나 관습에 얽매이지 말고 보다 신축적으로 대응하기 위해 다양한 절차를 활용해야 한다는 원칙
	⑤	정책이나 사업의 성격상 예산 기간의 신축적 운영이 필요하다는 원칙
	⑥	행정부는 국회의 의도를 충분히 반영시켜 예산을 경제적으로 집행할 책임이 있다는 원칙

answer ① 행정부 사업계획의 원칙 / ② 보고(Reporting)의 원칙 / ③ 적절한 예산 수단(Adequate Budget Tools)의 원칙
④ 다원적 절차(Multiple Procedures in Budgeting)의 원칙 / ⑤ 시기 신축성(Flexibility in Timing)의 원칙
⑥ 행정부 책임(Executive Responsibility)의 원칙

CHECK Point 🔍 예산 집행의 신축성 유지 방법★

①	장·관·항 간의 상호 융통을 말하며 국회의 승인을 얻는 것에 한한다.
②★	행정 과목인 세항·목 사이의 상호 융통을 말하며, 국회의 사전 승인까지는 필요하지 않으나 기획재정부 장관의 승인을 요한다.
③	정부 조직 등에 관한 법령의 제정, 개정 또는 폐지로 인하여 그 직무 권한에 변동이 있는 경우 예산 집행에 관한 책임 소관을 변경시키는 것
④	당해 연도 내에 사용하지 못한 예산을 다음 연도의 예산으로 넘겨 사용하는 것
⑤	예측할 수 없는 예산 외의 지출 또는 예산 초과 지출에 충당하기 위해서 계상된 경비로서 총액으로 국회의 의결을 받아야 한다는 것
⑥	기획재정부 장관은 필요한 경우에 대통령령이 정하는 바에 의하여 회계 연도 개시 전에 예산을 배정할 수 있다.
⑦	완성에 수년을 요하는 공사나 제조 및 연구개발 사업에서는 경비의 총액을 정하여 미리 국회의 의결을 얻은 범위 내에서 수 년도에 걸쳐 지출할 수 있는 경비
국고채무 부담행위	국가가 채무를 부담하는 행위
수입대체 경비	국가가 특별한 역무를 제공하고 그 제공을 받은 자로부터 비용을 징수하는 경우, 수입의 범위 안에서 관련 경비의 총액을 지출할 수 있는 경우를 말한다.
총괄 예산	구체적으로 용도를 제한하지 않고 포괄적인 지출을 허용하는 예산제도이다.
대통령의 재정, 경제에 대한 긴급 명령	국가가 재정, 경제상의 중대한 위험에 처한 경우 국회의 승인을 얻지 않고 대통령은 긴급 명령을 내릴 수 있다.

answer ① 예산의 이용 / ② 예산의 전용 / ③ 예산의 이체 / ④ 예산의 이월 / ⑤ 예비비 / ⑥ 예산의 긴급배정 / ⑦ 계속비

Theme 03 예산의 종류

(1) 회계 형태에 따른 분류

구분	일반회계	특별회계	기금★★★
설치 사유	모든 국가 재정 활동을 위해 설치하며 흔히 예산하면 이를 의미한다.	특정 사업 운영, 특정 자금 보유 운영, 특정 세입으로 특정 세출에 충당하기 위해 설치하며 보건복지부 소관특별회계로는 농어촌구조개선 특별회계가 있다.	특정 목적을 위해 특정 자금을 적용할 필요가 있을 때 설치하며 보건복지부 소관기금으로는 국민연금, 국민건강증진기금, 응급의료기금이 있다.
재원 조달 및 운용 형태	공권력에 의한 조세 수입과 무상적 급부의 제공이 원칙	일반회계와 기금의 운용 형태 혼재	부담금·출연금 등 다양한 수입원을 토대로 융자사업 등 유상적 급부를 제고

운용계획 확정·집행	• 정부가 예산 편성권을 가지며 국회가 심의·확정함 • 집행 과정에서도 합법성에 입각한 통제가 가해짐	좌동	• 기금관리 주체자 계획 수립 후 경제 기획원 장관과의 협의, 국무회의 심의 및 대통령 승인으로 확정 • 국회 상임위원회에 보고 및 출석·답변 의무 있음(국회 통제 ×) • 집행 과정에서 합목적 차원에서 탄력성 보장 • 여유 자금의 투융자 특별회계 예탁 의무
세입과 지출의 연계	원칙적으로 특정한 세입과 세출의 연결 배제	특정한 세입과 세출의 연결	좌동
정부 세입 세출 예산에 포함 여부	포함	포함	불포함

(2) 예산의 성립 시기에 따른 분류*

①	① 당초 예산이라고도 하며, 정상적인 절차를 거쳐 편성·심의·확정된 최초의 예산을 말한다. ② 회계 연도 개시 90일 전까지 국회에 제출하고, 국회는 회계 연도 개시(매년 1월 1일) 30일 전까지 이를 의결한다.
②	예산안이 국회에 제출된 이후 본 예산이 성립되기 이전에 부득이한 사유로 인하여 그 내용의 일부를 변경하고자 할 경우는 국무회의 심의를 거쳐 대통령의 승인을 얻어 국회에 제출하고 이를 확정시키는 예산으로 예산 금액의 합계를 증가시키지 못한다.
③**	예산안이 국회를 통과하여 예산이 성립된 이후 예산에 변경을 가할 필요가 있을 때에 이를 수정·제출하여 국회의 신의를 거쳐 성립되는 예산으로 일반적으로 약식으로 심의되고 있어 본 예산을 심의할 때 삭감된 항목의 부활이 가능하다.

answer ① 본 예산 / ② 수정 예산 / ③ 추가경정 예산

(3) 예산 불성립 시의 분류

①	① 회계 연도 개시 전까지 예산이 국회에서 의결되지 못했을 경우, 몇 개월분에 해당하는 일정한 금액을 국고로부터 지출할 수 있도록 허가해 주는 제도 ② 영국, 캐나다, 일본에서 잠정 예산 제도를 취하고 있다.
②**	① 회계 연도 개시 이전에 예산이 국회의 의결을 거치지 못할 경우 최초 1개월분의 예산을 국회의 의결로 집행할 수 있도록 하는 제도 ② 잠정 예산과의 차이점은 1개월 동안이라는 제한이 있다는 점이다. ③ 프랑스에서 취하고 있으며, 우리나라 제1공화국에서도 사용한 경험이 있다.

answer ① 잠정 예산 / ② 가 예산

③★★	① 새로운 회계 연도가 개시될 때까지 예산이 국회에서 의결되지 못하면 정부가 국회에서 예산안이 의결될 때까지 전년도 예산에 준하는 경비를 지출할 수 있게 하는 제도 ② (③) 제도가 적용되는 경비는 헌법이나 법률에 의해 설치된 기관 또는 시설의 유지비, 법률상 지출 의무가 있는 경비, 이미 예산으로 승인된 사업의 계속을 위한 경비 등이다. ③ (③)에 의해 집행된 예산은 당해 연도의 예산이 성립되면 예산에 의하여 집행된 것으로 간주한다. ④ 독일과 우리나라에서 취하고 있다.

answer ③ 준 예산

CHECK Point ⊕ 준 예산, 잠정 예산, 가 예산 비교 ★

구분	준 예산	잠정 예산	가 예산
기간 제한	제한 없음	몇 개월(4~5개월)	1개월
국회 의결	불필요	필요	필요
사전 의결 원칙	예외 적용	원칙 적용	원칙 적용
지출 항목	한정적	• 전반적 : 영국, 미국 • 한정적 : 일본	전반적
채택 국가	우리나라, 독일	영국, 캐나다, 일본	프랑스(제3, 4공화국)
우리나라 적용 여부	1960년 이래 채택하였으나 실제 사용한 적은 없음	채택 없음	제1공화국 때 채택 사용

Theme 04 보건예산 과정

편성	행정부가 다음 회계 년도에 수행할 정책, 사업을 금액으로 표시한 계획을 작성하는 과정	
심의	의회가 행정부에서 수행할 사업 계획의 효율성을 검토하고 예산을 확정하는 것	
집행	행정부의 모든 수입과 지출을 실행하는 행위	
	①	기획재정부 장관 → 각 중앙관서 ① 사업계획의 실현을 위해서 자금을 할당하는 절차 ② 기획재정부장관이 예산배정계획과 자금계획을 수립해 국무회의의 심의와 대통령의 승인을 얻은 후 예산 집행 ③ 각 중앙관서의 장은 예산이 확정된 후 사업운영계획 및 이에 따른 세입·세출·예산 등이 포함된 예산배정요구서를 기획재정부장관에게 제출
	②	각 중앙관서 → 산하기관 • 각 중앙관서의 장은 예산배정의 범위 안에서 예산지출 권한을 산하기관에게 위임
	③	지출의 원인이 되는 계약 또는 기타의 행위로 예산의 금액 내에서 실시
	④	부담한 채무를 이행하기 위해서 수표를 발행하고 현금을 지급하기까지의 행위
	answer ① 예산의 배정 / ② 예산의 재배정 / ③ 지출원인행위 / ④ 지출	
결산	한 회계 연도 동안의 수입과 지출의 실적을 확정적 계수로써 표시하는 행위	
회계검사★	조직의 재정적 활동 및 그 수입·지출의 결과에 관하여 사실을 확증·검증하는 행위	

Theme 05 예산제도

CHECK Point 예산의 기능 및 발달사

예산의 기능	통제 중심	관리 중심	계획 중심	감축 기능	집행재량 성과에 책임
미국 행정부	1920년대	1947년 트루먼 정부	1965년 존슨 정부	1979년 카터 정부 (1983년 한국)	1993년 클린턴 행정부 2002년 부시 행정부
예산제도	LIBS(품목별 예산)	PBS(성과주의 예산)	PPBS(계획 예산)	ZBB(영기준 예산)	결과지향예산
결정 이론	점증 모형, 정치적 접근법	합리주의적 결정 이론(총체주의)			

(1) 품목별 예산제도(LIBS ; Line Item Budgeting System)★

특성	품목별 예산제도란 지출의 대상이 되는 물품 또는 품목(인건비, 물건비, 여비 등)을 기준으로 하는 예산제도 ① 통제 중심 예산 ② 입법부 우위 예산 ③ 회계 책임의 명확화
장점	① 회계책임이 분명하고, 공무원의 자유 재량의 여지가 제한되므로 종합적 · 개별적인 통제가 가능하다. ② 지출의 합법성을 평가하는 회계 검사에 용이하다. ③ 지출 전 사전 통제가 가능하므로 중앙 예산기관의 통제가 용이하다. ④ 차기 연도의 예산 편성을 용이하게 한다.
단점	① 세부적인 지출에 초점을 두기 때문에 전체적인 사업을 알 수 없다. ② 지나친 세분화로 인해 행정 활동의 자유를 제약하고 예산의 신축성을 저해할 우려가 있다. ③ 정부 사업의 전모를 파악하기 어렵기 때문에 정책 형성에 유익한 자료를 제공하지 못한다. ④ 예산 항목에만 관심을 가져 정책이나 사업의 우선순위를 소홀히 하기 쉽다. ⑤ 포괄적 성격을 지닌 총괄 계정에는 적합하지 않다.

(2) 성과주의 예산제도(PBS ; Performance Budgeting System)★★

특성	사업 계획을 세부 사업으로 분류하고 각 세부 사업을 '단위 원가 × 업무량 = 예산액'으로 표시해 편성하는 예산으로, 정부가 구입하는 물품보다 정부가 수행하는 업무에 중점을 두는 관리지향적 예산제도 ① 수단보다는 목적 · 사업을 중시(예산 절약에 기여) ② 관리 중심 ③ 행정부의 재량 행위 확대 ④ 행정부의 사업 계획 수립 용이 ⑤ 국민이 이해하기 용이
장점	① 예산의 절약과 능률을 강조하는 통제지향적인 품목별 예산제도에 비해 성과주의 예산제도는 사업과 정책의 성과를 우선으로 하는 성과지향적인 제도이다. ② 업무 단위와 업무량 측정 등 계량화를 가능하게 하여 관리의 효율성과 능률성을 향상시킨다.
단점	행정업무 상 업무 단위의 선정이 곤란한 것이 대다수이다.

(3) 계획 예산제도(PPBS ; Planning Programming Budgeting System)★★

특성	단기적인 예산과 장기적인 계획을 합리적으로 결합시켜 의사결정의 일원성을 확보함으로써 예산의 절약과 능률성 같은 자원 배분의 최적을 기하려는 기획 중심의 예산제도 ① 합리주의적 결정 이론 ② 장기적인 기획 능력 제공(통상 3~5년) ③ 수직적 · 중앙집권적, 경직성, X이론 ④ 상의하달식 의사 전달(의사 전달의 일원성) ⑤ 최고관리자층 중시(막료 중심) ⑥ 목표 · 정책 중시(장기성, 거시적 결정, 개방 체제) ⑦ 과학적, 객관성 중시(System Analysis 분석, Benefit/Cost 분석, Efficiency/Cost 분석)
장점	① 장기적 사업 계획 및 재정 계획 수립 등 예산의 계획 기능 강조 ② 예산 배분의 기준으로 효과성 강조 ③ 체제의 정치(투입-과정-산출)에 부합되는 예산제도 ④ 과학적 분석 기법 활용 가능
단점	① 사업에 대한 비용 · 편익 분석이 곤란 ② 유능한 인재의 부족

(4) 영기준 예산제도(ZBB ; Zero Base Budget)

특성	정부기관의 모든 사업활동에 전 회계 연도의 예산을 고려하지 않는 영기준을 적용하여 계속 사업 · 신규 사업을 막론하고 그 능률성 · 효과성과 사업의 계속 · 축소 · 확대 여부를 새로 분석 · 평가하고 사업의 우선순위를 결정하여 이에 따라 예산을 편성 · 결정하는 예산제도 ① '계속 사업 + 신규 사업'을 비교 · 분석하여 우선순위를 결정 ② 수평적, 분권적, 참여적, 민주성, Y이론 ③ 하의상달식 의사 전달, 신축성, 다원성 ④ 정치적인 우선순위 고려 ⑤ 단기성, 미시적, 폐쇄 이론(내부 강조) ⑥ 결과 · 산출 중시(사업 중시) ⑦ 자원난 시대에 대비가 용이
장점	• 재원의 합리적 배분 • 재정 운영 · 자금 배정의 탄력성 • 사업의 효율성 향상 • 관리자의 참여 확대 • 관리 수단의 제공 • 조세 부담 증가 방지 및 감축 예산을 통한 자원난 극복
단점	• 시간과 노력의 과중 • 사업의 축소 · 폐지 곤란 • 목표 설정 기능 · 계획 기능 위축 • 관료들의 자기방어 • 자료 부족과 분석 · 평가의 곤란 • 소규모 조직의 희생 • 분석 기법의 적용 한계

(5) 목표관리 예산제도(MBO ; Management By Objective)

특성	조직 목표와 개인 목표를 명확하게 설정함으로써 각자의 능력을 개발하고 의욕을 높이며, 또한 각자의 힘을 조직력으로 집중 발휘시킴으로써 효율적인 경영 활동을 가능하게 하는 경영 기법 및 경영 이념
장점 ★★	① Y이론적 관리 방식(조직 목표와 개인 목표의 조화) ② 관료제의 역기능 보완(조직의 변화와 쇄신 추구로 조직 동태화에 기여) ③ 평가 · 환류 기능 중시 ④ 조직 목표 명확화 : 조직 활동 집중, 조직의 효과성 제고 ⑤ 조직 내 의사소통 활성화, 구성원 간 상호 이해 증진, 조직 내부 갈등의 건설적 해결 중시 ⑥ 참여 관리를 통한 조직의 인간화 도모, 조직구성원의 사기와 직무 만족 제고 ⑦ 목표에 입각한 결과 측정이 객관적으로 용이
단점 ★	① 장기적 · 질적 목표보다 단기적 · 양적 · 유형적 목표에 치중 ② 폐쇄체계적 성격 : 환경이 불확실하고 유동적인 곳에서는 효용 제약 ③ 권위주의적 · 집권적 조직에서는 업무 분담이나 참여 관리 곤란 ④ 시간 · 노력의 과다 소모 ⑤ 목표의 명확한 설정 및 성과 측정 곤란 ⑥ 지나치게 세밀한 서류 작업의 번거로움 ⑦ 비신축성 : 관리자가 목표 변경 주저

CHECK Point 예산제도의 비교★★★

구분	품목별 예산	성과주의 예산	계획 예산	영기준 예산	목표관리 예산
기준 방향	통제	관리	기획	의사결정	관리
범위	투입	투입 · 산출	투입 · 산출 · 효과 · 대안	대안	투입 · 산출 · 효과
핵심 기술	회계 기술	관리 기술	경제학 · 기획기술	관리와 기획 기술	관리 기술의 상식화
중요 정보	지출 대상	기관 활동	기관 목적	사업 계획의 목적 또는 기관의 목적	사업 계획의 효과성
정책결정 방식	점증적	점증적	체제적	참여적, 포괄적	분권화
기획 책임	일반적으로 부재	분산적	중앙	분권화	포괄적이지만 분배적
예산기관의 역할	재정적 적절성	능률	정책	정책의 우선순위화	사업 계획의 효과성과 능률

Theme 06 재무제표*

회계순환 과정을 거쳐 생성되는 최종적인 산물로써, 일정 기간 동안 기록된 모든 거래들을 요약한 보고서

①	(1) 한 기업의 일정 시점에서의 재무상태(자산·부채·자본)를 표시 → 정태적 재무제표 (2) 자산 = 부채 + 자본(소유주 지분) (3) 자산의 증가는 차변(Debit)이라 일컬어지는 왼편에 기입되고, 부채와 자본은 대변(Credit) 이라고 불리는 오른편에 기입
②	(1) 특정 기간 동안 발생하는 거래와 활동의 흐름을 보여준다(동태적 재무제표) (2) 순이익 = 총 수익 − 비용 (3) 수익은 오른편인 대변, 비용은 왼편인 차변에 기장이 이루어진다.
③	기업의 현금흐름을 나타내는 표

answer ① 재무상태표(대차대조표) / ② 손익계산서 / ③ 현금흐름표

의료기관 회계기준 규칙

1. 목적(제1조) : 이 규칙은 「의료법」 제62조에 따라 의료기관의 개설자가 준수하여야 하는 의료기관 회계기준을 정함으로써 의료기관 회계의 투명성을 확보함을 목적으로 한다.

2. 의료기관 회계기준의 준수대상(제2조)
   ① 「의료법」 제62조 제2항에 따라 의료기관 회계기준을 준수하여야 하는 의료기관의 개설자는 100병상 이상의 종합병원(이하 "병원"이라 한다)의 개설자를 말한다.
   ② 제1항에 따른 병상 수는 해당 병원의 직전 회계 연도의 종료일을 기준으로 산정한다.

3. 재무제표(제4조)
   ① 병원의 재무 상태와 운영 성과를 나타내기 위하여 작성하여야 하는 재무제표는 다음 각 호와 같다.
      1. 재무상태표
      2. 손익계산서
      3. 기본금 변동계산서(병원의 개설자가 개인인 경우를 제외한다)
      4. 현금흐름표
   ② 제1항의 규정에 의한 재무제표의 세부 작성방법은 보건복지부장관이 정하여 고시한다.

Theme 07 보건의료의 수요와 공급의 기본개념★★★

①	소비자가 신체적 이상을 느끼면서 의료 서비스에 대한 소비의 필요성을 갖게 될 때 만들어지는 순수한 신체적 반응에 해당한다.
②	현존하는 의료 지식에 근거하여 의사, 간호사, 한의사, 약사와 같은 전문 의료인이 판단하기에 소비자가 의료 서비스를 이용할 필요가 있다고 할 때 성립되며, 이것은 소비자의 주관보다는 전문 의료인의 판단에 의존한다.
③	소비자들이 특정 가격 수준에서 구입하고자 하는 보건의료서비스의 양(실제 구입한 양은 아님)으로 표출된 필요 또는 가상된 수요를 의미한다.
④	실제적으로 의료를 이용하는 것
⑤	인지된 필요성은 느끼나 접근도 혹은 소득 등의 이유로 진료를 못 받는 경우

answer ① 의료 욕구(Wants) / ② 의료 요구(Needs) / ③ 의료 수요(Demand) / ④ 의료 이용(Utilization) / ⑤ 미충족 의료

 Theme 08 의료 수요의 결정 요인★

의료 수요 = F(유병 요인, 사회 · 문화 · 인구적 요인, 경제적 요인, 공급 요인)

유병요인	연령	(1) 의료 이용과 연령은 U자형의 관계로 나타나는데, 이러한 관계는 거의 모든 자료에서 입증되고 있다. (2) U자형 가설에 의하면 신생아기 및 유아기에는 높은 의료 이용을 보이다가 나이와 함께 이용량이 하락하여 10대 후반에서 20대 초반에 가장 낮은 이용을 나타내고, 20대 후반부터 나이와 함께 수요가 꾸준히 증가하는 경향을 보인다. (3) 20대 후반과 30대 초반에 걸쳐 조그만 돌출이 있는 것은 여성의 임신과 출산으로 인해 증가된 의료 이용 때문이다.
	성별	(1) 남자에게는 만성 기관지염, 폐기종, 천식을 포함하는 호흡기 질환이나 감염성 피부염 등이 여자보다 많다. (2) 여자에게는 빈혈증, 고혈압, 정신신경성 질환, 자궁염을 포함하는 비뇨생식기계 질환이 남자보다 많다.
사회 문화 인구적 요인	결혼유무	(1) 가정에서 자신을 따뜻하게 돌봐줄 배우자를 가진 기혼자는 입원 치료의 기회를 줄일 수 있을 것이다. (2) 결혼 상태별 사망률도 대체로 이혼의 경우가 가장 높고, 그 다음은 미혼, 사별, 배우자가 있는 경우 순으로 나타난다. (3) 혼자 살게 되면 여자보다 남자가 훨씬 더 사망률이 높다.

	가족구성원 수	(1) 형제 수가 적을수록 영양 및 발육 상태가 양호하고 모성의 연령이 20세 이후인 경우는 연령이 적을수록 아이들의 발육이 좋게 나타나 의료 수요가 줄어든다. (2) 향후 핵가족화가 더욱 진행될수록 의료 수요는 증가할 것으로 예상된다.
	교육	(1) 교육 수준이 의료 수요에 미치는 영향은 단정적으로 말하기 어렵다. (2) 우선 교육 수준이 높을수록 건강에 대한 의료의 영향을 잘 알기 때문에 건강 상실을 예방하기 위해 의료서비스를 찾을 것이다. (3) 반면에, 학력이 높을수록 소득이 높다면 건강 상실에 따르는 손실이 크기 때문에 가정에서의 건강 생활에 더욱 적극적이 되어 의료 시장에서의 수요는 줄어들 것이다.
	새로운 의료 영역	(1) 현대 사회의 경쟁 시스템은 정신적 스트레스와 정서 불안을 가중시키고 있으며 근무 환경의 악화로 인한 신종 직업병들은 이와 관련된 새로운 의료 분야를 출현시킨다. (2) 최근에는 점차 사라지던 감염병들조차 속속 돌아오고 있다. (3) 용모와 같은 감각적 측면을 중시하는 현대적 경향은 성형외과나 건강클리닉에 대한 수요를 증대시킨다. (4) 현대인의 무분별한 성생활로 인해 AIDS와 같은 신종 감염병의 예방과 치료 분야에 대한 의료 수요도 증가하고 있다.
	질병 양상의 변화	(1) 시대 흐름과 함께 질병의 양상도 크게 변하여 감염병의 시대를 보내고 성인병의 시대를 맞이하고 있다. (2) 성인병은 그 직접적인 발생 원인이 단순하지 않고 복합적이며 발생 시기 역시 정확하게 알 수 없다. 그리고 성인병은 일단 발병하면 치료 기간이 장기적이며 치료 효과도 불확실할 뿐만 아니라 합병증의 가능성도 높다. (3) 성인병의 시대에는 고가 의료장비나 첨단 의술에 대한 의료 수요가 증가하게 된다.
경제적 요인	소득	대체로 소비자의 소득이 증가하면 수요도 증가하는 것으로 알려져 있다.
	화폐 가격	우리가 의료를 구입할 때 직접 지불해야 하는 비용을 의미
	시간 가격	소비자는 의료를 이용하는 데 소요되는 교통 시간이나 병원에서의 대기 시간과 같은 시간 가격까지 고려한다.
	대체재의 존재	(1) 보완재(Complementary Goods) : 어떤 재화를 소비할 때 함께 소비되는 재화로서, 이러한 관련성을 가지는 재화들로는 커피와 설탕, 페니실린과 주사기, 외과의사의 의료서비스와 외과간호사의 서비스 등이 있다. (2) 대체재(Substitute Goods) : 어떤 재화의 소비가 다른 재화의 소비를 대체할 수 있는 재화로서, 어떤 두 재화가 대체재 관계에 있을 때 한 재화의 가격이 하락하면 다른 재화의 수요는 감소한다. 예를 들어, 효과가 비슷한 두 가지 감기약이 있다고 한다면, A약의 가격이 상승하면 B약의 수요는 증가할 것이다(A약의 가격이 올라갈 때 B약의 가격은 일정해야 한다는 가정 하에서).
공급요인		소비자 무지가 존재하기 때문에 의료 수요의 결정에서 공급자에 의한 유인 수요 역시 그 비중이 작지 않다.
지리적 요인		지역 특수병, 풍토병 등
의료체계적 요인		접근도, 진료비 지불 방법, 의료 제도 형태 등

Theme 09 의료수요의 탄력성*

개념	(1) 가격 변화에 대한 구매자의 이러한 반응 또는 민감도 (2) 소비자들이 가격 변화에 매우 민감할 때 그들의 수요를 탄력적이라고 하며, 반대로 소비자들이 가격 변화에 민감하지 않을 때 비탄력적이라고 표현
수요의 가격탄력성**	어떤 재화의 가격이 변할 때 그 재화의 수요량이 얼마나 변하는지를 나타내는 지표 = 수요량의 변화율 / 가격의 변화율 (1) 탄력성 = 0 : 완전비탄력적 (2) 0 < 탄력성 < 1 : 비탄력적 (3) 탄력성 = 1 : 단위 탄력적 (4) 1 < 탄력성 < ∞ : 탄력적 (5) 탄력성 = ∞ : 완전탄력적
소득의 가격탄력성	재화의 상대가격을 일정하다고 보고 실질국민소득의 변화에 따른 수요량, 기타 고용량, 수입량 등의 변화관계를 탄력성 계수로 나타낸 것으로 생활필수품의 소득탄력성은 적으며, 반대로 사치품의 경우는 소득탄력성이 크다. = 수요량의 변화율 / 소득의 변화율
교차 탄력성	(1) 어떤 상품의 가격이 변화하는 데 대한 다른 상품의 수요량의 반응을 나타내는 지표로, 0보다 크면 대체재, 0보다 작으면 보완재에 속한다. (2) j 재화의 가격 변화에 따른 i 재화의 수요량 변화를 나타내는 교차탄력성은 다음과 같이 주어진다. $$\epsilon QiPj = \dfrac{\dfrac{\Delta Qi}{Qi} \times 100}{\dfrac{\Delta Pj}{Pj} \times 100}$$

Theme 10 보건의료시장의 특징

(1) 의료서비스의 공급자에게 정보가 집중되어 있는 반면에, 소비자들에게는 보건의료에 관한 정보가 충분히 제공되지 못하고 있다.
(2) 인간의 생명을 다루고 있는 의료서비스는 면허 제도를 통해 생산의 독점을 이루는 동시에 시장으로의 자유로운 진입을 금지하고 있다.
(3) 의료서비스를 생산하는 공급자는 비영리적 동기로 참여하고 있다.
(4) 외부 효과가 존재한다.
(5) 건강에 대한 욕구는 인간의 기본권으로 소득에 관계없이 충족되어야 하기 때문에 시장가격 기구의 적용에 어려움이 있다.
(6) 보건의료는 소비재이지만, 사람들은 보건의료를 소비하여 건강을 유지하면 소득활동을 할 수 있다는 일종의 투자적 성격도 가지고 있다.

Theme 11 보건의료시장의 실패와 정부 개입***

(1) 보건의료에 대한 국가 개입의 필요성

① 시장기능의 실패
② 건강의 총체적 특성 : 많은 종류의 활동이 건강과 연관되어 있으며 건강은 모든 활동의 출발점이 되기도 한다.
③ 다차원적 필요 : 건강 문제는 정치적, 경제적, 사회적, 물리적, 문화적, 개인적 요인에 의해 영향을 받고 있다.
④ 건강권의 대두
⑤ 의료의 공공재적 특징

(2) 정부개입 유형

수요(소비)규제 정책	① 불필요한 의료 이용이나 과잉 이용을 규제 ② 진단과 검사, 처치를 하는 데 있어서 효과적이지 않거나 상대적으로 비싼 의료장비 등의 사용을 억제하는 정책이나 진료비 중 본인에게 일부 부담시키는 정책
수요촉진 정책	① 정부가 적극적으로 국민의 삶의 질을 향상시키기 위해 최첨단의 의료장비를 광범위하게 사용하도록 권장하고 촉진하는 정책 ② CT, MRI와 같이 비싸지만 질병 치료에 필수적인 고가 의료장비를 전 국민이 활용할 수 있도록 보험 급여화 정책을 실시
공급규제 정책	① 의료 공급자 또는 의료기기 생산자에 대해 규제 ② 대도시 의료기관의 병상 증설을 억제하는 행위
공급촉진 정책	① 소비자의 의료이용 접근도를 제고시키기 위해 공급 영역에서 촉진정책을 통하여 개입 ② 의료취약 지역에 대한 의료시설의 확충, 취약지역에 의료기관 개설 시 세금 감면, 금융지원 등의 재정정책

(3) 국가의 역할

규제자	① 의료 문제 전반에 대하여 보다 적극적으로 개입한다. ② 보건의료서비스 가격을 통제한다.
정보 제공자	정부는 보건의료에 대한 지식과 정보를 소비자에게 제공함으로써 소비자의 무지를 보완한다.
보건의료서비스 제공자	정부는 경찰 병원, 보훈 병원, 공무원 전용병원 등을 건립하여 직접적인 제공자의 역할도 하고 있다.
재정자원	의료취약 지역에 병원 건립을 위해 금융이나 세제상의 지원 정책을 실시한다.
보건의료자원 제공자	무의촌에 공중 보건의를 파견하거나, 병원을 건립하거나, 고가 의료장비를 정부가 구입하여 한 지역사회에게 여러 의료기관이 공동으로 사용하도록 하는 등 정부는 의료자원 전반에 공급자의 역할을 수행하고 있다.
보험자*	보건의료서비스의 원활한 배분을 위해 정부는 건강보험제도를 주관하는 보험자의 역할을 수행하고 있다.

Theme 12 국민의료비

CHECK Point ⊕ 국민보건 계정(Korean National Health Accounts)

1. 정의 : 의료비의 재원, 기능, 공급자별 흐름을 일목요연하게 보여주는 국가 단위 의료비 지출의 종합표
2. "기능별, 공급자별, 재원별"의 3가지 축을 기본으로 한다.

기능별 분류	서비스 유형별로 지출액을 구분하는 것으로 개인 의료비(입원, 외래, 의약품)와 집합보건 의료비(예방 서비스 거버넌스, 재정 관리)로 구성된다.
공급자별 분류	어떤 공급자에게 의료비 지출이 되어 가는지를 구분하는 것으로 병원, 요양시설, 통원보건의료 제공자(의원급), 보조서비스 제공자, 기타 제공자(약국), 재원제공자(사회건강보험기관, 민간건강보험관리조직 등), 국내 기타부문, 해외부문으로 구성된다.
재원별 분류	어떤 재원으로부터 돈이 나오는 지를 보는 것으로 의무 가입제도, 임의 가입제도, 가계 직접 부담, 해외부문으로 구성된다.

3. 작성 원칙

포괄성	보건 계정은 보건의료 활동 전 분야를 포괄하는 계정 틀을 제공해야 한다.
일관성	내적인 일관성 및 시계열적인 일관성 유지
비교 가능성	국내적 관찰(home-based observations)을 국제 비교가 가능한 데이터로 바꾸는 국내 통계 담당자의 작업에 도움이 되어야 한다.
양립성	국민보건 계정은 국민계정의 관련 카테고리(최종 소비, 중간 소비, 자본 형성, 급여 이전)에 분명하게 할당될 수 있어야 한다.
시의성, 정확성	'정확성'이란 필요한 최소수준의 세부 사항이 정기적으로 보고되어야 한다는 것을 의미함. 보건 계정과 보건의료자원에 대한 통계 조사가 '시의성'이 있기 위해서는 적어도 지출 시점에서 6개월 이후에는 기초적 데이터를 얻을 수 있어야 한다.
정책 민감성	보건 계정의 정책 민감성은 보건의료 공공 정책이 자주 변화하는 시대일수록 더욱 중요한 원칙이 된다.

(1) 국민의료비의 구성

개인의료비	개인에게 직접 주어지는 서비스 내지 재화에 대한 지출을 의미 = 치료서비스 + 재활서비스 + 장기요양서비스(보건) + 보조서비스(타 기능에 미포함) + 의료재화(타 기능에 미포함)
집합 보건의료비	공중을 대상으로 하는 보건의료 관련 지출로 크게 예방 및 공중보건 사업이나 보건행정 관리비로 구분 = 예방서비스 + 거버넌스, 보건체계, 재정관리 + 기타 보건의료서비스
자본형성	공장과 기계, 건물 등 고정자본과 원료 재고품 등을 포함한 것을 의미하며, 특히 건물 등 고정자본의 증가만을 가리켜 '고정자본 형성'이라고도 한다.

(2) 국민의료비 증가 원인★★★

의료 수요의 증가 (Demand – Pull Inflation)	① 소득의 증가 : 소득 증가에 따른 의료수요 증가는 U자형을 그리면서 변화한다. ② 건강보험의 확대에 따른 경제적 장벽의 제거 : 건강보험의 확대로 경제적 장벽이 제거되면 의료 이용은 자연히 증가하게 되며, 심지어 의료 이용을 남용하기까지 한다. ③ 인구구조의 변화 : 의료비 증가를 가속화시키고 있는 인구학적 요인은 절대 인구의 증가와 인구의 노령화를 들 수 있다. ④ 사회 간접시설의 확충 : 교통과 통신의 발달은 소비자의 의료에 대한 접근을 용이하게 해주고 있다.	
의료 생산비용의 증가 (Cost – Push Inflation)	① 임금의 상승 ② 보건의료서비스 생산에 투입되는 요소 가격의 상승	
의학기술의 발전	의료는 인간의 생명과 직결되기 때문에 비용 절약적인 성격을 거의 가지고 있지 않은 고도의 기술이나 고급 의료장비 등이 많다. 따라서 투입되는 시설이나 장비, 재료비 등의 상승은 의료의 생산 비용을 증가시키고 결국 의료 가격의 인상을 초래한다.	

(3) 국민의료비 억제방안★★★

구분		내용
단기적 방안	수요 측 억제방안	• 본인부담률 인상 • 보험급여 범위 확대를 억제하여 의료에 대한 과잉 수요를 줄임
	공급 측 억제방안	• 의료 수가 상승을 억제 • 고가 의료기술의 도입 및 사용을 억제하여 도입된 장비의 공동사용 방안 등을 강구하면서 의료비 증가 폭을 줄임 • 행정 절차의 효율적 관리 운영으로 의료비 상승 억제 • 보험 급여의 질적 적절성 평가(의료 이용도 조사, 질 평가 등)
장기적 방안	지불보상제도의 개편	사전 결제방식의 형태로 개편
	보건의료전달체계의 확립	공공 부문 의료서비스의 확대 및 의료의 사회화, 공공성의 확대
	의료대체 서비스 및 인력 개발 및 활용	다양한 보건의료 전문가의 양성으로 효율적인 인력 관리

Theme 13 병원행태 모형

이윤극대화모형	이윤이 극대화되도록 설비에 대한 투자를 하고 가격을 책정할 것이며 생산량을 정한다.
Newhouse 비영리 모형 (양 – 질 균형 모형)	진료 서비스의 양과 질을 동시에 추구한다. 즉, 재정이 허용하는 범위 내에서는 좋은 질의 서비스를 가능한 한 많이 제공하고자 한다.
수입극대화모형 (효용극대화 모형)	(1) 이윤보다는 수입의 극대화를 통하여 시장 점유율을 높이고, 고정방문 환자가 많게 하는 등 병원의 특성 및 존재를 알려 장기적으로 병원 규모의 확대를 꾀하는 이론 모형이다. (2) 이 모형은 이윤을 전혀 고려하지 않는 것이 아니고, 최소 이윤의 제약조건 아래 수입 극대화를 추구한다는 모형이다.
격차 극소화모형 *	(1) 의미 : 의료 장비나 의료기술이 가져다 줄 이윤에 대한 전망보다는 새로운 고객의 확보, 병원의 명성, 고급 기술을 이용한다는 자부심 등을 더 중요하게 고려한다는 현실을 설명한다. (2) 특성 : 시설 투자 등 제반 사항에 대한 의사결정을 할 때, 비슷한 수준의 다른 병원들의 행태를 염두에 두는 상호 의존성을 강조하는 것이 특징

PART 12

보건사업론

12. 보건사업론

 Theme 01 지역사회 보건사업의 접근 원칙

(1) 지역사회 중심이 기본이다.
(2) 주민의 자율성이 전제된다.
(3) 종합적이고 복합적인 활동과 사고 방식이 전제된다.
(4) 치료 중심에서 벗어나 질병 예방을 포함한 양질의 총괄적인 의료서비스가 되어야 한다.
(5) 효율성이 실제적 원칙이다.

 Theme 02 지역 보건사업의 종류

기존 사업(1995년 이전)		확대 사업(1995년 이후)	
① 감염병 관리	② 환경 개선	① 노인 보건	② 정신 보건
③ 모자 보건	④ 보건 교육	③ 건강 증진	④ 구강 보건
⑤ 결핵 관리	⑥ 성병	⑤ 정보화사업	⑥ 금연 사업
⑦ 가족 계획	⑧ 예방 접종	⑦ 만성질환 관리	

 Theme 03 일차 보건의료와 건강증진

	일차 보건의료	건강증진
배경 국제회의	①	②
관련 국내법	③	④
핵심 개념	⑤	⑥
기본원칙 및 기본정책 ★★★	• 실제적이고 과학적으로 건전하며 사회적으로 수용 가능한 방법과 기술에 근거하여 • (⑦) • 지역주민들의 적극적인 참여 하에 • (⑧) • 주민과 가장 가까운 위치에서 지속적으로 실시되는 필수적인 건강관리사업	• (⑨) • (⑩) • 지역사회 활동 강화 • (⑪) • 보건의료사업의 방향 재설정

answer ① 구소련의 알마타회의(1978) / ② 캐나다 오타와회의(1986) / ③ 1980. 농특법 / ④ 1995. 국민건강증진법 / ⑤ 건강권 / ⑥ 생활양식의 변화와 보건교육 / ⑦ 지역사회가 받아들일 수 있는 방법으로 / ⑧ 그들의 지불능력에 맞게 / ⑨ 건강에 이로운 공공정책 수립 / ⑩ 건강지향적 환경 조성 / ⑪ 개개인의 기술 개발

	일차 보건의료의 접근법(WHO의 4A)	건강증진의 3대 원칙
접근원칙과 3대 원칙 ★★★	① (⑫) : 지역주민이 원할 때는 언제나 서비스 제공이 가능해야 함 ② (⑬) : 지역사회의 적극적 참여를 통해서 이루어져야 함 ③ (⑭) : 지역사회가 쉽게 받아들일 수 있는 방법으로 제공되어야 함 ④ (⑮) : 지역사회 구성원의 지불능력에 맞는 보건의료수가로 제공되어야 함	• (⑯) : 건강한 보건정책을 수립하도록 강력히 촉구하는 것 • (⑰) : 본인과 가족의 건강을 유지할 수 있게 하는 것을 그들의 원리로써 인정하며, 이들이 스스로의 건강관리에 적극 참여하여 자신들의 행동에 책임을 느끼게 하는 것 • (⑱) : 모든 사람들이 건강을 위한 발전을 계속하도록 건강에 영향을 미치는 경제, 언론, 학교 등 모든 관련 분야의 전문가들이 협조하는 것
필수사업	① 현존 건강문제의 예방과 관리에 대한 보건교육 ② 가족계획을 포함한 모자보건 ③ 식량 공급 및 영양 ④ 음료수 공급 및 위생 ⑤ 풍토병 예방 및 관리 ⑥ 그 지역의 주된 감염병의 예방접종 ⑦ 통상질환과 상해의 적절한 관리 ⑧ 정신보건 증진 ⑨ 기초약품 제공 ⑩ 심신장애자의 사회의학적 재활	

answer ⑫ 접근성(Accessible) / ⑬ 주민참여(Available) / ⑭ 수용가능성(Acceptable) / ⑮ 지불부담능력(Affordable) / ⑯ 옹호 / ⑰ 역량강화 / ⑱ 연합

(1) 보건의료

1차 건강문제 →
(①) (PHC, Primary Health Care) : 예방적 보건의료사업
• 1978년, Alma-Ata회의 1차 보건의료 : 예방접종, 식수위생관리, 모자보건, 보건교육, 풍토병관리, 경미한 질병치료, 영양개선 • 주민의 적극적인 참여와 지역사회개발정책의 일환으로 말단부락이 핵심
2차 건강문제 →
(②) (SHC, Secondary Health Care) : 치료 및 환자관리사업
• 응급처치질병, 급성질환, 입원환자관리 등 전문병원의 활동요구 • 임상전문의와 간호사 등 의료인력의 역할 강조
3차 건강문제 →
(③) (THC, Tertiary Health Care) : 재활 및 만성질환사업
• 회복기환자, 재활환자, 노인간호, 만성질환 관리 • 노령화사회, 노인성질병관리

answer ① 1차 보건의료 / ② 2차 보건의료 / ③ 3차 보건의료

(2) Tannahill(1985)의 건강증진 7차원 ★

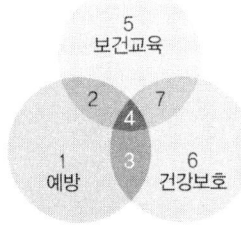

1. 예방영역
2. 예방적 보건교육 영역
3. 예방적 건강보호 영역
4. 예방적 건강보호를 위한 보건교육
5. 적극적 보건교육 영역
6. 적극적 건강보호 영역
7. 적극적 건강보호를 위한 보건교육 영역

〈타나힐의 건강증진모형〉

출처 : 최연희 등(2016), 지역사회간호학

(3) 건강증진사업의 발전과정

①	라론드(Maro Lalonde, 캐나다 보건복지부장관) 보고서	건강증진 4가지 요소 : 환경, 생활방식, 인간생물학, 보건의료체계 중 생활방식이 건강에 미치는 영향 50% 이상 차지
②	WHO 알마아타 선언	치료 중심에서 예방 강조의 1차 보건의료를 강조
③	제1차 건강증진국제회의 (캐나다 오타와)	오타와 헌장의 5가지 실행전략★★★ • 건강에 좋은 공공정책의 확립 • 건강지향적 환경조성 • 지역사회 활동의 강화 • 건강증진에 대한 개인의 기술개발 • 보건의료사업의 방향 재설정
1988	제2차 건강증진국제회의 (호주 애들레이드)	① 건강증진을 위한 건전한 공공정책을 강조★ ② 우선순위 　1. 여성건강의 개선 　2. 식량과 영양 　3. 담배와 알코올 　4. 지원적 환경
1991	제3차 건강증진국제회의 (스웨덴 Sundsvall)	자원환경조성의 중요성
1997	제4차 건강증진국제회의 (인도네시아 자카르타)	건강증진을 보건의료 개발에 중점, 공공 및 민간부문의 동반자 관계 강조
2000	제5차 건강증진국제회의 (멕시코 멕시코시티)	형평성 제고를 위한 계층 간 격차 해소
2005	제6차 건강증진국제회의 (태국 방콕)	실천을 위한 정책과 파트너십, '건강 결정요소'가 회의 주요 주제
2009	제7차 건강증진국제회의 (케냐 나이로비)	수행역량 격차해소를 통한 건강증진과 개발★
2013	제8차 건강증진국제회의 (핀란드 헬싱키)	국가 수준에서 건강을 위한 다부문적 활동과 모든 정책에서의 건강 접근방법의 시행을 강조
2016	제9차 건강증진국제회의 (중국 상하이)	지속가능한 개발 목표(SDGs) 달성을 위한 보건영역의 역할에 대해 논의 강조

answer ① 1974 / ② 1978 / ③ 1986

(4) 제5차 국민건강증진종합계획(HP 2030)
① 비전 : 모든 사람이 평생 건강을 누리는 사회
② 총괄목표 : (①), 건강형평성 제고
③ 기본원칙

㉠ 국가와 지역사회의 모든 정책 수립에 건강을 우선적으로 반영한다.
㉡ 보편적인 건강수준의 향상과 건강형평성 제고를 함께 추진한다.
㉢ 모든 생애과정과 생활터에 적용한다.
㉣ 건강친화적인 환경을 구축한다.
㉤ 누구나 참여하여 함께 만들고 누릴 수 있도록 한다.
㉥ 관련된 모든 부문이 연계하고 협력한다.

분과	건강생활 실천	정신건강 관리	비감염성 질환 예방관리	감염 및 환경성 질환 예방관리	인구집단별 건강관리	건강친화적 환경구축
중점 과제	• 금연 • 절주 • 영양 • 신체활동 • (②)	• 자살예방 • 치매 • 중독 • 지역사회 정신건강	• (③) • 심뇌혈관 질환 • 비만 • 손상	• 감염병 예방 및 관리 • 감염병 위기 대비 대응 • 기후변화성 질환	• (④) • 청소년(학생) • (⑤) • 노인 • 장애인 • 근로자 • (⑥)	• 건강친화적 법제도 개선 • 건강정보 이해력 제고 • 혁신적 정보 기술의 적용 • 재원 마련 및 운용 • 지역사회 자원 (인력, 시설) 확충 및 거버넌스 구축

answer ① 건강수명의 연장 / ② 구강건강 / ③ 암 / ④ 영유아 / ⑤ 여성 / ⑥ 군인

중점과제	10년 후 달라지는 모습(대표 지표)
암관리	성인(20~74세) 암 (①)(남성, 여성)
심뇌혈관질환	성인(남성, 여성) 고혈압 (②), 성인(남성, 여성) 당뇨병 유병률, 급성 심근경색증 환자의 발병 후 (③)시간 미만 응급실 도착 비율
감염병예방 및 관리	신고 결핵 신환자율(인구 10만 명당)
정신보건	자살사망률(인구 10만 명당), 여성 자살사망률(인구 10만 명당), 남성 자살사망률(인구 10만 명당)
치매	치매안심센터의 치매환자 등록 · 관리율(전국 평균)
중독	(④)사용장애 정신건강 서비스 이용률

answer ① 발생률 / ② 유병률 / ③ 3 / ④ 알코올

지역사회 정신건강	정신건강 서비스이용률
구강보건	영구치(12세 이상) 우식경험률(연령 표준화)
금연	성인(남성, 여성) 현재흡연율(연령 표준화)
절주	성인(남성, 여성) 고위험 음주율(연령 표준화)
신체활동	성인(남성, 여성) 유산소 신체활동 실천율(연령 표준화)
영양	식품 안전성 확보 가구분율
영유아건강	(⑤)(출생아 1천 명당)
청소년	고등학교 남학생, 여학생 현재흡연율
여성	(⑥)(출생아 10만 명당)
노인	노인(남성, 여성)의 (⑦) 건강인지율
장애인	성인 장애인 건강검진 수검률
근로자	연간 평균 노동시간
군인	군 장병 흡연율
비만	성인(남성, 여성) 비만 유병률(연령 표준화)
건강정보 이해력 제고	성인(남성, 여성) 적절한 건강정보이해능력 수준
감염병위기 대비대응	(⑧) 완전접종률
기후변화성 질환	기후보건영향평가 평가체계 구축 및 운영
손상예방	손상사망률(인구 10만 명당)

answer ⑤ 영아사망률 / ⑥ 모성사망비 / ⑦ 주관적 / ⑧ MMR

Theme 04 국민건강증진법

제1조	(목적) 이 법은 국민에게 건강에 대한 가치와 책임의식을 함양하도록 건강에 관한 바른 지식을 보급하고 스스로 건강생활을 실천할 수 있는 여건을 조성함으로써 국민의 건강을 증진함을 목적으로 한다.
제2조	(정의) 이 법에서 사용하는 용어의 정의는 다음과 같다. 〈개정 2016. 3. 2., 2019. 12. 3.〉 1. "국민건강증진사업"이라 함은 보건교육, 질병예방, 영양개선, 신체활동장려, 건강관리 및 건강생활의 실천등을 통하여 국민의 건강을 증진시키는 사업을 말한다. 2. "보건교육"이라 함은 개인 또는 집단으로 하여금 건강에 유익한 행위를 자발적으로 수행하도록 하는 교육을 말한다. 3. "영양개선"이라 함은 개인 또는 집단이 균형된 식생활을 통하여 건강을 개선시키는 것을 말한다. 4. "신체활동장려"란 개인 또는 집단이 일상생활 중 신체의 근육을 활용하여 에너지를 소비하는 모든 활동을 자발적으로 적극 수행하도록 장려하는 것을 말한다. 5. "건강관리"란 개인 또는 집단이 건강에 유익한 행위를 지속적으로 수행함으로써 건강한 상태를 유지하는 것을 말한다.

	6. "건강친화제도"란 근로자의 건강증진을 위하여 직장 내 문화 및 환경을 건강친화적으로 조성하고, 근로자가 자신의 건강관리를 적극적으로 수행할 수 있도록 교육, 상담 프로그램 등을 지원하는 것을 말한다.
제3조의 2	(보건의 날) ① 보건에 대한 국민의 이해와 관심을 높이기 위하여 매년 4월 7일을 보건의 날로 정하며, 보건의 날부터 1주간을 건강주간으로 한다.

제4조	(국민건강증진종합계획의 수립)
	① 보건복지부장관은 제5조의 규정에 따른 국민건강증진정책심의위원회의 심의를 거쳐 국민건강증진종합계획(이하 "종합계획"이라 한다)을 5년마다 수립하여야 한다. 이 경우 미리 관계중앙행정기관의 장과 협의를 거쳐야 한다. 〈개정 2008. 2. 29., 2010. 1. 18.〉
	② 종합계획에 포함되어야 할 사항은 다음과 같다. 〈개정 2014. 3. 18.〉
	  1. 국민건강증진의 기본목표 및 추진방향
	  2. 국민건강증진을 위한 주요 추진과제 및 추진방법
	  3. 국민건강증진에 관한 인력의 관리 및 소요재원의 조달방안
	  4. 제22조의 규정에 따른 국민건강증진기금의 운용방안
	  4의2. 아동·여성·노인·장애인 등 건강취약 집단이나 계층에 대한 건강증진 지원방안
	  5. 국민건강증진 관련 통계 및 정보의 관리 방안
	  6. 그 밖에 국민건강증진을 위하여 필요한 사항

제6조	(건강친화 환경 조성 및 건강생활의 지원 등)
	① 국가 및 지방자치단체는 건강친화 환경을 조성하고, 국민이 건강생활을 실천할 수 있도록 지원하여야 한다. 〈개정 2019. 12. 3.〉
	② 국가는 혼인과 가정생활을 보호하기 위하여 혼인전에 혼인 당사자의 건강을 확인하도록 권장하여야 한다.
	
	시행규칙 제3조 (건강확인의 내용 및 절차)
	①「국민건강증진법」(이하 "법"이라 한다) 제6조제3항의 규정에 의한 건강확인의 내용은 다음 각 호의 질환으로서 보건복지부장관이 정하는 질환으로 한다. 〈개정 2006. 4. 25., 2008. 3. 3., 2010. 3. 19.〉
	  1. 자녀에게 건강상 현저한 장애를 줄 수 있는 유전성질환
	  2. 혼인당사자 또는 그 가족에게 건강상 현저한 장애를 줄 수 있는 전염성질환

제6조의5	(건강도시의 조성 등) ① 국가와 지방자치단체는 지역사회 구성원들의 건강을 실현하도록 시민의 건강을 증진하고 도시의 물리적·사회적 환경을 지속적으로 조성·개선하는 도시(이하 "건강도시"라 한다)를 이루도록 노력하여야 한다. ② 보건복지부장관은 지방자치단체가 건강도시를 구현할 수 있도록 건강도시지표를 작성하여 보급하여야 한다. ③ 보건복지부장관은 건강도시 조성 활성화를 위하여 지방자치단체에 행정적·재정적 지원을 할 수 있다. ④ 그 밖에 건강도시지표의 작성 및 보급 등에 관하여 필요한 사항은 보건복지부령으로 정한다. [본조신설 2021. 12. 21.] [시행일: 2023. 12. 22.] 제6조의5

제7조	(광고의 금지 등)
	① 보건복지부장관은 국민건강의식을 잘못 이끄는 광고를 한 자에 대하여 그 내용의 변경 등 시정을 요구하거나 금지를 명할 수 있다. 〈개정 1997. 12. 13., 2008. 2. 29., 2010. 1. 18., 2016. 12. 2.〉
	② 제1항의 규정에 따라 보건복지부장관이 광고내용의 변경 또는 광고의 금지를 명할 수 있는 광고는 다음 각 호와 같다. 〈신설 2006. 9. 27., 2008. 2. 29., 2010. 1. 18.〉
	  1. 삭제 〈2020. 12. 29.〉
	  2. 의학 또는 과학적으로 검증되지 아니한 건강비법 또는 심령술의 광고
	  3. 그 밖에 건강에 관한 잘못된 정보를 전하는 광고로서 대통령령이 정하는 광고

제8조	(금연 및 절주운동등) ① 국가 및 지방자치단체는 국민에게 담배의 직접흡연 또는 간접흡연과 과다한 음주가 국민건강에 해롭다는 것을 교육·홍보하여야 한다. 〈개정 2006. 9. 27.〉 ② 국가 및 지방자치단체는 금연 및 절주에 관한 조사·연구를 하는 법인 또는 단체를 지원할 수 있다. ③ 삭제 〈2011. 6. 7.〉 ④ 「주류 면허 등에 관한 법률」에 의하여 주류제조의 면허를 받은 자 또는 주류를 수입하여 판매하는 자는 대통령령이 정하는 주류의 판매용 용기에 과다한 음주는 건강에 해롭다는 내용, 음주운전은 자신과 다른 사람의 생명을 위태롭게 할 수 있다는 내용과 임신 중 음주는 태아의 건강을 해칠 수 있다는 내용의 경고문구 또는 경고그림을 표기하여야 한다.

제9조	(금연을 위한 조치)
	① 삭제 〈2011. 6. 7.〉
	② 담배사업법에 의한 지정소매인 기타 담배를 판매하는 자는 대통령령이 정하는 장소외에서 담배자동판매기를 설치하여 담배를 판매하여서는 아니된다.
	③ 제2항의 규정에 따라 대통령령이 정하는 장소에 담배자동판매기를 설치하여 담배를 판매하는 자는 보건복지부령이 정하는 바에 따라 성인인증장치를 부착하여야 한다. 〈신설 2003. 7. 29., 2008. 2. 29., 2010. 1. 18.〉
	④ 다음 각 호의 공중이 이용하는 시설의 소유자·점유자 또는 관리자는 해당 시설의 전체를 금연구역으로 지정하고 금연구역을 알리는 표지를 설치하여야 한다. 이 경우 흡연자를 위한 흡연실을 설치할 수 있으며, 금연구역을 알리는 표지와 흡연실을 설치하는 기준·방법 등은 보건복지부령으로 정한다. 〈개정 2011. 6. 7., 2014. 1. 21., 2016. 12. 2., 2017. 12. 30., 2021. 12. 21.〉
	  1. 국회의 청사
	  2. 정부 및 지방자치단체의 청사
	  3. 「법원조직법」에 따른 법원과 그 소속 기관의 청사
	  4. 「공공기관의 운영에 관한 법률」에 따른 공공기관의 청사
	  5. 「지방공기업법」에 따른 지방공기업의 청사
	  6. 「유아교육법」·「초·중등교육법」에 따른 학교[교사(校舍)와 운동장 등 모든 구역을 포함한다]
	  7. 「고등교육법」에 따른 학교의 교사
	  8. 「의료법」에 따른 의료기관, 「지역보건법」에 따른 보건소·보건의료원·보건지소
	  9. 「영유아보육법」에 따른 어린이집

10. 「청소년활동 진흥법」에 따른 청소년수련관, 청소년수련원, 청소년문화의집, 청소년특화시설, 청소년야영장, 유스호스텔, 청소년이용시설 등 청소년활동시설
11. 「도서관법」에 따른 도서관
12. 「어린이놀이시설 안전관리법」에 따른 어린이놀이시설
13. 「학원의 설립·운영 및 과외교습에 관한 법률」에 따른 학원 중 학교교과교습학원과 연면적 1천제곱미터 이상의 학원
14. 공항·여객부두·철도역·여객자동차터미널 등 교통 관련 시설의 대기실·승강장, 지하보도 및 16인승 이상의 교통수단으로서 여객 또는 화물을 유상으로 운송하는 것
15. 「자동차관리법」에 따른 어린이운송용 승합자동차
16. 연면적 1천제곱미터 이상의 사무용건축물, 공장 및 복합용도의 건축물
17. 「공연법」에 따른 공연장으로서 객석 수 300석 이상의 공연장
18. 「유통산업발전법」에 따라 개설등록된 대규모점포와 같은 법에 따른 상점가 중 지하도에 있는 상점가
19. 「관광진흥법」에 따른 관광숙박업소
20. 「체육시설의 설치·이용에 관한 법률」에 따른 체육시설로서 1천명 이상의 관객을 수용할 수 있는 체육시설 과 같은 법 제10조에 따른 체육시설업에 해당하는 체육시설로서 실내에 설치된 체육시설
21. 「사회복지사업법」에 따른 사회복지시설
22. 「공중위생관리법」에 따른 목욕장
23. 「게임산업진흥에 관한 법률」에 따른 청소년게임제공업소, 일반게임제공업소, 인터넷컴퓨터게임시설제공업소 및 복합유통게임제공업소
24. 「식품위생법」에 따른 식품접객업 중 영업장의 넓이가 보건복지부령으로 정하는 넓이 이상인 휴게음식점영업소, 일반음식점영업소 및 제과점영업소와 같은 법에 따른 식품소분·판매업 중 보건복지부령으로 정하는 넓이 이상인 실내 휴게공간을 마련하여 운영하는 식품자동판매기 영업소
25. 「청소년보호법」에 따른 만화대여업소
26. 그 밖에 보건복지부령으로 정하는 시설 또는 기관

⑤ 특별자치시장·특별자치도지사·시장·군수·구청장은 「주택법」 제2조제3호에 따른 공동주택의 거주 세대 중 2분의 1 이상이 그 공동주택의 복도, 계단, 엘리베이터 및 지하주차장의 전부 또는 일부를 금연구역으로 지정하여 줄 것을 신청하면 그 구역을 금연구역으로 지정하고, 금연구역임을 알리는 안내표지를 설치하여야 한다. 이 경우 금연구역 지정 절차 및 금연구역 안내표지 설치 방법 등은 보건복지부령으로 정한다. 〈신설 2016. 3. 2., 2017. 12. 30.〉

⑥ 특별자치시장·특별자치도지사·시장·군수·구청장은 흡연으로 인한 피해 방지와 주민의 건강 증진을 위하여 다음 각 호에 해당하는 장소를 금연구역으로 지정하고, 금연구역임을 알리는 안내표지를 설치하여야 한다. 이 경우 금연구역 안내표지 설치 방법 등에 필요한 사항은 보건복지부령으로 정한다. 〈신설 2017. 12. 30.〉

  1. 「유아교육법」에 따른 유치원 시설의 경계선으로부터 10미터 이내의 구역(일반 공중의 통행·이용 등에 제공된 구역을 말한다)
  2. 「영유아보육법」에 따른 어린이집 시설의 경계선으로부터 10미터 이내의 구역(일반 공중의 통행·이용 등에 제공된 구역을 말한다)

⑦ 지방자치단체는 흡연으로 인한 피해 방지와 주민의 건강 증진을 위하여 필요하다고 인정하는 경우 조례로 다수인이 모이거나 오고가는 관할 구역 안의 일정한 장소를 금연구역으로 지정할 수 있다. 〈신설 2010. 5. 27., 2016. 3. 2., 2017. 12. 30.〉

	⑧ 누구든지 제4항부터 제7항까지의 규정에 따라 지정된 금연구역에서 흡연하여서는 아니 된다. 〈개정 2010. 5. 27., 2016. 3. 2., 2017. 12. 30.〉

제9조의2	(담배에 관한 경고문구 등 표시)
	① 「담배사업법」에 따른 담배의 제조자 또는 수입판매업자(이하 "제조자등"이라 한다)는 담배갑포장지 앞면·뒷면·옆면 및 대통령령으로 정하는 광고(판매촉진 활동을 포함한다. 이하 같다)에 다음 각 호의 내용을 인쇄하여 표기하여야 한다. 다만, 제1호의 표기는 담배갑포장지에 한정하되 앞면과 뒷면에 하여야 한다. 〈개정 2015. 6. 22.〉
	  1. 흡연의 폐해를 나타내는 내용의 경고그림(사진을 포함한다. 이하 같다)
	  2. 흡연이 폐암 등 질병의 원인이 될 수 있다는 내용 및 다른 사람의 건강을 위협할 수 있다는 내용의 경고문구
	  3. 타르 흡입량은 흡연자의 흡연습관에 따라 다르다는 내용의 경고문구
	  4. 담배에 포함된 다음 각 목의 발암성물질
	    가. 나프틸아민
	    나. 니켈
	    다. 벤젠
	    라. 비닐 크롤라이드
	    마. 비소
	    바. 카드뮴
	  5. 보건복지부령으로 정하는 금연상담전화의 전화번호
	② 제1항에 따른 경고그림과 경고문구는 담배갑포장지의 경우 그 넓이의 100분의 50 이상에 해당하는 크기로 표기하여야 한다. 이 경우 경고그림은 담배갑포장지 앞면, 뒷면 각각의 넓이의 100분의 30 이상에 해당하는 크기로 하여야 한다. 〈신설 2015. 6. 22.〉
	③ 제1항 및 제2항에서 정한 사항 외의 경고그림 및 경고문구 등의 내용과 표기 방법·형태 등의 구체적인 사항은 대통령령으로 정한다. 다만, 경고그림은 사실적 근거를 바탕으로 하고, 지나치게 혐오감을 주지 아니하여야 한다. 〈개정 2015. 6. 22.〉
	④ 제1항부터 제3항까지의 규정에도 불구하고 전자담배 등 대통령령으로 정하는 담배에 제조자등이 표기하여야 할 경고그림 및 경고문구 등의 내용과 그 표기 방법·형태 등은 대통령령으로 따로 정한다.

제12조	(보건교육의 실시 등)
	① 국가 및 지방자치단체는 모든 국민이 올바른 보건의료의 이용과 건강한 생활습관을 실천할 수 있도록 그 대상이 되는 개인 또는 집단의 특성·건강상태·건강의식 수준등에 따라 적절한 보건교육을 실시한다.
	
	시행령 제17조 (보건교육의 내용) 법 제12조에 따른 보건교육에는 다음 각 호의 사항이 포함되어야 한다. 〈개정 2018. 12. 18.〉
	  1. 금연·절주등 건강생활의 실천에 관한 사항
	  2. 만성퇴행성질환등 질병의 예방에 관한 사항
	  3. 영양 및 식생활에 관한 사항
	  4. 구강건강에 관한 사항
	  5. 공중위생에 관한 사항
	  6. 건강증진을 위한 체육활동에 관한 사항
	  7. 그 밖에 건강증진사업에 관한 사항

제16조	**(국민영양조사등)** ① 질병관리청장은 보건복지부장관과 협의하여 국민의 건강상태·식품섭취·식생활조사등 국민의 영양에 관한 조사(이하 "국민영양조사"라 한다)를 정기적으로 실시한다. 〈개정 1997. 12. 13., 2008. 2. 29., 2010. 1. 18., 2020. 8. 11.〉 ② 특별시·광역시 및 도에는 국민영양조사와 영양에 관한 지도업무를 행하게 하기 위한 공무원을 두어야 한다. ③ 국민영양조사를 행하는 공무원은 그 권한을 나타내는 증표를 관계인에게 내보여야 한다. ④ 국민영양조사의 내용 및 방법 기타 국민영양조사와 영양에 관한 지도에 관하여 필요한 사항은 대통령령으로 정한다. **시행령 제19조 (국민영양조사의 주기)** 법 제16조제1항에 따른 국민영양조사(이하 "영양조사"라 한다)는 매년 실시한다. **시행령 제20조(조사대상)** ① 질병관리청장은 보건복지부장관과 협의하여 매년 구역과 기준을 정하여 선정한 가구 및 그 가구원에 대하여 영양조사를 실시한다. 〈개정 2018. 12. 18., 2020. 9. 11.〉 ② 질병관리청장은 보건복지부장관과 협의하여 노인·임산부등 특히 영양개선이 필요하다고 판단되는 사람에 대해서는 따로 조사기간을 정하여 영양조사를 실시할 수 있다.
제19조	**(건강증진사업 등)** ① 국가 및 지방자치단체는 국민건강증진사업에 필요한 요원 및 시설을 확보하고, 그 시설의 이용에 필요한 시책을 강구하여야 한다. ② 특별자치시장·특별자치도지사·시장·군수·구청장은 지역주민의 건강증진을 위하여 보건복지부령이 정하는 바에 의하여 보건소장으로 하여금 다음 각호의 사업을 하게 할 수 있다. 〈개정 1997. 12. 13., 2008. 2. 29., 2010. 1. 18., 2017. 12. 30., 2019. 12. 3.〉 1. 보건교육 및 건강상담 2. 영양관리 3. 신체활동장려 4. 구강건강의 관리 5. 질병의 조기발견을 위한 검진 및 처방 6. 지역사회의 보건문제에 관한 조사·연구 7. 기타 건강교실의 운영등 건강증진사업에 관한 사항 ③ 보건소장이 제2항의 규정에 의하여 제2항제1호 내지 제5호의 업무를 행한 때에는 이용자의 개인별 건강상태를 기록하여 유지·관리하여야 한다
제23조	**(국민건강증진부담금의 부과·징수 등)** ① 보건복지부장관은 「지방세법」 제47조제4호 및 제6호에 따른 제조자 및 수입판매업자가 판매하는 같은 조 제1호에 따른 담배(같은 법 제54조에 따라 담배소비세가 면제되는 것, 같은 법 제63조제1항제1호 및 제2호에 따라 담배소비세액이 공제 또는 환급되는 것은 제외한다. 이하 이 조 및 제23조의2에서 같다)에 다음 각 호의 구분에 따른 부담금(이하 "부담금"이라 한다)을 부과·징수한다. 〈개정 2011. 6. 7., 2014. 5. 20., 2014. 12. 23., 2017. 3. 21., 2017. 12. 30., 2021. 7. 27.〉 1. 궐련: 20개비당 841원 2. 전자담배 가. 니코틴 용액을 사용하는 경우: 1밀리리터당 525원

	나. 연초 및 연초 고형물을 사용하는 경우: 　　1) 궐련형: 20개비당 750원 　　2) 기타 유형: 1그램당 73원 3. 파이프담배: 1그램당 30.2원 4. 엽궐련(葉卷煙): 1그램당 85.8원 5. 각련(刻煙): 1그램당 30.2원 6. 씹는 담배: 1그램당 34.4원 7. 냄새 맡는 담배: 1그램당 21.4원 8. 물담배: 1그램당 1050.1원 9. 머금는 담배: 1그램당 534.5원
제25조	(기금의 사용 등) ① 기금은 다음 각호의 사업에 사용한다. 〈개정 2004. 12. 30., 2016. 3. 2., 2019. 12. 3.〉 　1. 금연교육 및 광고, 흡연피해 예방 및 흡연피해자 지원, 절주교육 및 광고, 음주폐해 예방 등 국민건강관리사업 　2. 건강생활의 지원사업 　3. 보건교육 및 그 자료의 개발 　4. 보건통계의 작성·보급과 보건의료관련 조사·연구 및 개발에 관한 사업 　5. 질병의 예방·검진·관리 및 암의 치료를 위한 사업 　6. 국민영양관리사업 　7. 신체활동장려사업 　8. 구강건강관리사업 　9. 시·도지사 및 시장·군수·구청장이 행하는 건강증진사업 　10. 공공보건의료 및 건강증진을 위한 시설·장비의 확충 　11. 기금의 관리·운용에 필요한 경비 　12. 그 밖에 국민건강증진사업에 소요되는 경비로서 대통령령이 정하는 사업 ② 보건복지부장관은 기금을 제1항 각호의 사업에 사용함에 있어서 아동·청소년·여성·노인·장애인 등에 대하여 특별히 배려·지원할 수 있다. 시행령 제30조 (기금의 사용) 법 제25조제1항제12호에서 "대통령령이 정하는 사업"이란 다음 각 호의 사업을 말한다. 〈개정 2011. 12. 6., 2014. 7. 28., 2021. 11. 30.〉 　1. 만성퇴행성질환의 관리사업 　2. 법 제27조의 규정에 의한 지도·훈련사업 　3. 건강증진을 위한 신체활동 지원사업 　4. 금연지도원 제도 운영 등 지역사회 금연 환경 조성 사업 　5. 건강친화인증 기업 지원 사업 　6. 절주문화 조성 사업

Theme 05 건강도시의 조건★

(1) 깨끗하고 안전하며, 질 높은 도시의 물리적 환경
(2) 안정되고, 장기적으로 지속 가능한 생태계
(3) 계층 간, 부문 간 강한 상호 지원체계와 착취하지 않는 지역사회
(4) 개개인의 삶, 건강 및 복지에 영향을 미치는 문제에 대한 시민의 높은 참여와 통제
(5) 모든 시민을 위한 기본적 요구(예 음식, 물, 주거, 소득, 안전, 직장 등)의 충족
(6) 시민들 간의 다양한 만남, 상호 작용 및 의사소통을 가능하게 하는 기회와 자원에 대한 접근성
(7) 다양하고 활기 넘치며, 혁신적인 도시 경제
(8) 역사, 문화 및 생물학적 유산 혹은 지역사회 내 모임들과 개인과의 연계를 도모
(9) 모든 시민에 대한 적절한 공중보건 및 치료 서비스의 최적화
(10) 높은 수준의 건강과 낮은 수준의 질병 발생
(11) 이상의 요건들이 서로 양립할 뿐만 아니라 더불어 이 요소들을 증진시키는 도시 행태

 Theme 06 '건강도시 프로젝트' 용어를 사용하기 위한 6가지 기준(WHO)★

(1) 정치적 지도자는 참여적 기획과정을 통해 건강도시를 만들겠다고 공언하여야 한다.
(2) 건강도시 프로젝트의 목적은 모든 시민의 건강과 삶의 질 향상이다.
(3) 건강과 환경분야에 대한 참여적 기획을 조장하기 위한 기전이 개발되어야 한다.
(4) 사업활동의 우선순위는 다음 두 가지 필요에 대한 평가 방식에 기반을 두어야 한다.
(5) 사업활동의 우선순위는 단일 정부기관이 아니라 실질적인 주민 참여가 보장된 여러 팀에 의해 결정되어야 한다.
(6) 시는 상황 분석, 활동, 성과 등에 대해 건강도시 네트워크를 통해 다른 도시와 정보를 공유할 것에 동의하여야 한다.

위의 모든 기준을 건강도시사업의 시작 때부터 충족할 수는 없으나, 적어도 2~3년까지는 충족되어야만 한다.

CHECK Point

1. U-Health 사업★★★

개념	'언제, 어디서나' 원격 진료 및 건강관리 서비스를 제공하는 것
필요성	① 고령화에 따른 국민의료비 증가에 대비 ② U-Health 산업의 높은 성장 가능성 및 일자리 창출 효과 ③ 의료산업의 효율화를 통한 의료비용의 절감 ④ 의료서비스의 지역 간 격차 해소 및 서민복지 향상
의의	① 공간적 확대 : 의료 기관 내 → 노인요양기관, 가정, 직장, 이동공간 ② 시간적 확대 : 특정 시간 → 24시간, 질병 발생 전 ③ 소비자의 확대 : 환자 → 일반 고객 ④ 공급자의 확대 : 의사, 병원 → 가정간호기관, 건강관리회사, 통신기업 ⑤ 서비스의 다양화 : 질병 치료 → 예방 서비스, 건강 증진, 맞춤 치료

2. MPOWER 사업★ : 세계 보건기구가 제시한 국가 금연사업 평가 도구

Monitor	흡연 예방을 위한 정책이 있는가?
Protect	금연구역 지정과 관련된 자세한 정책이 마련되어 있는가?
Offer	금연 보조책(무료상담 전화, 니코틴 대체요법 등)을 제공하고 있는가?
Warn	담뱃갑에 경고 라벨을 부착했는가?
Enforce	담배와 관련된 스폰서를 받지 못하도록 법으로 정해져 있는가?
Raise	담뱃값은 세금으로 구성되어 있는가?

PART 13

보건사업통계

13 보건통계사업

Theme 01 개념

(1) 보건통계학의 역할

① 지역사회나 국가의 보건수준 및 보건상태를 나타내 준다.
② 보건사업의 필요성을 결정해 준다.
③ 보건에 관한 법률의 개정이나 제정을 촉구한다.
④ 보건사업의 우선순위를 결정하며 보건사업의 절차, 분류 등의 기술발전에 도움을 준다.
⑤ 보건사업의 성패를 결정하는 자료를 제공한다.
⑥ 보건사업에 대한 공공지원을 촉구하게 할 수 있다.
⑦ 보건사업의 기초자료가 된다.
⑧ 보건사업의 행정(행동) 활동에 지침이 될 수 있다.

(2) 통계학의 기본 용어

모집단		연구자의 관심 대상이 되는 구성원의 전체 집합
표본		모집단에서 조사대상으로 선택된 모집단의 부분집합
변수	독립변수	다른 변수에 영향을 줄 수 있는 변수로 설명변수 혹은 예측변수라고도 함
	종속변수	독립변수에 의해 영향을 받는 변수로 반응변수라고도 함

Theme 02 측정수준

변수 형태		내용	수학적 개념	현상
질적 변수	①	특성을 이름으로 구별하는 변수	=, ≠	성별, 혈액형, 종교
	②	특성의 상대적 크기에 따라 순서로서 구분할 수 있는 변수	<, >	석차, 선호도, 경제적 수준(상, 중, 하), 교육수준(초졸, 중졸, 고졸, 대졸)
양적 변수	③	특성의 양에 따른 차이를 수량화할 수 있는 변수	+, −	성적, 기온, 물가지수
	④	특성의 값에 대해 몇 배의 관계가 있는가를 수량화할 수 있는 변수	+, −, ×, ÷	체온, 시간, 거리, 키, 체중

answer ① 명명척도 / ② 서열척도 / ③ 등간척도 / ④ 비율척도

 **Theme 03** 표본조사

(1) 표본조사를 하는 이유★★

① 전수조사가 현실적으로 불가능한 경우
② 무한 모집단일 경우
③ 대상자의 특성을 가능한 빨리 파악하여야 하는 경우 **예** 질병의 집단유행 시
④ 전수조사를 하면 비표본 추출 오차가 커져 오히려 정확성이 떨어지는 경우
⑤ 표본조사만으로도 적당한 오차한계 내에서 모수를 추정할 수 있을 경우
⑥ 대상이 파괴되어야 관측이 가능한 경우 **예** 탄약의 파괴력 검사
⑦ 표본조사가 전수조사보다 시간, 노력, 경제적으로 이득이 있기 때문
⑧ 전수조사에 비해 심도있는 조사가 가능하다.

(2) 표본 오차와 비표본 오차

표본오차	표본을 통해 모수를 추정하기 때문에 발생하는 오차
비표본오차	표본추출 이외의 과정, 즉 조사의 시작에서부터 자료의 측정, 분석에 이르기까지 모든 단계에서 발생하는 오차

(3) 확률 표출법★★★

①	가장 기본적인 방법으로 가장 빈번한 방법은 난수표의 사용
② ★★★	모집단이 갖고 있는 특성을 고려해 모집단을 그 구성성분에 따라 몇 개의 동질적인 집단으로 나누고, 각 집단에서 단순무작위 표본추출법을 이용해 표본추출하는 방법
③ ★★★	대개 표본추출법의 최종단계에서 적용되는데, 모집단의 구성단위를 우선 자연적 혹은 인위적으로 몇 개의 집락으로 구분한 뒤, 무작위로 필요한 집락을 추출함. 그 후 추출된 집락에 대해 일부 또는 전수조사를 하는 방법으로, 지역적으로 이 방법은 모집단이 넓게 흩어져 있거나 표본추출을 얻을 수 없는 경우에 효과적임
④ ★	모집단의 구성요소에 일련번호를 부여한 후 처음의 시작번호를 단순 무작위 추출한 다음에 미리 정해놓은 일정한 간격(k번째 마다)으로 표본을 추출하는 방법

answer ① 단순무작위 표집 / ② 층화무작위 표집 / ③ 집락(군락) 표집 / ④ 계통적 표집

 Theme 04 비실험 연구 중 서술 연구의 종류

시계열연구	횡단설계	한 시점에서 자료를 수집하는 것	
	종단설계	①	서로 다른 표본을 선정하나 모집단은 항상 같다.
		②	같은 표본, 같은 모집단의 특성을 지닌다.
사례연구	한 개인, 가족 및 집단의 현상을 집중적으로 장기간 조사하고, 그 결과를 서술하는 것		

answer ① 경향 연구(Trend study) / ② 코호트 연구

Theme 05 중앙집중화(대푯값)

관찰된 자료가 어떤 위치에 집중되어 있는가를 나타낸 값

①	도수분포에서 가장 빈도가 높은 수치	
②	사례를 측정치의 순서대로 나열했을 때 한가운데 오는 수치	
③	모든 사례의 측정치의 합을 사례 수로 나누어 얻어진 점수	
	④	측정치를 전부 합하여 측정치의 총 개수로 나누는 방법
	⑤	측정치를 서로 곱해주고 그 결과를 개체수 n급의 N제곱근을 구하는 것
	⑥	총 수를 개개의 수치의 역수의 합으로 나눈 몫

answer ① 최빈값(유행치, mode) / ② 중위수(중앙치, median) / ③ 평균(mean) / ④ 산술 평균 / ⑤ 기하 평균 / ⑥ 조화 평균(H)

 Theme 06 산포도

관찰된 자료가 대표치 전후에 얼마나 밀집 또는 분산되어 있는지 그 흩어져 있는 정도를 나타내는 지표

①	가장 큰 점수에서 가장 작은 점수를 뺀 것
②	$(Q_3 - Q_1) / 2$ (Q_3 : 75%가 되는 값, Q_1 : 25%가 되는 값)
③	가장 광범위하게 사용되는 것으로 편차 점수를 제곱한 후 나온 값을 모두 합해 사례 수로 나눈 분산의 제곱근
④	측정치들과 평균치와의 편차에 대한 절댓값의 평균
⑤	표준편차를 산술평균으로 나눈 값
⑥	개체값과 산술평균값의 차를 제곱한 합계를 총 수로 나눈 것

answer ① 범위 / ② 사분 편차 / ③ 표준 편차 / ④ 평균 편차 / ⑤ 변이계수 / ⑥ 분산

 Theme 07 타당도

실제 모수를 얼마나 정확하게 관찰하는지를 의미하는 개념

①	연구참여집단에서 얻어진 추론을 연구 모집단에까지 적용하는 것이 타당한지에 관련되는 개념
②	해당 연구 모집단에 대한 추론을 보다 광범위한 인구 집단, 즉 표적 집단에 일반화하는 것이 가능한지에 관련된 개념

answer ① 내적 타당도 / ② 외적 타당도

Theme 08 상관관계 분석과 연구자료 분석 방법

(1) 상관관계 분석

① 상관관계(r) : 어떤 모집단에서 2개의 변수 간에 한쪽 값이 변함에 따라 다른 한쪽이 변하는 관계
② r=1 또는 r=-1일 때는 완전상관, r=0.5 또는 r=-0.5일 때는 불완전상관, r=0일 때는 무상관

(2) 기타 분석방법

①	한 변수(X)로 다른 변수(Y)를 예측하는 모형을 만드는 것으로 두 변수 간의 상관관계가 높을수록 보다 더 정확하게 예측할 수 있음. 예 시간과 기억력 사이의 관계 ① 단순회귀 분석 : 하나의 독립변수와 하나의 종속변수 사이의 관계를 분석하는 기법 ② 중회귀 분석 : 여러 독립변수들이 종속변수에 어떤 영향을 미치는가를 파악하는 기법
②	명목척도로 측정된 두 변수 사이가 서로 관계가 있는지 독립인지를 판단하는 검정법 예 첫 출산 시 나이와 유방암 발병 사이의 상호 관련성
③	모집단의 속성을 알기 위하여 모집단에서 추출된 표본의 통계값인 평균과 연구자의 이론적 혹은 경험적 배경에서 얻은 특정 값을 비교하는 검정법.
④	등간척도나 비율척도로 측정된 서로 독립인 두 집단의 평균을 비교하는 분석법. 예 남자아이의 출생 시 체중과 여자아이의 출생 시 체중을 비교
⑤	등간척도나 비율척도로 측정된 서로 독립인 두 집단 이상의 평균을 비교하는 분석법

answer ① 회귀분석 / ② 카이제곱검정 / ③ Z검정 / ④ T검정 / ⑤ F검정(분산분석)

Theme 09 병원 통계

①	기간 중 퇴원한 환자들이 평균 며칠씩 재원 했는지를 나타내는 수
②	가동되는 병상이 실제 환자에 의해 이용된 비율로 병원의 인력 및 시설의 활용도를 간접적으로 알 수
③	환자 퇴원 후 다음 환자가 입원할 때까지 병상이 평균적으로 유휴상태에 있는 기간(평균 유휴일수)을 의미하며 병상 회전간격이 짧을수록 병상이용률이 높음을 의미
④	일정기간 내에 한 병상을 통과해 간 평균환자 수

answer ① 평균 재원일수 / ② 병상이용률 / ③ 병상회전간격 / ④ 병상회전율

저자소개

학력
- 중앙대학교 의과대학 간호학과 졸업
- 중앙대학교 사회개발원대학원 보건행정학 석사
- 중앙대학교 일반대학원 간호학 박사

경력
- 서울특별시 지방공무원(지방간호주사보)
  - 동부시립병원 책임간호사
  - 마포구보건소 보건지도과
- 교육 공무원
  - 서울정수초등학교 보건교사
  - 경남 해인초등학교 보건교사

현재
- 중앙대학교 간호대학 객원교수
- 성균관대학교 임상간호대학원 강사
- 대방열림고시학원 공중보건 담당교수

2026 김희영의 보건행정 알Zip 알짜기출/집중정리 핵심노트

개정3판	2026년 01월 13일
편저자	김희영
펴낸이	노소영
펴낸곳	도서출판 마지원
등록번호	제559-2016-000004
전화	031)855-7995
팩스	02)2602-7995
주소	서울 강서구 마곡중앙로 171

http://blog.naver.com/wolsongbook

ISBN | 979-11-92534-67-1(13510)

정가 17,000원

* 잘못된 책은 구입한 서점에서 교환해 드립니다.
* 이 책에 실린 모든 내용 및 편집구성의 저작권은 도서출판 마지원에 있습니다.
  저자와 출판사의 허락 없이 복제하거나 다른 매체에 옮겨 실을 수 없습니다.

DOIT